Stephan Baur

Allgäuer Alpen

und Lechtal

52 ausgewählte Skitouren
in den Allgäuer Alpen, rund um das Kleinwalsertal,
im Tannheimer Tal und im Lechtal

ROTHER
BERGVERLAG

ROTHER SKITOURENFÜHRER

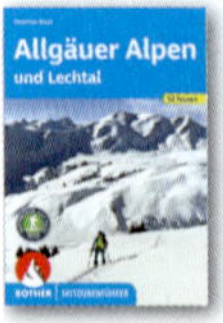

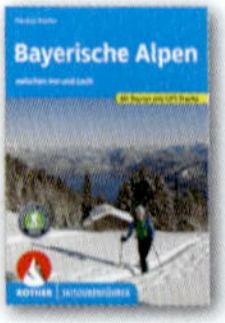

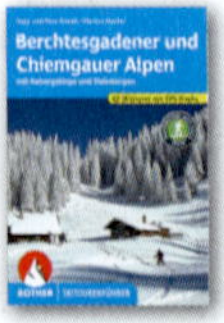

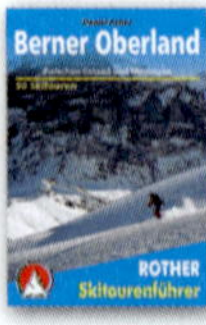

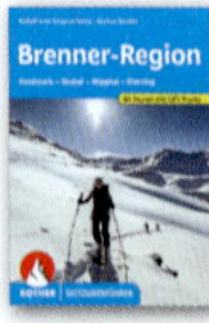

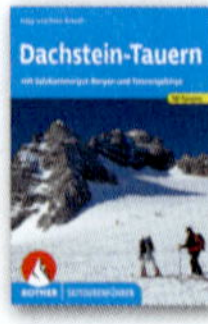

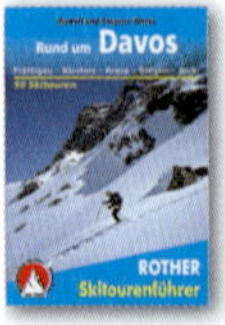

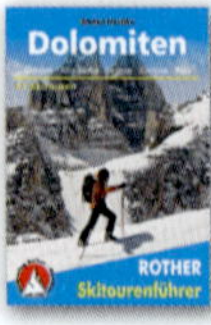

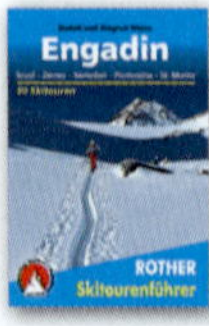

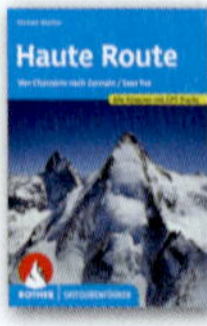

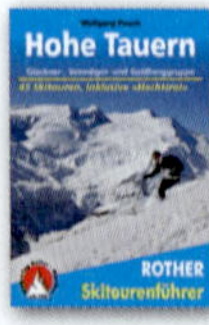

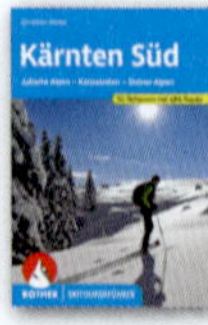

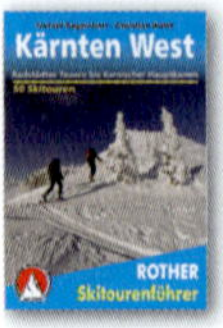

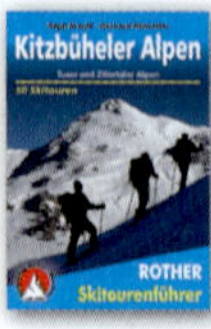

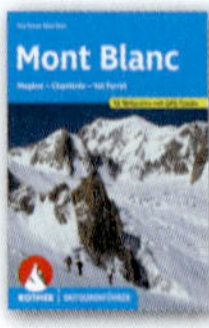

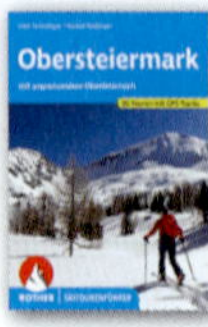

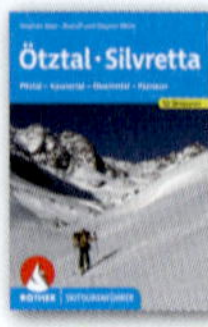

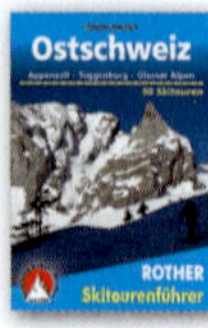

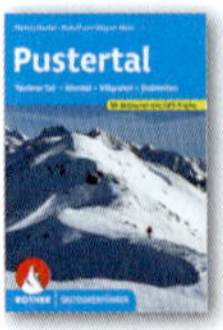

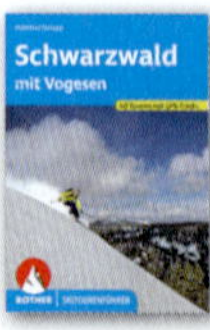

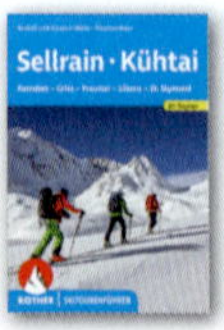

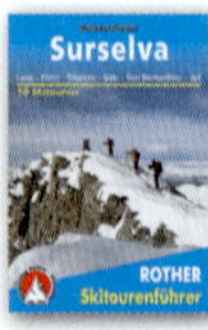

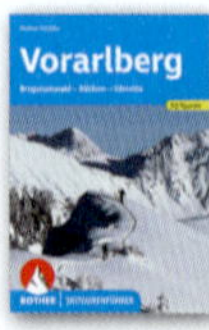

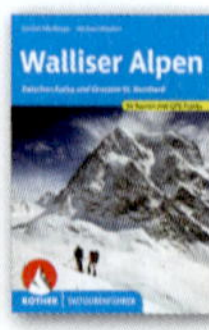

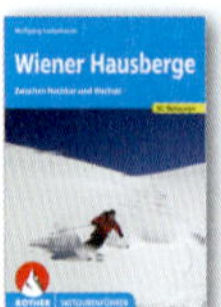

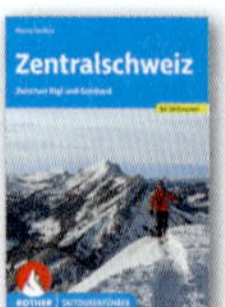

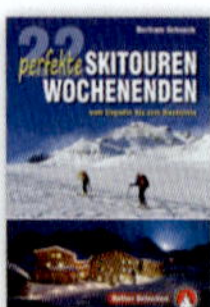

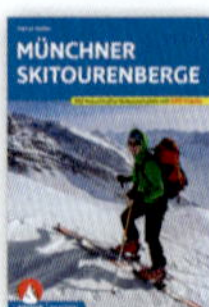

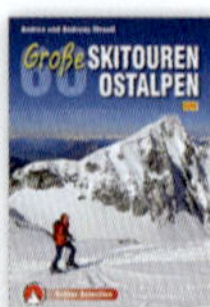

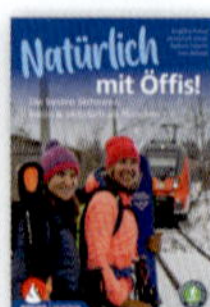

Vorwort

Die Allgäuer Alpen bieten eine bunte Mischung an Skitourenmöglichkeiten: von flach und einfach bis hin zu anspruchsvoll und sehr steil. Dieser Skitourenführer wendet sich vor allem an die Genuss- und weniger an die Extrem-Skitourengeher.

Die Möglichkeiten in den winterlichen Allgäuer Alpen sind fast unbeschränkt. Dank der intensiven Viehwirtschaft gibt es so viele weite, freie Flächen, dass trotz all der Lifte und Skipisten noch eine Fülle an Tiefschnee-Abfahrten bleibt (weit größer als die Auswahl in diesem Buch). Eine besondere Eigenart der Allgäuer Alpen ist die Vielfalt. Hier findet man alles von der Voralpentour auf gemütlich-harmlosen Weideflächen über mittelgroße, oft schon steile Ziele im Bereich der Gras- und Karstberge bis hin zu einigen sehr anspruchsvollen, hochalpinen Touren für Könner im hohen, stark felsigen Teil der Allgäuer und Lechtaler Alpen.

Mit Eifer und großer Genauigkeit wurde vom Deutschen Alpenverein (DAV) in den bayerischen Bergen das Projekt »Skibergsteigen umweltfreundlich« zudem »Wildtiere und Skilauf im Gebirge« durchgeführt. Dabei wurde die Bergwelt in Schutzzonen für das Wild und Bereiche für die Tourengeher aufgeteilt. Außerdem hat der DAV im gesamten Raum zwischen Berchtesgaden und Oberstdorf zahlreiche Landkarten mit Skirouten herausgebracht. Sie basieren auf der sehr guten Topographischen Karte von Bayern im Maßstab 1:25.000. Vor mehr als zwanzig Jahren etwa mutmaßte man, das Skitourengehen würde als Bewegung wieder verschwinden. Doch genau das Gegenteil ist eingetreten: Die Skitourenfreunde werden immer mehr und mehr, und dadurch wird das Projekt »Natürlich auf Tour« des DAV doppelt sinnvoll – und es sollte für jeden selbstverständlich sein, die Vorgaben selbst einzuhalten.

Als Liebhaber der Allgäuer Alpen und Nachfolgeautor von Dieter Seibert, der diesen Skitourenführer ursprünglich verfasst hat, wünsche ich Ihnen erlebnisreiche Touren, genussvolle Abfahrten im Pulver und Firn und schöne Tage mit Freunden und Bekannten im Gebirge! Natürlich freue ich mich über jegliche Kritik, Rückmeldungen und Verbesserungsvorschläge.

Dietramszell, im Winter 2023/24 — Stephan Baur

Inhaltsverzeichnis

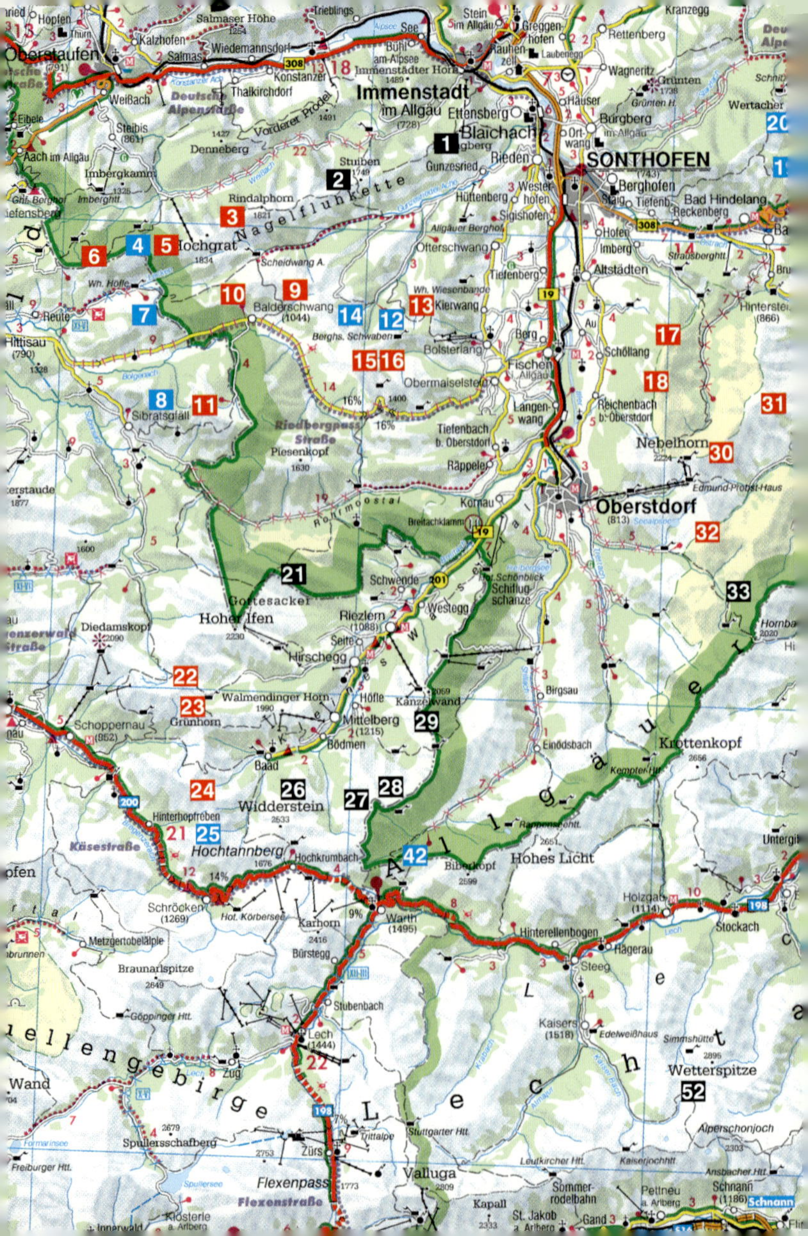
Oberstaufen
Hopfen
Kalzhofen
Salmas
Salmaser Höhe
Wiedemannsdorf
Trieblings
Alpsee
See
Bühl am Alpsee
Immenstädter Horn
Immenstadt im Allgäu
Stein im Allgäu
Greggenhofen
Rauhenzell
Rettenberg
Kranzegg
Wagneritz
Grünten
Wertacher
Konstanzer
Thalkirchdorf
Weißach
Deutsche Alpenstraße
Vorderer Prodel
Ettensberg
Blaichach
Burgberg im Allgäu
Ortwang
SONTHOFEN
Berghofen
Tiefenbach
Bad Hindelang
Reckenberg
Eibele
Steibis
Denneberg
Aach im Allgäu
Imbergkamm
Stuiben
Gunzesried
Rieden
Westerhofen
Hüttenberg
Sigishofen
Rindalphorn
Nagelfluhkette
Hochgrat
Scheidwang A.
Allgäuer Berghof
Ofterschwang
Tiefenberg
Hofen
Imberg
Altstädten
Straußberghtt.
Wh. Höfle
Reute
Balderschwang
Berghs. Schwaben
Wh. Wiesenbande
Kierwang
Bolsterlang
Berg
Fischen i. Allgäu
Au
Schöllang
Hittisau
Sibratsgfäll
Obermaiselstein
Riedbergpass Straße
Piesenkopf
Tiefenbach b. Oberstdorf
Langenwang
Reichenbach b. Oberstdorf
Nebelhorn
Edmund-Probst-Haus
Räppele
Kornau
Oberstdorf
Rohrmoostal
Breitachklamm
Schwende
Gottesacker
Hoher Ifen
Hot. Schönblick
Schiflugschanze
Riezlern
Westegg
Diedamskopf
Seite
Hirschegg
Walmendinger Horn
Höfle
Kanzelwand
Birgsau
Schoppernau
Grünhorn
Mittelberg
Bödmen
Baad
Einödsbach
Krottenkopf
Kemptner Htt.
Widderstein
Hinterhopfreben
Käsestraße
Hochtannberg
Hochkrumbach
Rappenseehtt.
Hohes Licht
Biberkopf
Schröcken
Hot. Körbersee
Karhorn
Warth
Holzgau
Stockach
Hinterellenbogen
Hägerau
Steeg
Metzgertobelalple
Bürstegg
Braunarlspitze
Stubenbach
Göppinger Htt.
Lech
Kaisers
Edelweißhaus
Simmshütte
Wetterspitze
Lechquellengebirge
Zug
Lechtaler Alpen
Allgäuer Alpen
Kleinwalsertal
Spullersschafberg
Trittalpe
Stuttgarter Htt.
Alperschonjoch
Zürs
Flexenpass
Flexenstraße
Valluga
Leutkircher Htt.
Kaiserjochhtt.
Ansbacher Htt.
Freiburger Htt.
Spullersee
Klösterle a. Arlberg
Kapall
Sommerrodelbahn
St. Jakob a. Arlberg
Pettneu a. Arlberg
Schnann
Gand
308
19
201
200
198
1 2 3 4 5 6 7 8 9 10 11 12 13 14 15 16 17 18 19 20 21 22 23 24 25 26 27 28 29 30 31 32 33 42 52

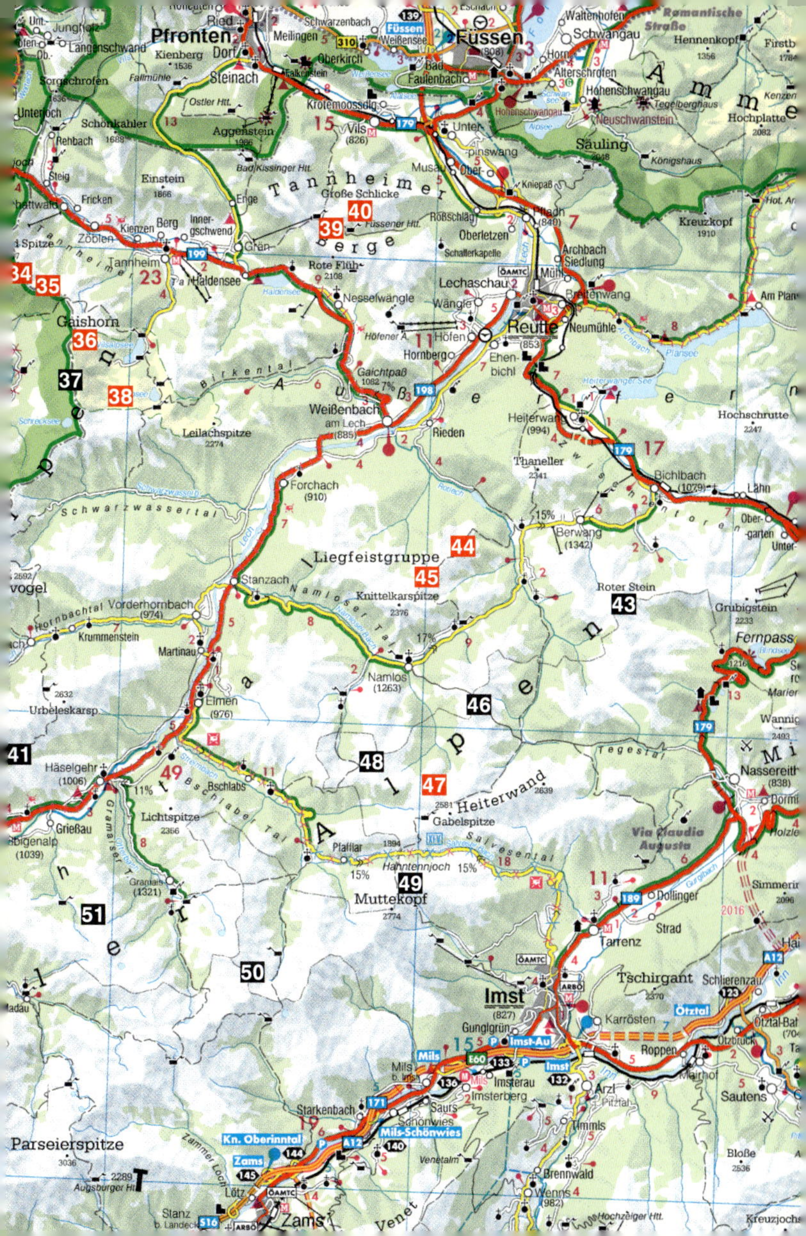

Pfronten
Ried
Dorf
Meilingen
Schwarzenbach
Füssen
(808)
Weißensee
Waltenhofen
Schwangau
Romantische Straße
Hennenkopf
1356
Firstb
Jungholz
Langenschwand
Kienberg
1536
Sorgschrofen
1636
Steinach
Oberkirch
Falkenstein
Bad Faulenbach
Horn
Alterschrofen
Hohenschwangau
Ammergauer
Kenzen
Tegelberghaus
Neuschwanstein
Hochplatte
2082
Unterjoch
Schönkahler
1688
Ostler Htt.
Aggenstein
1986
Krotemoosdolg
Vils
(826)
Unter-
-pinswang
Ober-
Musau
Säuling
2048
Königshaus
Rehbach
Steig
Einstein
1866
Bad Kissinger Htt.
Tannheimer Berge
Große Schlicke
Enge
Kniepaß
Pflach
(840)
Kreuzkopf
1910
Fricken
Kienzen
Berg
Innergschwend
Zöblen
Grän
Füssener Htt.
Roßschläg
Oberletzen
Schallerkapelle
Archbach
Siedlung
Tannheim
Haldensee
Rote Flüh
2108
Lechaschau
Mühl
Breitenwang
Am Plan
Nesselwängle
Wängle
Reutte
(853)
Neumühle
Plansee
Gaishorn
Höfener A.
Höfen
Hornberg
Ehenbichl
Birkental
Gaichtpaß
1082
7%
Heiterwanger See
Weißenbach am Lech
(885)
Rieden
Heiterwang
(994)
Hochschrutte
2247
Leilachspitze
2274
Thaneller
2341
Bichlbach
(1079)
Lähn
Schwarzwasser
Forchach
(910)
Schwarzwassertal
Lech
Ober-
-garten
Unter-
Berwang
(1342)
15%
Liegfeistgruppe
Roter Stein
Stanzach
Namloser Tal
Knittelkarspitze
2376
Grubigstein
2233
vogel
Hornbachtal
Vorderhornbach
(974)
Krummenstein
17%
Fernpass
Martinau
Namlos
(1263)
Urbeleskarsp
Elmen
(976)
Wannig
2493
Tegestal
Häselgehr
(1006)
Nasserei
(838)
Streimbach
Bschlabs
Bschlaber Tal
11%
Gramaiser T.
Heiterwand
2639
2581
Gabelspitze
Lichtspitze
2366
Grießau
Bigenalp
(1039)
Pfafflar
1894
Salvesental
Via Claudia Augusta
Hahntennjoch
15%
Dollinger
Simmerin
2096
Gramais
(1321)
Muttekopf
2774
Strad
Tarrenz
ÖAMTC
ARBÖ
Tschirgant
2370
Schlierenzau
Imst
(827)
Karrösten
Ötztal
Ötztal-Bah
Gunglgrün
Imst-Au
Roppen
Ötzbruck
Mils
b. Imst
Mils
Imsterau
Imsterberg
Mairhof
Arzl
Pitztal
Sautens
Starkenbach
Schönwies
Mils-Schönwies
Timmls
Parseierspitze
3036
Kn. Oberinntal
Zams
Venetalm
Bloße
2536
Augsburger Htt.
2289
Zammer Loch
Brennwald
Lötz
Wenns
(982)
Stanz
b. Landeck
Zams
Venet
Hochzeiger Htt.
Kreuzjoch
Lechtaler Alpen
Allgäuer Alpen
Ammergauer Alpen
Zwischentoren

Zum Gebrauch des Skitourenführers

Ein Skitourenführer kann kein Lehrbuch ersetzen, deshalb folgen hier nur ein paar Hinweise. Jeder sollte selbst lernen, nach den gegebenen Bedingungen – Wetter- und Schneeverhältnissen, Lawinensituation, Jahreszeit, persönlichem Geschmack, Können und Kondition der Teilnehmer usw. – die ideale Tour auszuwählen. Dieser Skitourenführer erleichtert die Entscheidung, indem für jede Tour ausführliche Charakterisierungen und Angaben gemacht werden. Bereits in der Kopfzeile jeder Tour wird die Aufstiegszeit und die Höhenmeter angegeben. Eine kleine Grafik gibt Auskunft über die Exposition der Tour: Der weiße Pfeil gibt die Haupthangrichtung an. Das hellblaue Segment deckt die wesentlichen Expositionsbereiche, die die Tour betreffen, ab. Dies erleichtert die Einschätzung von Lawinengefahr und Schneequalität. In einem kurzen Infoteil steht alles Wesentliche vom Ausgangspunkt bis hin zu Anforderungen und Lawinengefährdung. Hinzu kommen eine Charakterisierung der Skitour und die genaue Schilderung des Wegverlaufes. In einem Kartenausschnitt ist die Route eingezeichnet. Fotos ergänzen die Beschreibungen. Im Stichwortverzeichnis sind alle Ziele (Gipfel, Scharten, Hütten), Talorte, Ausgangspunkte und Stützpunkte aufgelistet. Übersichtskarten auf der Rückseite des Umschlags und auf den Seiten 6/7 informieren über die geografische Lage der einzelnen Touren.

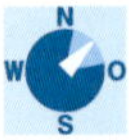

Aufstieg von der Ochsenhoferscharte zum Grünhorn (Tour 23).

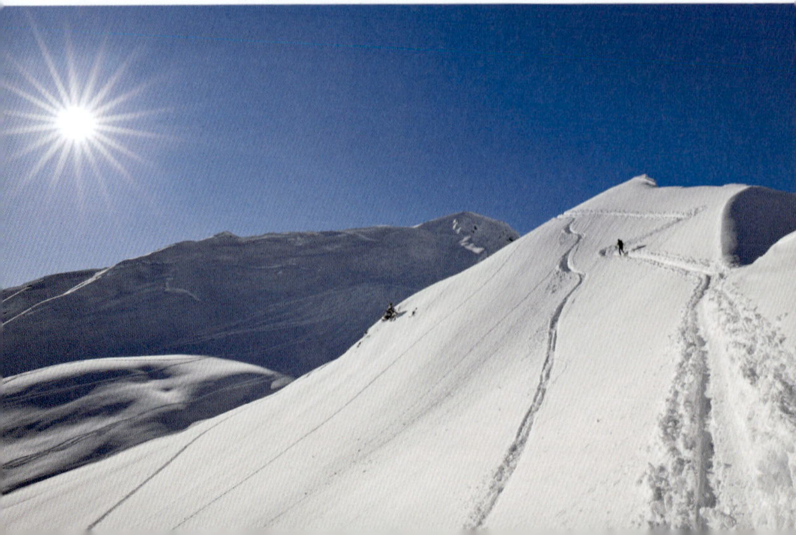

Talorte

Fast alle hier aufgeführten Orte im Allgäu, Lechtal und Tannheimer Tal sind Ferienzentren mit den entsprechenden Einrichtungen und vielen Gästebetten jeder Art. Über die jeweiligen Verkehrsämter bekommt man alle wichtigen Auskünfte (→ Telefonnummern und Adressen, S. 16). Es gibt zahlreiche Einrichtungen für den Wintersportler – Pisten, Loipen, Winterwanderwege usw. Nur die Orte im Lechtal, stärker noch die Bergbauerndörfer in dessen Seitentälern, werden deutlich weniger vom Fremdenverkehr geprägt.

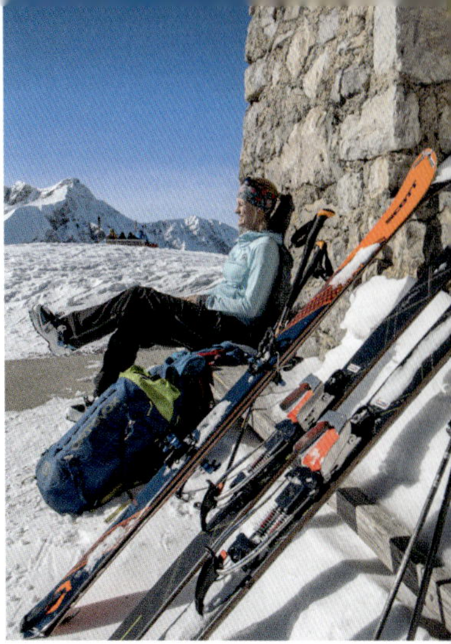

Sonnige Pause an der Fiderepasshütte (Tour 29).

Zufahrten

Die Allgäu-Autobahn (A 7) von Ulm über Memmingen und Kempten bildet die ideale Zufahrt für alle, die von Norden kommen. Tourengeher aus dem Raum München benützen die A 96 über Landsberg bis Buchloe und von dort die B 12. Um die Oberallgäuer Berge selbst zu erreichen, fährt man auf der an Wochenenden stark frequentierten B 19 weiter nach Süden. Von der Ausfahrt Oy-Mittelberg erreicht man auf der B 308 das Tannheimer Tal, vom Autobahn-Ende durch den Füssener Grenztunnel über Reutte das Lechtal.

Öffentliche Verkehrsmittel

Drei Bahnstrecken erschließen grob das Gebiet dieses Führers:

a) Von Ulm oder München nach Kempten und über Immenstadt, Sonthofen nach Oberstdorf.

b) Von Immenstadt über Oberstaufen nach Lindau.

c) Von Kempten über Pfronten nach Reutte und weiter nach Garmisch-Partenkirchen.

Das restliche Gebiet ist gut mit Buslinien erschlossen, etwa von Oberstdorf ins Kleinwalsertal, von Sonthofen über die beiden Illerterrassen, ferner von dort in das Ostrachtal mit Bad Hindelang und Hinterstein. Eine Linie führt auch von Sonthofen über das Oberjoch und durchs Tannheimer Tal nach Reutte, eine weitere von Reutte durch das gesamte Lechtal. Der regionale Fahrplan ist bei allen Fremdenverkehrsämtern erhältlich. Einzig die Bergbauernorte in den Tiroler Seitentälern, Namlos, Kelmen, Boden, Gramais und Kaisers, lassen sich nur mit dem Pkw oder Taxi erreichen.

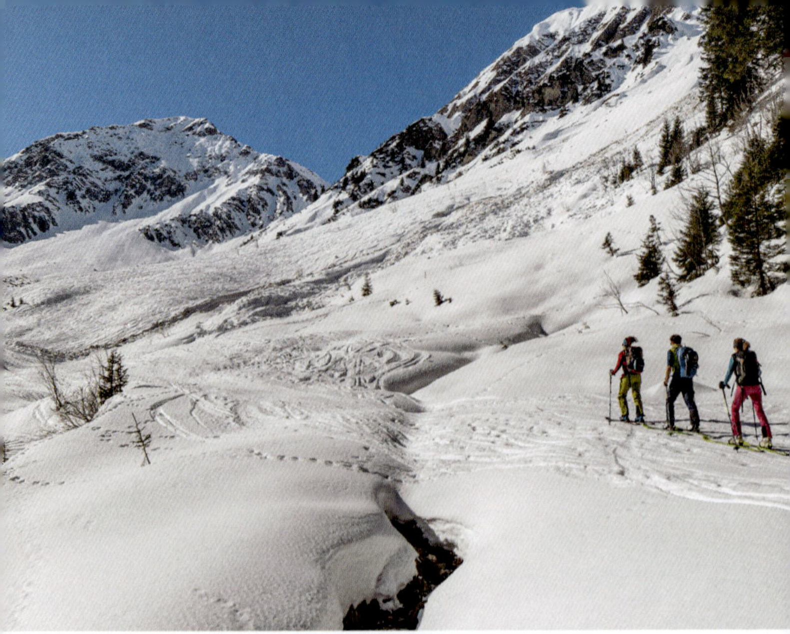

Aufstieg entlang des Sommerbergbaches in Richtung Namloser Wetterspitze (Tour 48).

Aufstiegszeiten

Alle Zeitangaben gelten für den »Normalbergsteiger«, wenn gute Bedingungen herrschen und eine Spur bereits vorhanden ist. Mit schwerem Rucksack oder bei anstrengendem Spuren wird der Zeitbedarf natürlich stark steigen. Die Angaben können also nur Richtwerte sein. Jeder muss selbst herausfinden, ob er schneller oder langsamer als hier angegeben unterwegs ist.

Anforderungen

Man erlebt es immer wieder, dass die gleiche Skitour von einem als einfach, von einem anderen als anspruchsvoll eingestuft wird. Die herrschenden Verhältnisse können wahrlich extreme Unterschiede mit sich bringen! Die Vorschläge in diesem Buch gehören fast ausschließlich in den Bereich »Skitouren mit Genuss« und nicht in die Kategorie »Winterliche Abenteuer für gute Bergsteiger«. Mit wenigen Ausnahmen, wie etwa bei der Frühjahrstour auf den Scharnitzkopf (→ Tour 49), unterscheiden sich die Abfahrten vor allem durch die Hangneigungen. Eher selten muss man sich mit Waldpassagen oder Bachtobeln plagen. So reicht die Bewertung in erster Linie von »bequem« bis »äußerst steil«.

Wenn manche Tour trotzdem ins Hochalpine geht, dann liegt das am entsprechenden Gipfelaufbau, über den man noch zu Fuß aufsteigen muss wie bei Rauhhorn (→ Tour 37), Woleggleskarspitze (→ Tour 41) oder Kleiner Schafkarspitze (→ Tour 51). Bei diesen Touren hängen die Schwierigkeiten verstärkt von den herrschenden Verhältnissen ab und lassen sich nur vage angeben.
Die Schwierigkeitsbewertung der Touren mit den Farben Blau, Rot und Schwarz (wie auf der Piste) wird nach ganz objektiven Kriterien vorgenommen, die herrschenden Verhältnisse – siehe oben – können jedoch in manchen Fällen ein ganz anderes, subjektives Empfinden auslösen.

Leicht Vor allem in den Allgäuer Voralpen findet man Touren, auf denen es keine anspruchsvollen und keine allzu steilen Stellen zu überwinden gilt. Oft geht dort das Almgebiet unmittelbar in die Talwiesen über, sodass auch der Waldgürtel keine Schwierigkeiten bereitet. Diese Touren eignen sich oft auch für weniger Erfahrene oder für nicht ideale Verhältnisse. Zudem sind die Aufstiege nicht allzu lang und anstrengend.

Mittel Für diese Ziele sollte man schon Tourenerfahrung und für manche Unternehmung auch einige Kondition mitbringen. Steile Hänge, Waldpassagen, Bachtäler, Ziehwege usw. bilden zwischendurch etwas anspruchsvollere Abschnitte.

Schwierig Diese Touren verlangen alpine Erfahrung und eine Portion Sicherheit bei der Abfahrt, um sich etwa in sehr steilem Gelände noch zuverlässig zu bewegen. Ein Teil dieser Touren gehört mehr zu den Geheimtipps, wird weniger häufig begangen, und so muss man dort seine Route oft selbst suchen und seine Spur selbst anlegen. In einigen Fällen erfordert auch der Gipfelaufbau, den man zu Fuß – manchmal über Schrofen und Felsen – ersteigt, das Prädikat »schwarz«.

Stützpunkte

Der nördliche Teil der Allgäuer Alpen ist für den Wintergast bestens erschlossen. Dort findet man eine Fülle von bewirtschafteten Berggasthäusern, privaten Hütten usw. In vielen kann man nur einkehren, doch gibt es auch eine Reihe von Häusern mit Gästebetten (für eine Übernachtung unbedingt anmelden). In diesem Bereich lassen sich aber sowieso alle Touren bequem an einem Tag aus dem Tal durchführen, zumal einem Lifte und Bergstraßen manchmal einen Teil der Aufstiegsmühen abnehmen.
Im hohen Bereich der Allgäuer Berge und in den Lechtaler Alpen hingegen halten die zahlreichen Alpenvereinshütten Winterschlaf (es gibt jedoch Winterräume), nur die beiden Häuser am Nordrand des Gebietes, die Schwarzwasserhütte (→ Touren 22, 23) und die Schwarzenberghütte (→ Touren 30–32), sind in der Skitourenzeit voll bewirtschaftet.

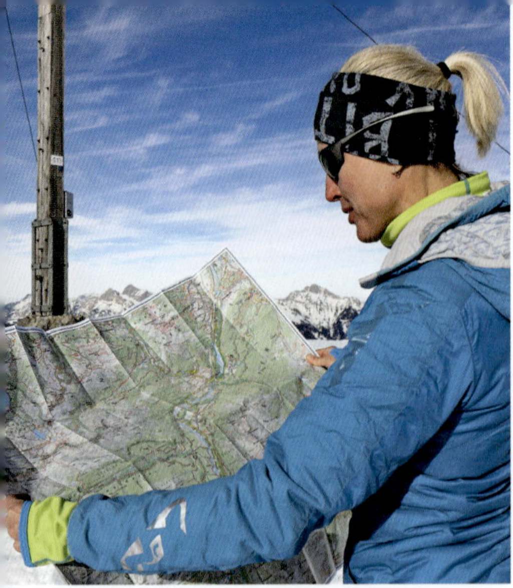

Ein kurzer Blick auf die Karte verschafft den notwendigen Überblick.

Verhältnisse

Wichtig für die Planung jeder Skitour ist es, sich über die herrschenden Verhältnisse zu informieren, sie richtig einzuschätzen und alle relevanten und aktuelle Faktoren zu berücksichtigen. Auch schon von daheim aus, entfernt von den Alpen lassen sich heute die Wetter- und Schneesituation der letzten Tage und die Prognosen beobachten. Wetterberichte, Panoramabilder, Webcams und Lawinenlageberichte (siehe auch Seite 16) liefern die entscheidenden Informationen. Niederschläge, Temperaturen, Sonneneinstrahlung, Winde und Stürme sorgen oft für ganz unterschiedliche Schneebeschaffenheit je nach Lage. Ein Beispiel dazu: Nach kräftigem Föhn wird man nicht ausgerechnet freie und damit verblasene Südhänge für seine Skitour aussuchen. Auch kleinräumig direkt auf Tour sollte man auf die Verhältnisse achten, etwa die Schattenseite einer Mulde befahren, um dort im noch unverdorbenen Pulver zu jubeln.

Orientierung und Karten

Bei den bekannteren Touren wird man wohl fast immer auf einer angelegten Aufstiegsspur unterwegs sein, also keine Mühe mit der Orientierung haben. In unverspurtem Gelände ist das Zurechtfinden hingegen bedeutend anspruchsvoller als im Sommer. Bei weniger bekannten Touren mit kompliziertem Aufstieg sind deshalb detailliertere Beschreibungen vorhanden. Trotzdem sollte man dorthin eine genaue topografische Karte mitnehmen.

Empfehlenswerte Karten:

- Freytag & Berndt, 1:50.000, WK 351 Lechtaler Alpen – Allgäuer Alpen, WK 352 Ehrwald – Lermoos – Reutte – Tannheimer Tal.
- Alpenvereinskarte Bayerische Alpen, 1:25.000, BY 1 bis BY 5.

Im Sommer haben Rundtouren einen besonderen Reiz, bei Skitouren bringen sie oft deutliche Nachteile. Die Orientierung ist im Aufstieg einfacher als bei der Abfahrt. Ein kleiner Fehler bei der Abfahrt kann schnell zu langen und ungeplanten Gegenanstiegen führen. Zudem ist man durch einen Aufstieg auf der Abfahrtsroute über die Schneeverhältnisse unterrichtet und kann sich vorab die beste Linie für seine Schwünge überlegen. Ganz wichtig auch: Kommt man von unten an einen lawinenverdächtigen Hang, kehrt man ohne Probleme um, erreicht man etwa nach der halben Abfahrt eine Strecke, die nicht »sauber« ist, dann wird sie fast zwangsläufig trotzdem befahren.

Lawinengefahr

Das korrekte und genaue Beurteilen der Lawinensituation ist so heikel und schwierig, dass an dieser Stelle alle Belehrungen unterbleiben sollen und nur ein paar allgemeine Hinweise folgen. Der Laie kann nur eines tun – sich erkundigen. Auskunft über die allgemeine Situation gibt der Lawinenlagebericht (→ S. 16). Genaueres erfährt man von lokalen Stellen, z. B. von Hüttenwirten, Bergschulen, Verkehrsämtern, AV-Sektionen und evtl. Bergbahngesellschaften. Kein skifahrerisches Können, kein Probieren, kein Lawinensuchgerät und auch kein Lawinenrucksack bewahren vor einem Lawinenunfall, sondern einzig ein rechtzeitiges Umkehren in kritischen Situationen!

Europäische Lawinengefahrenskala

Stufe 1, gering:

Lawinenauslösung ist nur an wenigen, extremen Steilhängen möglich. Allgemein sichere Tourenverhältnisse.

Stufe 2, mäßig:

Lawinenauslösung ist bei größerer Zusatzbelastung vor allem an Steilhängen der angegebenen Exposition und Höhenlage möglich. Unter Berücksichtigung lokaler Gefahrenstellen günstige Tourenverhältnisse.

Stufe 3, erheblich:

Lawinenauslösung ist bei mittlerer Zusatzbelastung vor allem an Steilhängen der angegebenen Exposition und Höhenlage wahrscheinlich. Skitouren erfordern lawinenkundliches Beurteilungsvermögen; Tourenmöglichkeiten eingeschränkt.

Stufe 4, groß:

Lawinenauslösung ist bereits bei geringer Zusatzbelastung an den meisten Steilhängen wahrscheinlich. Fallweise sind viele mittlere, vereinzelt auch große spontane Lawinen zu erwarten. Skitouren erfordern großes lawinenkundliches Beurteilungsvermögen; Tourenmöglichkeiten stark eingeschränkt.

Stufe 5, sehr groß:

Zahlreiche große spontane Lawinen sind zu erwarten. Skitouren sind allgemein nicht mehr möglich.

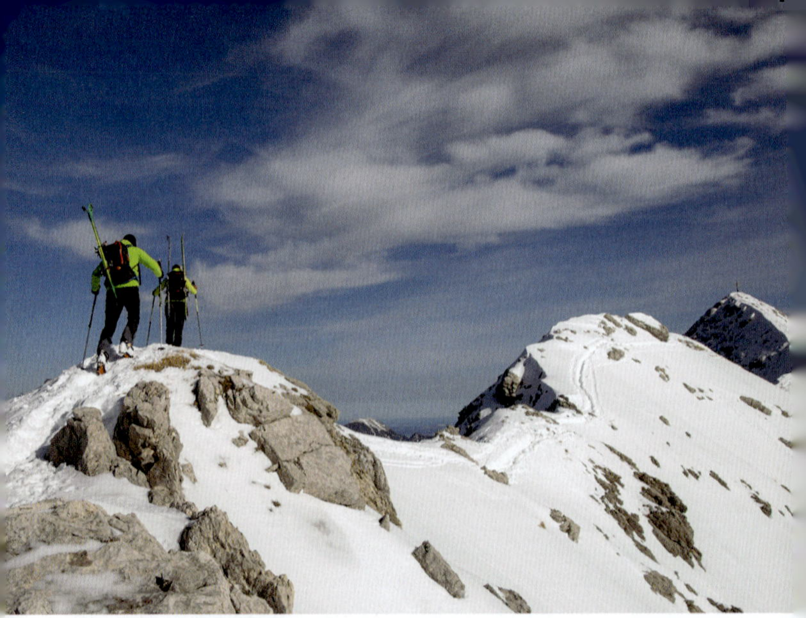

Am Gipfelgrat des Geißhorns im Tannheimer Tal (Tour 36).

Empfehlenswerte Bücher zur Beurteilung der Lawinensituation:

- Eike Roth: Lawinen. Verstehen – Vermeiden – Praxistipps, Rother Bergverlag, 1. Aufl. 2013.
- Markus Stadler: Skitouren. Ausrüstung – Technik – Sicherheit, Rother Bergverlag, 4. Aufl. 2021.
- Jan Mersch, Peter Geyer, Chris Semmel: Alpin-Lehrplan, Bd. 4: Skibergsteigen – Freeriding, Rother Bergverlag, 6. Aufl. 2021.

Grasberge

Ein paar Worte zu dieser Allgäuer (und Lechtaler) Spezialität, die eine Folge der herrschenden Gesteinsarten ist. Fleckenmergel, Liaskalke, Hornsteine usw. verwittern leicht und bilden einen idealen Boden für eine üppige Vegetation und so entstehen die auffallend glatten Grashänge. Doch Vorsicht – sie leuchten zwar im Winter meist in makellosem Weiß, sind aber häufig äußerst steil und bilden ein Lawinengelände der Extraklasse. Im typischen Steilgrasgelände sollte man nie einfach ins Unbekannte abfahren. Bei diesen weichen Gesteinen sind nämlich fast immer die Bachtäler als unbegehbare Tobel eingeschnitten, selbst kleine Bäche fließen oft in tiefen, nur schwer zu überschreitenden Gräben.

10 Top-Skitouren in den Allgäuer Alpen

Eineguntkopf, 1639 m

Ganz im Westen der Nagelfluhkette ragt dieser wenig ins Auge fallende Gipfel auf. Die Route eignet sich auch für Tourengeher mit weniger Erfahrung oder bei mäßigem Wetter. Die Abfahrt über meist weite Alpflächen ist einfach und nahezu hindernislos (Tour 4, 2.30 Std.).

Siplingerkopf, 1745 m

Der interessanteste Gipfel im Nagelfluhbereich heißt Siplingerkopf. Das stark gegliederte Gelände ist mit einer Vielzahl von Felszacken und Türmen dekoriert. Unsere Route schlängelt sich geschickt durch das scheinbar unbegehbare Steilgelände; sie ist allerdings ohne Spuren nicht leicht zu finden (Tour 9, 2 Std.).

Sonnenkopf, 1712 m

Die Route von Hinang oder von der Sonnenklause zum Sonnenkopf gehört zu den Standardtouren im Oberallgäu. Die Abfahrt ist sehr zügig und wird nur auf einem ganz kurzen Abschnitt durch Wald behindert (Tour 17, 2.45 Std.).

Wertacher Hörnle, 1695 m

Dank einer weiträumigen Berglehne mit vielen Wiesen und Alpweiden ist die Abfahrt vom Hauptgipfel im weiten Berggebiet zwischen Wertach und Starzlach einfach und fast makellos. Allerdings wird meist nur der Südgipfel mit 1684 m Höhe betreten (Tour 20, 1.45 Std.).

Güntlespitze, 2092 m

Die Güntlespitze zuhinterst im Kleinwalsertal bildet den Prototyp eines Allgäuer Grasberges. Vor allem nach Neuschneefällen erstrahlt das Gebiet in makellosem Weiß. Das kann jedoch eine tückische Schönheit sein: Diese Grashänge sind an vielen Stellen steil und glatt und bilden so einen »idealen« Untergrund für Lawinen (Tour 24, 3 Std.).

Kleiner Daumen, 2197 m

Wer eine sehr zügige, baumfreie und im Gipfelbereich steile 1000-m-Abfahrt schätzt, steigt nach einer Nacht in der Schwarzenberghütte zu diesem Gipfel hinauf (Tour 31, 2.45 Std. ab Hütte). Man kann natürlich auch auf den Großen Daumen (2280 m, siehe Abfahrt von Tour 30) steigen; die Routen trennen sich bei der Engeratsgundalpe.

Ponten, 2045 m

Unter den vielen Möglichkeiten im Tannheimer Tal bietet der Ponten die makelloseste Strecke und das schattige Pontenkar verspricht oft bis in den Frühling hinein gute Schneeverhältnisse (Tour 35, 3 Std.).

Woleggleskarspitze, 2522 m

Das ist ein relativ kleiner Gipfel in der langen Hornbachkette mit ihren mächtigen Felszinnen. Doch seine Besteigung per Ski gehört zum Großartigen, aber auch zum Anspruchsvollen und Hochalpinen. Aus einem makellosen Hochkar steigt man schließlich zu Fuß über jähes Gelände zum Gipfel hinauf (Tour 41, 4.30 Std.).

Namloser Wetterspitze, 2553 m

Als makellose Pyramide ragt die Wetterspitze weit über ihre Nachbarberge empor – ein stolzes Ziel! Die Abfahrt ist vor allem im Gipfelbereich steil, aber doch nicht allzu anspruchsvoll. Aber wegen der Steilgrashänge braucht man lawinensichere Verhältnisse (Tour 48, 4.45 Std.).

Feuerspitze, 2852 m

Das höchste Ziel in diesem Führer darf hier nicht fehlen, auch wenn der Zugang durchs Kaisertal sehr lang und der Gipfelaufbau sehr steil sind. Alpine Erfahrung und beste Verhältnisse bilden die absolut notwendigen Voraussetzungen für diese grandiose Bergfahrt (Tour 52, 4.30 Std.).

Telefonnummern und Adressen

Notrut

- Europäischer Notruf / Bergrettung Deutschland: 112
- Bergrettung Österreich: 140

Alpine Auskunft

- DAV Sektion Allgäu-Immenstadt, Sonthofen: Tel. +49 8321 26776, dav-allgaeu-immenstadt.de
- Alpine Auskunft des DAV und ÖAV: alpenvereinaktiv.com

Lawinenlagebericht

- lawinenwarndienst-bayern.de
- lawine.at (lawinen.report)
- Für Bayern: Band Tel. +49 89 92141210
- LAWINE TIROL App (kostenlos für iOS und Android)

Wetterbericht

- DAV-Wetterbericht: alpenverein.de (unter Service, Bergwetter)
- wetter.com
- bergfex.de

Daten zu den Talorten

Alpenrand und Illertal mit Kleinwalsertal

- D-87539 Bad Hindelang, 820 m, mit Hinterstein, 866 m, und Oberjoch, 1140 m. Buszufahrt von Sonthofen. Großes Pistengebiet bei Oberjoch, kleines bei Unterjoch. Tourist Information, Tel. +49 8324 8920, badhindelang.de.
- D-87538 Balderschwang, 1044 m. Jenseits des Riedbergpasses im Tal der Bolgenach gelegenes Dorf. Langlaufzentrum und einige Lifte. Bus von Fischen. Gästeinformation, Tel. +49 8328 1056, balderschwang.de.
- D-87544 Blaichach, 733 m, und Gunzesried, 889 m. Größere Gemeinde im Tal der Iller und in einem Seitental; Bahnhof und Buslinie bis zur Gunzesrieder Säge, Lifte am Ofterschwangerhorn. Gästeinformation, Tel. +49 8321 6076950, blaichach.de.
- A-6992 Mittelberg, 1215 m. Im inneren Kleinwalsertal. Bergbahn am Walmendingerhorn. Bus von Oberstdorf. Kleinwalsertal Tourismus, Tel. +43 5517 51140, kleinwalsertal.com.
- D-87553 Oberstdorf, 813 m. Wintersportzentrum mit Sprungschanzen. Große Bergbahnen an Nebel- und Fellhorn. Bahnhof. Tourismus Oberstdorf, Tel. +49 8322 7000, oberstdorf.de.
- D-87527 Ofterschwang, 864 m. Dorf auf der westlichen Illerterrasse, Lifte

und Pisten am Ofterschwangerhorn. Bus von Sonthofen. Gästeinfo, Tel. +49 8321 82157, ofterschwang.de.

- A-6992 Riezlern, 1086 m, im Kleinwalsertal. Bergbahn zur Kanzelwand. Bus von Oberstdorf. Kleinwalsertal Tourismus, Tel. +43 5517 51140, kleinwalsertal.com.
- D-87527 Sonthofen, 743 m, Kreisstadt und Zentrum des Illertals, großes Schwimmbad. Bahnhof. Tourist-Info Tel. +49 8321 615291, sonthofen.de.
- D-87534 Steibis, 861 m, Ortsteil von Oberstaufen, Busverkehr von Oberstaufen, etwas südlich die Hochgratbahn. Tourist Information Tel. +49 8386 93000, steibis.de.

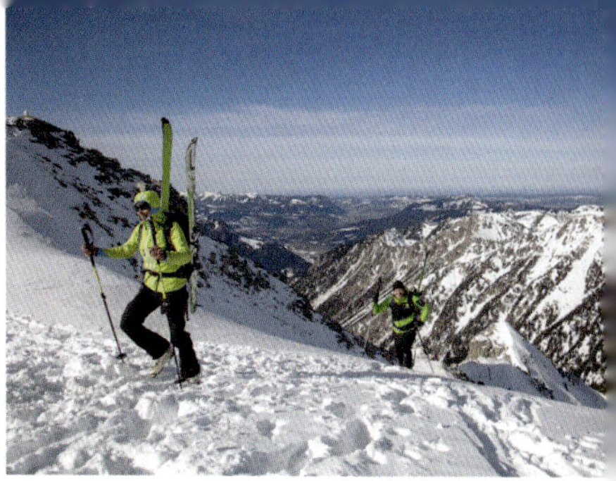

Aufstieg zum Grat am Geißhorn (siehe Tour 36).

Tannheimer Tal

- A-6673 Grän, 1138 m. Bahn und Lifte um das Füssener Jöchl. Bus von Sonthofen und von Reutte. Infobüro, Tel. +43 5675 622040, tannheimertal.com.
- A-6677 Schattwald, 1074 m. Lifte am Wannenjoch. Bus von Sonthofen und von Reutte. Infobüro, Tel. +43 5675 622080, tannheimertal.com.
- A-6675 Tannheim, 1097 m. Lifte am Neunerköpfl. Bus von Sonthofen und Reutte. Infobüro, Tel. +43 5675 6220 0, tannheimertal.com.

Lechtal

Zu den Bergdörfern Namlos, Boden, Gramais und Kaisers gibt es nur vereinzelte Busverbindungen, die dem Skitourengeher meist wenig nutzen.

- A-6622 Berwang, 1342 m. Skistation auf einem Sattel, mehrere Lifte. Zur Gemeinde gehört auch Rinnen, 1262 m. Bus von Bichlbach (Bahnhof). Tourismusbüro, Tel. +43 5673 20000400, berwang.at.
- A-6652 Boden, 1356 m, und Bschlabs, 1316 m. Bergbauerndörfer hoch über dem Lechtal. Tourismusverband Lechtal, Tel. +43 5634 5315, lechtal.at.
- A-6651 Gramais, 1321 m. Bergbauerndorf hoch über dem Lechtal. Tourist-Info, Tel. +43 5634 6422 oder +43 664 8826 5483, gramais.com.
- A-6651 Häselgehr, 1006 m. Größerer Ort im mittleren Lechtal. Busverbindung von Reutte; Abzweigung der Straße nach Gramais. Infos siehe Boden.
- A-6655 Kaisers, 1518 m. Bergbauerndorf hoch über dem Lechtal. Infos siehe Boden.
- A-6642 Namlos, 1225 m, und Kelmen, 1358 m. Bergbauerndörfer in einem Lechtaler Seitental. Infos siehe Berwang.

Skibergsteigen umweltfreundlich

Da sich mit der steigenden Zahl der Skitourengeher und Schneeschuhwanderer auch der Druck auf die alpine Tierwelt und ihren Lebensraum erhöht, hat der Deutsche Alpenverein (DAV) in Zusammenarbeit mit dem Bayerischen Umweltministerium, mit Forstbetrieben, Landratsämtern und Verbänden für die ökologisch empfindlichen Bereiche der Bayerischen Alpen Routenempfehlungen erarbeitet, die ein naturverträgliches Skitouren- und Schneeschuhgehen zum Ziel haben. Damit sind zwar für Wintersportler Einschränkungen verbunden, die aber nur ein Fünftel des Tourengeländes betreffen und deshalb allgemeine Akzeptanz finden sollten, zumal damit die Störungen der Wildtiere, vor allem der sehr sensiblen und gefährdeten Raufußhühner erheblich reduziert und dadurch ihre Überlebenschance im Winter nachhaltig erhöht wird. Auch Kantenschäden in Aufforstungen und im Jungwald, in der Strauch- und Almzone gilt es auf Skitouren zu vermeiden.

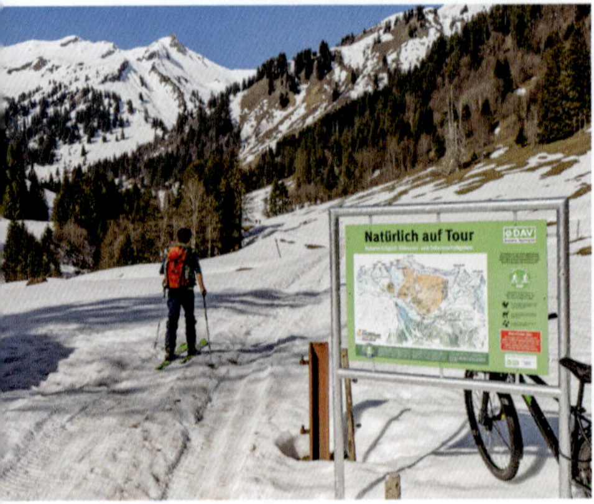

Aufstieg von Hinterstein zum Schochen in der Nähe der Engeratsgundalpe (Tour 32).

Als sichtbare Orientierungshilfe hat der DAV in besonders empfindlichen Bereichen Infotafeln aufgestellt und die Routen dort mit einem weißen Tourengeher und/oder einem Schneeschuhwanderer in einem kreisrunden, grünen Feld behutsam markiert (siehe Foto). Außerdem weisen die aktuellen AV-Karten (siehe S. 12) für den gesamten bayerischen Alpenraum die Schongebiete und Schutzzonen sowie die naturverträglichen Skirouten aus. Die Empfehlungen des DAV sind nicht als Ge- oder Verbote zu verstehen, sondern sind ein Aufruf an die Einsicht, Vernunft und Naturbegeisterung der Skitouren- und Schneeschuhgeher, um durch freiwillige Selbstbeschränkung die Schönheit und Vielfalt der Schöpfung zu erhalten.
Auch der Österreichische Alpenverein (ÖAV) arbeitet mit seinen Forstbetrieben im Anliegen eines naturverträglichen Touren- und Schneeschuhgehens zusammen. Dort darf jeder zu Erholungszwecken den Wald betre-

ten. Als Ausnahme gelten Futterstellen, Aufforstungen und Jungwälder mit einem Bewuchs unter 3 m und der an Bergbahnen/Lifte und Pisten angrenzende Bereich (mindestens 500 m bzw. ½ Gehstunde). Weitere Einschränkungen bedürfen der behördlichen Genehmigung.

Für ein »Skibergsteigen umweltfreundlich« gibt der Deutsche Alpenverein unter dem Motto »Erleben ... und leben lassen« folgende Empfehlungen an alle Skitourengeher und Winterwanderer heraus:

- Umweltschonend anreisen (mit öffentlichen Verkehrsmitteln bzw. in Fahrgemeinschaften) und mehrtägige Aufenthalte den Tagestouren vorziehen.
- Ausgewiesene Parkplätze benutzen, keine Zufahrten verstellen.
- Markierungen und Hinweise beachten.
- Lebensräume von Wildtieren erkennen. Im Hochwinter in Kammlagen nur in der Zeit von 10 bis 16 Uhr verweilen.
- Ruhezonen und Schutzgebiete respektieren, dem Wild ausweichen und nur aus Distanz beobachten, Futterstellen umgehen, Lärm vermeiden.
- Waldgebiete auf Wegen oder Forststraßen durchqueren, nie durch Aufforstungen abfahren, an der Waldgrenze Abstand zu Einzelbäumen und Baumgruppen halten.
- Bei zu geringer Schneelage auf die Ski verzichten bzw. an der Schneegrenze frühzeitig abschnallen und dadurch Kantenschäden vermeiden.

DAV-Gütesiegel »Natürlich auf Tour«

In der Reihe der Rother Skitourenführer ist der Band »Allgäuer Alpen und Lechtal« von Stephan Baur mit dem Gütesiegel »Natürlich auf Tour« des Deutschen Alpenvereins (DAV) ausgezeichnet worden. Die Auswahl und Beschreibung der Skitouren berücksichtigen die Routenempfehlungen des DAV-Projektes »Skibergsteigen umweltfreundlich«, das der DAV in Kooperation mit dem Bayerischen Umweltministerium und dem Bayerischen Landesamt für Umwelt für das Gesamtgebiet der Bayerischen Alpen durchführt. Der Führer enthält zudem Informationen und Verhaltenstipps für naturverträgliches Tourengehen in der Einleitung und im Text zu den einzelnen Skitouren. Auch die Anreisemöglichkeiten mit Bahn und Bus sind, sofern vorhanden, aufgeführt. Damit erfüllt der Skitourenführer alle für die Auszeichnung erforderlichen Kriterien und kann dem naturverbundenen Tourengeher als Grundlage für die Planung und Ausführung von Skitouren in den Allgäuer Alpen empfohlen werden. Der DAV gratuliert dem Autor sowie dem Rother Bergverlag und dankt für die gute Zusammenarbeit!

Deutscher Alpenverein
Ressort Naturschutz und Kartografie

1 Steineberg, 1683 m

780 Hm
2.45 Std.

Wiesen, Almgelände, Steilmulden

Steineberg heißt der erste der typischen Nagelfluhgipfel mit oft senkrechten Felsstreifen im Norden und steilsten Pleisen auf der Südseite. Eine oben sehr steile Mulde erlaubt einen Zugang von Osten für den Skitourengeher. Sehr viel einfacher und sicherer ist die Besteigung des benachbarten (östlich) und eher unbedeutenden Bärenkopfs (siehe Variante).

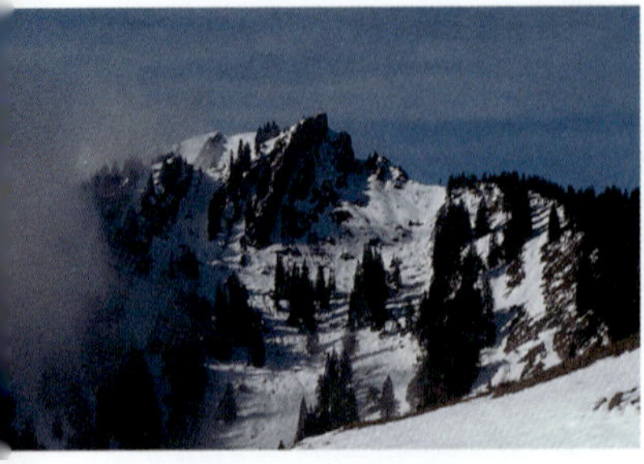

Steineberg mit Ostmulden.

Ausgangspunkt: Gunzesried, Parkplätze an der Talstation der Bergbahn (Ossi-Reichert-Bahn), 900 m, von der Kirche in Gunzesried noch 500 m talein (Talstraße) zur Talstation. Bushaltestelle »Gunzesried/Ossi-Reichert-Bahn« (Linie 20) direkt an der Talstation.

Anforderungen: Am Steineberg eine recht steile Ostmulde. Zum Bärenkopf einfach bis auf eine etwas unangenehme Passage im Hohlweg.

Hangrichtung: Ost, meist südseitig.

Lawinengefährdung: In der Steineberg-Ostmulde sind sichere Verhältnisse unbedingt nötig. Am Bärenkopf nur bei ganz extremen Bedingungen gefährlich.

Günstige Zeit: Januar bis März (April) bei nicht zu geringer Schneehöhe.

Variante: Bärenkopf, 1480 m, Schwierigkeit »rot«). Von der Vorderen Krumbachalpe gleich durch die erste Schneise weit empor, links durch den Baumstreifen auf die folgenden Hänge und auf den Gipfel. Aufstiegszeit knapp 2 Std., 580 Hm.

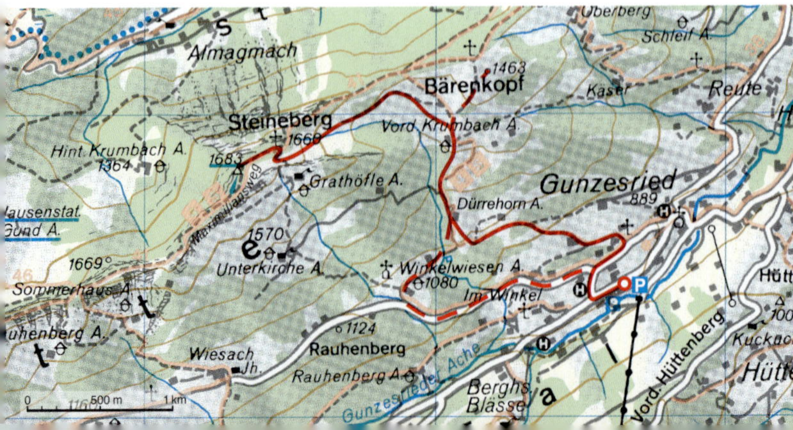

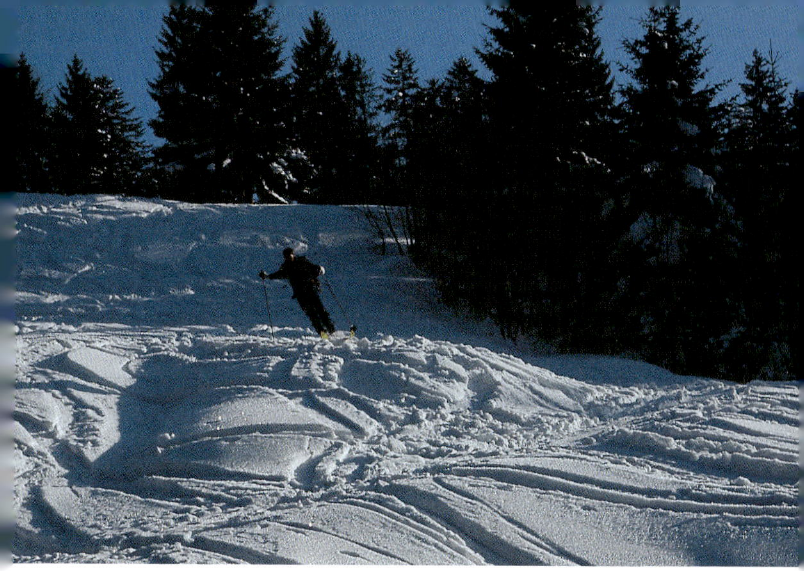

Abfahrt vom Steineberg bei der Dürrehornalpe.

Die etwas unübersichtliche Route in Stichpunkten: In **Gunzesried** vom **Parkplatz**, 900 m, bei der Talstation der Ossi-Reichert-Bahn auf der Talstraße etwa 300 m talein (Westen), dann rechts und nochmals 300 m über eine kleine Kuppe zu einem Kreuz mit Bank. Von dort auf dem Bauernsträßchen links flach zum letzten Hof, über den Hang rechts über dem Hof in dessen oberen linken Winkel, auf dem Ziehweg kurz zwischen Bäumen zur nächsten Lichtung und wieder empor in die linke obere Ecke. Nun immer auf dem Ziehweg, zwischenzeitlich durch einen etwas unangenehmen Hohlweg, schräg durch die Hänge aufwärts, bis man hinter einer Ecke eine freie Mulde erreicht. Hier nach Norden zum nahen Waldrand hinauf und ein letztes Mal auf dem Ziehweg nach links zu den nun ganz freien Weideflächen und zur **Dürrehornalpe**, 1157 m. Über schönstes Gelände beliebig empor zur **Vorderen Krumbachalpe**, 1322 m, auf kleinem Boden.

Zum Steineberg von der Krumbachalpe flach in einem Bogen nach links bis unter den Gipfel und in dessen Ostmulde. Nach Westen über einen Hang und durch eine sehr steile Gasse in eine Gratlücke, dann jenseits etwas links der Kante zum Gipfelkreuz des **Steineberg**, 1660 m, hinauf. Der Hauptgipfel, 1683 m, liegt 400 m weiter westlich.

Wegen der Hohlwege bietet sich folgende **Abfahrtsvariante** an: Von der Dürrehornalpe etwas nach rechts hinab zum Talboden, flach hinüber zum **Winkelwiesen-Hof** und auf dem Forststräßchen hinab zum Ausgangspunkt.

2 Nagelfluhkette

N W O S

1300 Hm

8.00 Std.

Frühjahrsskitour über acht Gipfel

Zu dieser Tour gibt es im gesamten Alpenraum kein Gegenstück. Während eines ganzen Tages ist man auf oder nahe der schnurgeraden Nagelfluhkette mit ihren acht Gipfeln unterwegs. Man steigt dabei meist über relativ harmloses Grasgelände zu den Gipfeln hinauf, während die Abfahrten durch ganz schmale, teilweise recht steile Felsgassen führen, die als Schläuche bezeichnet werden. Die äußerst steilen, oft auffallend glatten Hänge darüber sorgen für erhöhte Lawinengefahr. Der Gebietsfremde kann zudem ohne vorhandene Skitourenspuren Probleme bei der Orientierung bekommen. Man kann in diesem stark felsigen Nagelfluh-Gelände nirgends einfach »auf Verdacht« abfahren! In der Regel werden der Mittaggipfel und Immenstadt als das Ziel der Tour angesehen, aber es bieten sich auch andere Abfahrten an, die die Strecke deutlich verkürzen.

Ausgangspunkt: Parkplatz an der Talstation der Hochgratbahn, 851 m, von Steibis ca. 4 km weiter talein zur Talstation. Bushaltestelle »Hochgratbahn« (Linie 95) direkt an der Talstation.
Höhenunterschiede: 1300 Hm Aufstiege, bis 2300 Hm Abfahrt.
Anforderungen: Lange, sehr anstrengende Tour. Abfahrten in teilweise ziemlich steilen, schmalen Karen. Zuverlässiges Wetter unbedingt nötig, ohne Spuren schwierige Orientierung.
Hangrichtung: Abfahrten südost- bis ostseitig.
Lawinengefährdung: Ganz sichere Verhältnisse wichtig, am besten bei stabilem Firn, wird aber auch bei Pulverschnee befahren.
Günstige Zeit: März und April.
Stützpunkt: Staufner Haus, 1634 m, DAV, 50 Lager und 23 Betten, Tel. +49 8386 8255, staufner-haus.de, 26. Dez. bis Mitte März Do.–So., Weihnachtsferien durchgehend geöffnet.

Mit der Bergbahn zur **Bergstation der Hochgratbahn**, 1700 m, und von hier steigt man über den meist abgeblasenen Rücken auf den **Hochgrat**, 1832 m, empor. Es folgt eine Steilabfahrt durch die Rinne, die von der Schulter im Süden des Gipfels genau nach Osten zum **Gütle**, 1560 m, hinabzieht. Der Gegenanstieg führt über einen unregelmäßigen Hang schräg empor in die **Brunnenauscharte**, 1624 m, in weiträumigem Gelände auf einen runden Gratkopf und weiter zum Vorgipfel des **Rindalphorns**. Zu Fuß erreicht man über die ganz schmale Schneide das Kreuz in 1822 m Höhe. Zurück auf dem Vorgipfel erfolgt dann die Einfahrt in die sehr steile Ostrinne hinab zur **Gündlesscharte**, 1630 m. Rechts des Grates geht es relativ bequem zu einem Kopf empor und dann nach Norden in die Lücke dahinter. Von dort in wenigen Minuten zu Fuß auf den **Gündleskopf**, 1748 m. Von der Lücke schwingt man durch die nächste Steilrinne nach Südosten hinab bis auf die Höhe der **Gündlesalpe**, 1503 m. Am Gegenhang geht es nun wieder empor

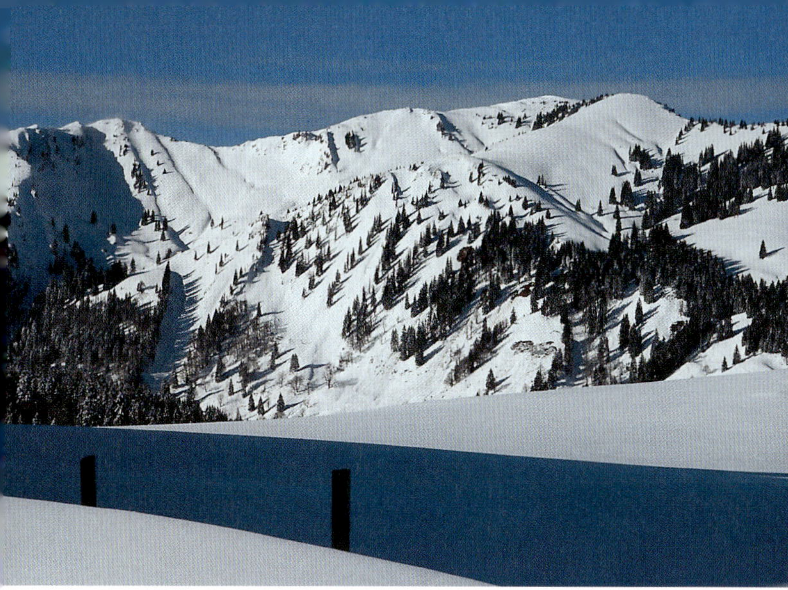

Gündleskopf (links) und Buralpkopf (hinten rechts) von Süden.

auf eine Schulter in 1650 m Höhe, wo ein Hüttchen steht. Von dort in 20 Min. ohne Probleme auf den **Buralpkopf**, 1772 m. Die nächste Abfahrt erfolgt nach Osten schräg am Hang entlang, führt über einen Bach und hinüber zur **Gatteralpe**, 1489 m. Man quert noch den folgenden Graben, dann steigt man über den mit einzelnen Bäumen bestandenen Rücken auf den **Sedererstuiben**, 1737 m. In weiträumigem Gratgelände erfolgt der Übergang zum **Stuiben**, 1749 m. Etwas nach links ausholend fährt man auf die Nordschulter in 1650 m Höhe hinab. Von ihr geht es nach Osten entweder durch die erste, breite Steilmulde (Wechte) oder etwas später durch eine schmälere Mulde in den Kessel nordöstlich des Stuibens hinab. An seinem Oberende quert man auf einen Absatz unter der Ostgrat-Steilflanke und kurvt dann drüben über einen ebenfalls steilen Hang hinab auf den ebenen Boden der **Hinteren Krumbachalpe**, 1364 m. Es folgt der letzte größere Anstieg durch schütteren Wald hinauf zum Hauptgipfel des **Steinebergs**, 1683 m. Man fährt dann am Grat entlang zum Kreuz ab und etwas rechts davon in die letzte, anfangs sehr steile Ostmulde. Sobald es das Gelände erlaubt, hält man sich links, steigt nochmals 100 Hm zum Sattel neben dem Bärenkopf auf, quert hinüber zum **Mittag**, 1451 m, und schwingt auf den Pisten nach **Immenstadt**, 728 m, hinunter. Von hier Bahn- und Busverbindung zurück nach Steibis.

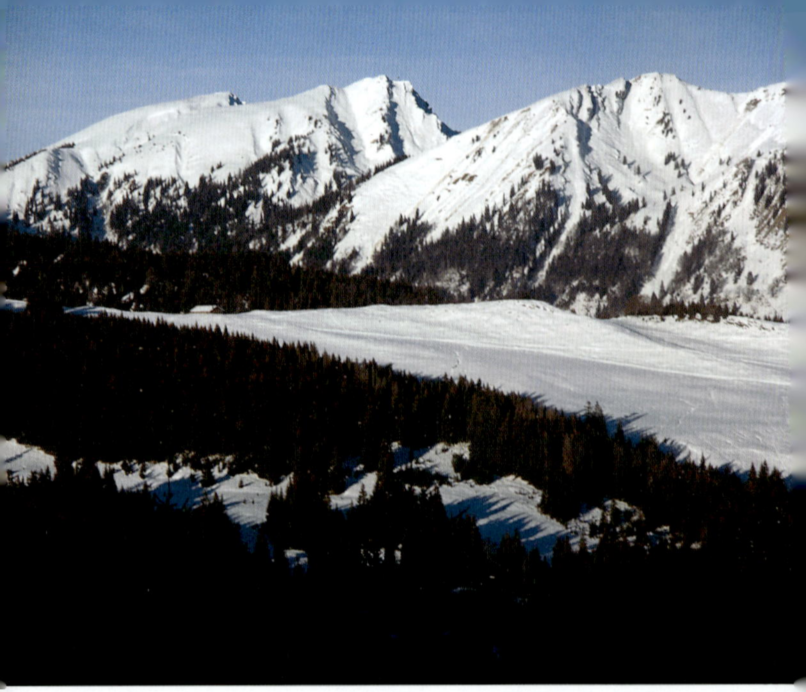

Rindalphorn (Bildmitte) und Gündleskopf (rechts) mit ihren Abfahrten von Südosten.

Möglichkeiten, die Tour rascher zu beenden, etwa bei Schlechtwetter:
a) Aus der Gündlesscharte meist schöne Abfahrt nach Süden und Südosten zu den Aualpen, dann jedoch 4,5 km durch das teilweise ganz flache Aubachtal zur Gunzesrieder Säge (Bus).

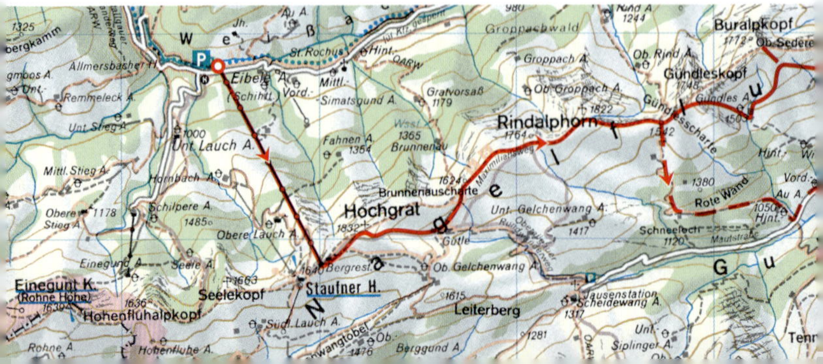

b) Von der Gatteralpe erst auf einem Rücken, dann über einen hohen, steilen Hang zu dessen linkem, unterem Eck. Auf dem Alpweg ins Aubachtal bei Vorsäß III und noch 2,5 km flach talaus zur Gunzesrieder Säge (Bus).
c) Vom Sedererstuiben unter dem Stuiben nördlich hindurch zur Mittelbergalpe (an Wochenenden geöffnet) und auf der Forststraße durch das lang gezogene Steigbachtal hinaus nach Immenstadt (Bus und Bahn).
d) Von der Steineberg-Ostmulde wie bei Tour 1 beschrieben über die Dürrehornalpe hinab nach Gunzesried (Bus).

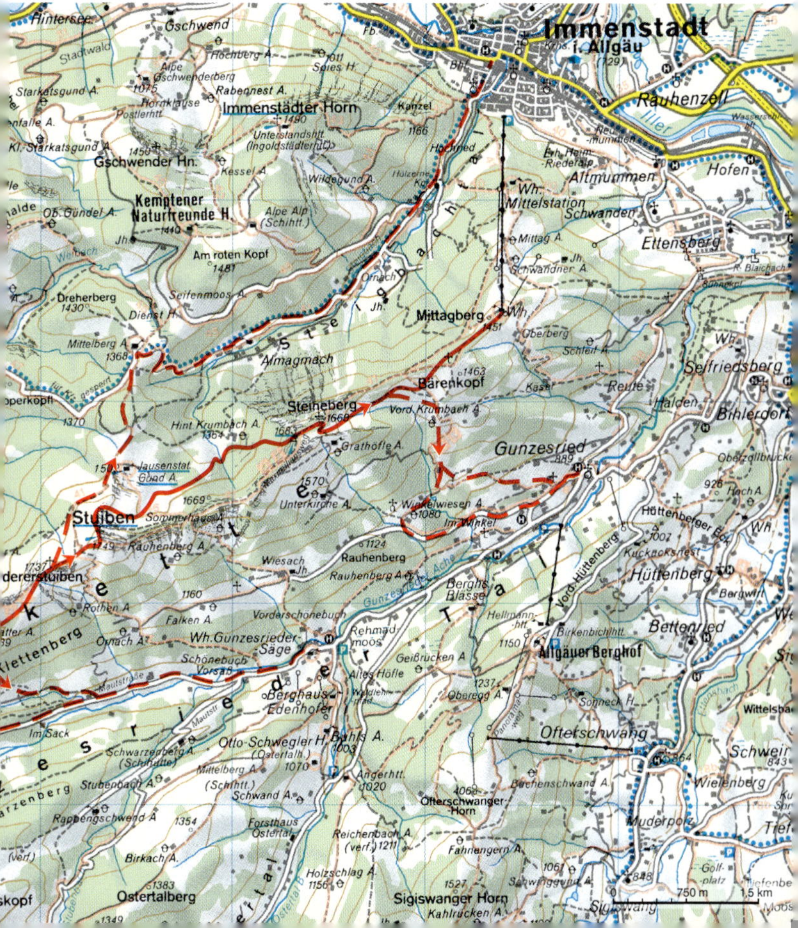

3

Hochgrat, 1832 m, und Rindalphorn, 1822 m

820 Hm
2.30 Std.

Alpiner Abstecher aus dem Pistengebiet

Aus der 16 Kilometer langen Nagelfluhkette ragen zwei Gipfel deutlich hervor: der Hochgrat und das Rindalphorn, einer der interessantesten Skigipfel der Region. Beide fallen nach Norden mit den typischen quer gestreiften Steilflanken aus Nagelfluh ab, während die Südseiten, wie überall in diesem Kamm, deutlich flacher sind und dem Skitourengeher interessante Möglichkeiten bieten. Von beiden Gipfeln genießt man ein besonders schönes Panorama. Dank der Bergbahn zur Hochgrat-Westschulter lässt sich auch das Rindalphorn mühelos erreichen.

Ausgangspunkt: Parkplatz an der Talstation der Hochgratbahn, 851 m, von Steibis ca. 4 km weiter talein zur Talstation. Bushaltestelle »Hochgratbahn« (Linie 95) direkt an der Talstation.
Höhenunterschiede: 820 Hm Aufstiege, 1670 Hm Abfahrt (davon 850 Hm Piste).
Anforderungen: Trotz des ungewöhnlich stark gegliederten Geländes nur mittlere Schwierigkeiten, ideal bei sicherem Firn.
Hangrichtung: Abfahrten meist südost- und südseitig.
Lawinengefährdung: Sichere Verhältnisse wichtig.
Günstige Zeit: Januar bis April, hohe Schneelage hilfreich.
Einkehrmöglichkeit: Restaurant in der Bergstation; in deren Nähe auch das Staufner Haus, 1634 m, DAV, 50 Lager und 23 Betten, Tel. +49 8386 8255, staufner-haus.de, 26. Dez bis Mitte März Do.–So., Weihnachtsferien durchgehend geöffnet.

Mit der Bergbahn zur **Bergstation der Hochgratbahn**, 1700 m, und in 20 Min. über den meist abgeblasenen Rücken auf den **Hochgrat**, 1832 m. Steilabfahrt durch die Rinne, die von der Schulter im Süden des Gipfels ge-

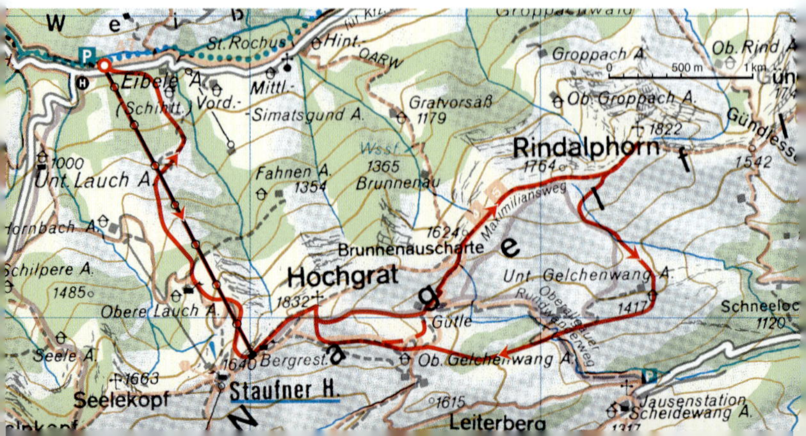

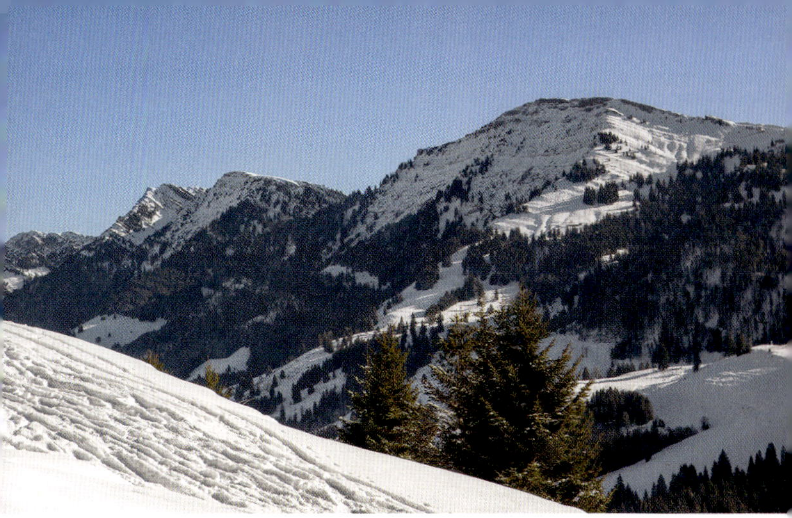

Hochgrat (rechts) mit Seilbahnstation, hinten links am Kamm das Rindalphorn.

nau nach Osten zum **Gütle**, 1560 m, hinabzieht. Oder – einfacher – vom Gipfel erst nach Süden, dann nach Südosten und Osten über den weiten Rücken und die anschließende Mulde hinab bis in 1580 m Höhe, dann links um eine scharfe Ecke zum Gütle. Gegenanstieg über einen unregelmäßigen Hang schräg empor in die **Brunnenauscharte**, 1624 m, in weiträumigem Gelände auf einen runden Gratkopf und weiter zum Vorgipfel des Rindalphorns. Zu Fuß über die ganz schmale Schneide zum Gipfelkreuz des **Rindalphorns**, 1822 m.

Bei der **Abfahrt** zurück bis kurz vor den Gratkopf, dann links über den freien Südhang 100 Hm hinab, links an einer Minierhebung mit Kreuz vorbei und steiler hinab über einen weiträumigen Rücken bis auf einen Absatz in 1540 m Höhe. Dort rechts und über einen schönen Hang zur **Untergelchenwangalpe**, 1417 m, und weiter auf den nahen Boden, 1405 m. Hinüber zu dessen westlichem Ende, dann rechts des Bachs über eine kleine Stufe, noch kurz im Bachbett, dann über den Hang auf der rechten Seite schräg empor und beliebig über die weiten Flächen hinauf auf den **Hochgrat**. Hinab zur Bergstation und auf den Pisten zur **Talstation**.

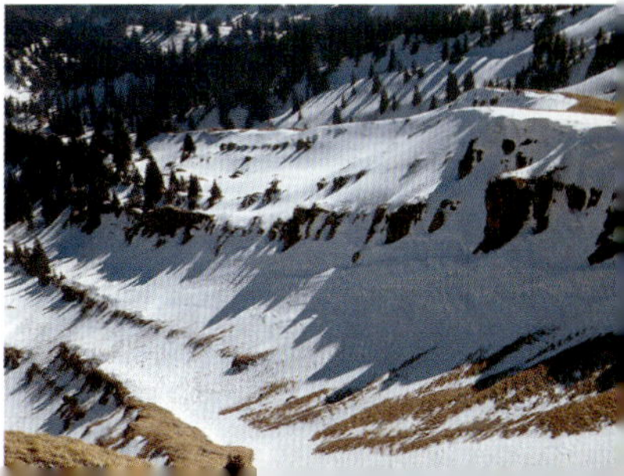

Ostabfahrt vom Hochgrat.

TOP **4**

Eineguntkopf, 1639 m

N W O S

800 Hm
2.30 Std.

Der Berg für alle Fälle

Auch der noch gut 5 Kilometer lange Kamm westlich des Hochgrates gehört zur Nagelfluhkette und zeigt, etwas verkleinert, ebenfalls die typischen Eigenschaften. Die Nordflanken sind von Felsstreifen durchsetzt, gegen Süden dominieren sehr steile Graspleisen. In diesem Kamm steht jedoch ein Berg mit ganz problemlosem Zugang von Westen, der Eineguntkopf, auch Rohnekopf genannt. Die Route dorthin führt ausschließlich über freie Weideflächen, die niemals wirklich steil sind. Wer also das Tourengehen einmal ausprobieren will, findet hier ein ideales Ziel. Achtung, die gesamte Nordflanke des Gipfels ist Schutzgebiet!

Ausgangspunkt: Parkplatz an der Talstation der Hochgratbahn, 851 m, von Steibis ca. 4 km weiter talein zur Talstation. Bushaltestelle »Hochgratbahn« (Linie 95) direkt an der Talstation.
Anforderungen: Fast durchgehend weite, nie wirklich steile Wiesen und Weideflächen, auch für Anfänger geeignet.
Hangrichtung: West- bis nordostseitig.
Lawinengefährdung: Nur bei extremen Bedingungen gefährdet.
Günstige Zeit: Ende Dezember bis Anfang April.
Stützpunkt und Einkehr: Berggasthaus Oberstiegalpe, 1178 m, 44 Schlafplätze, Di. Ruhetag, Tel. +49 8386 8178, oberstiegalpe.de. Berggasthaus Falkenhütte, 1439 m, Gästezimmer, Mo. Ruhetag (außer an Feiertagen), Tel. +49 8386 8113, falkenhuette.de.

Von der **Talstation der Hochgratbahn**, 851 m, wandert man entlang der Teerstraße etwa 100 m zurück (Westen), biegt dann links auf einer breiten Rodelbahn in ein Tälchen ein und erreicht bald danach die freien Wiesen mit der Piste. Über die Piste bzw. Rodelbahn steigt man empor und erreicht eine be-

Blick von Südwesten (Falken) auf den Eineguntkopf. Links die große Falkenhütte.

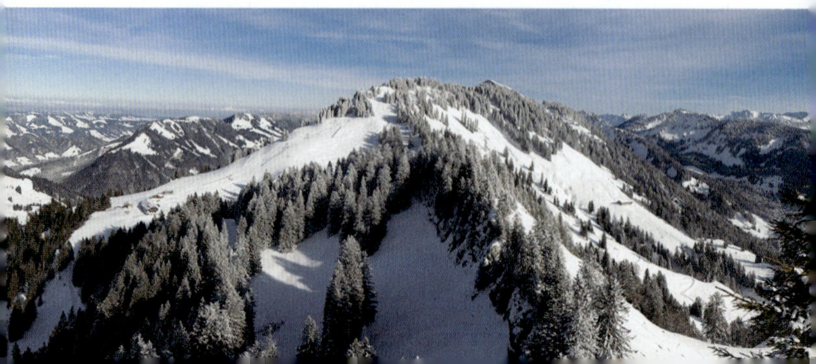

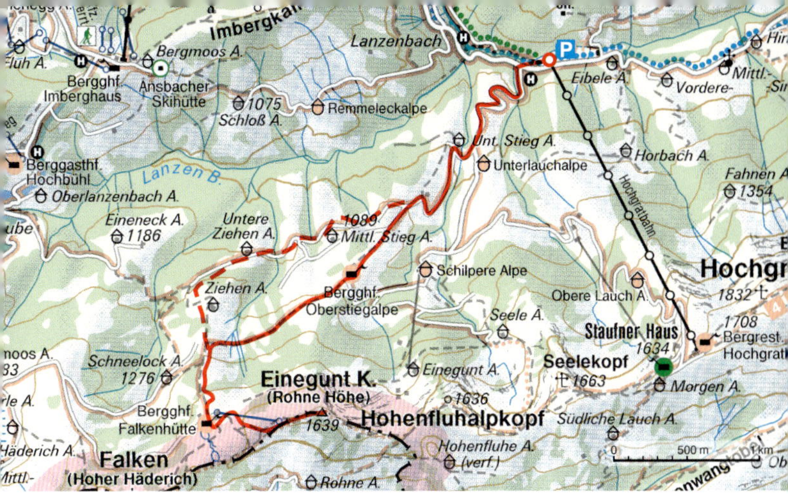

schilderte Y-Gabelung kurz vor der Unteren Lauchalpe. Dort biegt man rechts ab in Richtung »Obere Stieg-Alpe«. Es geht leicht bergab und man überquert einen Bach auf einer Brücke. Von hier steigt man wenige Meter bergauf zur Unteren Stiegalpe und hält sich scharf links in Richtung Süden. Zunächst neben, dann auf dem freien Rücken steigt man zu einer weiteren beschilderten Y-Gabelung auf. Hier hält man sich links und gelangt so in wenigen Minuten zum Berggasthaus **Oberstiegalpe**, 1178 m. Nur wenig ansteigend geht es von dort Richtung Südwesten und man quert damit unter dem steilen Nordhang des Eineguntkopfes hindurch. Bei dieser Querung muss ein kurzer Waldstreifen überwunden werden, was speziell bei wenig Schnee etwas unangenehm ist. Nach dem Waldstück gelangt man wieder auf schöne freie Flächen und erreicht einen schwach ausgeprägten Rücken. Hier hält man sich links (Süden) und steigt etwas steiler zum Gasthaus **Falkenhütte**, 1439 m, auf, das am Rand einer Westmulde mit Skilift liegt. Etwas südlich des Skilifts steigt man durch die Mulde weiter auf und erreicht so an großen Fichten vorbei den kaum ausgeprägten Gipfel des **Eineguntkopfs**, 1639 m.
Die **Abfahrt** folgt entweder der Aufstiegsroute oder man wählt die **Variante** vorbei an der Unteren Ziehenalpe. Bei der Variante wird die etwas unangenehme Querung im erwähnten Waldstreifen vermieden, dafür muss ein Gegenanstieg von etwa 70 Hm in Kauf genommen werden. Dazu fährt man von der Falkenhütte den bekannten etwas steileren Hang ab, hält sich dann aber nicht rechts, sondern bleibt auf dem Rücken und fährt links an der Ziehenalpe vorbei. Ein schöner Hang führt hinab auf einen breiten Forstweg. Auf diesem fährt man vorbei an der Unteren Ziehenalpe zu einem Bachlauf. Hier fellt man wieder auf und steigt vorbei an der Mittleren Stiegalpe zur bekannten Aufstiegsroute.

5 Seelekopf, 1663 m

N W O S

830 Hm
2.00 Std.

Anspruchsvolle Steilabfahrt auf Nordhängen

Der Seelekopf stellt den direkten westlichen Nachbar des viel besuchten Hochgrats dar. Am Gipfel des Seelekopfs ist man selten allein, da einige Skitourengeher und Schneeschuhwanderer von der Hochgratbahn zum Gipfel queren. Deutlich ruhiger ist es auf der hier beschriebenen Tour über die Nordseite, auf der sich der Seelekopf von seiner etwas »wilderen« Seite präsentiert. Rassige und steile Nordhänge wechseln sich mit Waldabschnitten ab. In der sogenannten Seelewanne, das Kar oberhalb der Seelealpe, kann oft mit perfektem Pulverschnee gerechnet werden.

Ausgangspunkt: Parkplatz an der Talstation der Hochgratbahn, 851 m, von Steibis ca. 4 km weiter talein zur Talstation. Bushaltestelle »Hochgratbahn« (Linie 95) direkt an der Talstation.
Anforderungen: Mittelschwere Tour, längere Abschnitte sehr steil, speziell der Aufstieg von der Seelealpe durch das Kar empor zur Scharte.
Hangrichtung: West-, meist nordseitig.
Lawinengefährdung: Sichere Verhältnisse unbedingt notwendig. Besondere Vorsicht ist im oberen Bereichs des Kars bei der Seelealpe geboten.
Günstige Zeit: Ende Dezember bis Anfang April.

Von der **Talstation der Hochgratbahn**, 851 m, wandert man entlang der Teerstraße etwa 100 m zurück (Westen), biegt dann links auf einer breiten Rodelbahn in ein Tälchen ein und erreicht bald danach die freien Wiesen mit der Piste. Über die Piste bzw. Rodelbahn steigt man empor und erreicht eine beschilderte Y-Gabelung kurz vor der Unteren Lauchalpe. Hier hält man sich leicht links und erreicht nach wenigen Metern die **Untere Lauchalpe**, 1000 m. Man wandert auf dem breiten Weg vorbei an der Alpe weiter in

Seelewanne mit der Seelealpe direkt unterhalb des Gipfelaufbaus des Seelekopfs. Der Aufstieg erfolgt über die Scharte am Grat etwas rechts der Bildmitte.

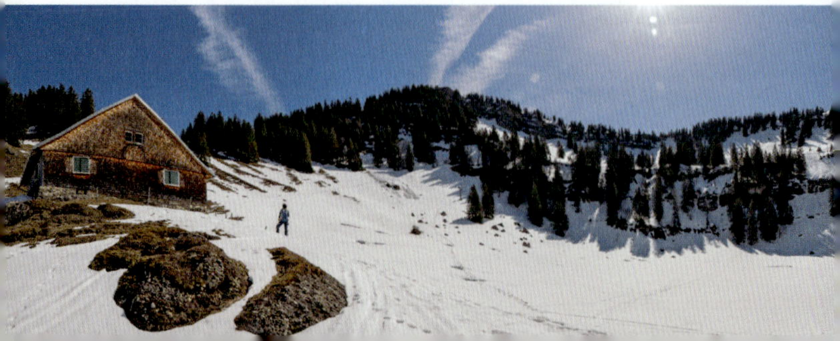

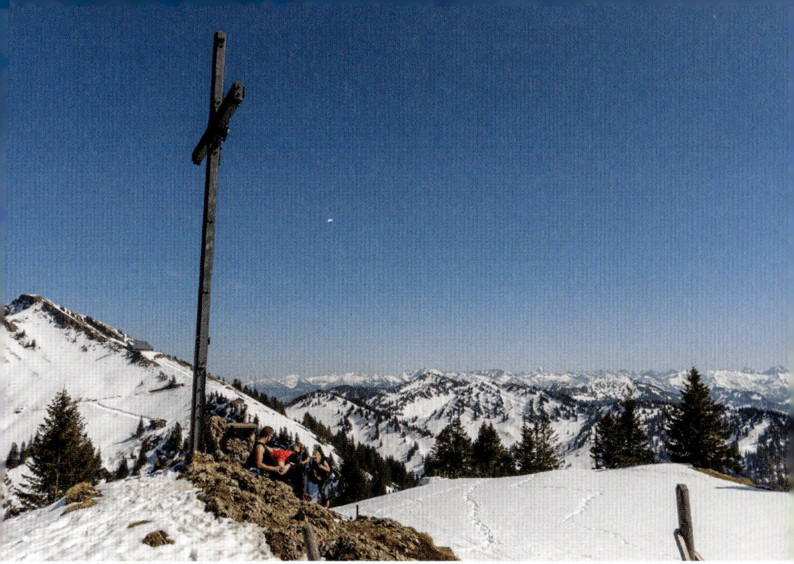

Blick vom Gipfel am Seelekopf hinüber zum Hochgrat mit der großen Bergstation am Westrücken.

Richtung Süden. Bei einem Wegweiser in einer Spitzkehre, 1072 m, geht man geradeaus weiter, also östlich oberhalb des Baches. Direkt auf der anderen Bachseite liegt die Schilperealpe. Durch den Bergwald und über steile Lichtungen steigt man in Richtung Südwesten bergauf in das Kar, die sogenannte Seelewanne, mit der **Seelealpe**, etwa 1380 m. Nach der Alpe hält man sich im Kar leicht rechts und steigt schließlich sehr steil in die tiefste Scharte, etwa 1550 m, zwischen Hohenfluhalpkopf (rechts) und Seelekopf (links) auf. Von der Scharte geht es nach links über den Grat unkompliziert zum Gipfelkreuz des **Seelekopfs**.

Abfahrt wie Aufstieg.

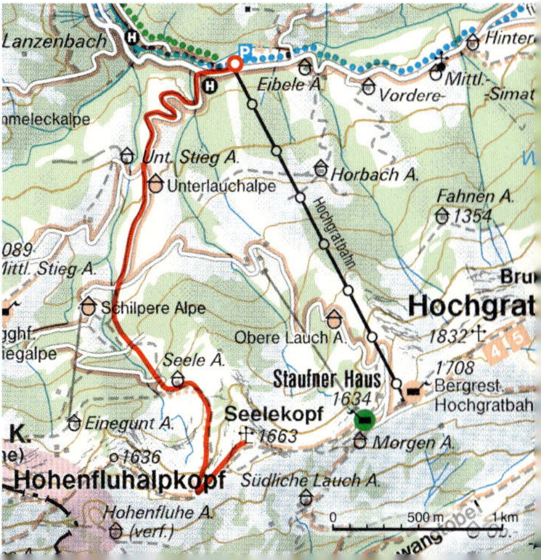

6 Falken, 1564 m

670 Hm
2.30 Std.

Unberührte, fast makellose Südhänge

Verlockend weiß leuchtet die oberste Kuppe unseres Nagelfluhberges im Osten des Hochhädrich. Erwischt man gute Schneeverhältnisse in diesen Südhängen, dann wird sicher jeder zufrieden ins Tal zurückkehren, hat er doch eine fast waldfreie, zügige Abfahrt hinter sich, die allerdings im obersten Teil steil ist. Viele, die mit ihren Skiern durch das Leckenholz wandern, haben als Ziel nicht den Gipfel des Falken, sondern das Ochsenlager am Koppachstein.

Ausgangspunkt: Hittisau, 790 m, von der Kirche in Hittisau 500 m Richtung Krumbach, dann rechts hinab zur Bolgenachbrücke und noch 3 km durch das verstreute Dorf Bolgenach zum Waldrand, 890 m, beschränkte Parkmöglichkeit. Mit Bus nicht erreichbar (Bushaltestelle in Hittisau 3 km entfernt).
Anforderungen: Meist ideale Alp- und Weidefläche, im Gipfelbereich sehr steil.
Hangrichtung: Südseitig.
Lawinengefährdung: Gipfelhang nur bei sicheren Bedingungen.
Günstige Zeit: Januar bis Anfang April.

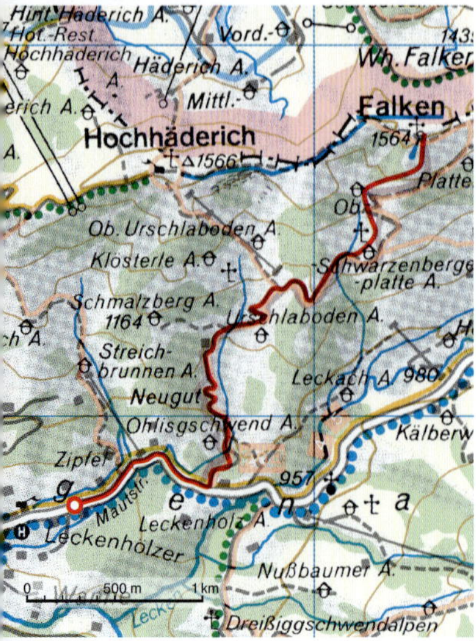

Vom **Parkplatz**, 890 m, wandert man zunächst 600 m auf dem wohl immer gespurten Fahrsträßchen Richtung Lecknertal in einem Bogen durch das Leckenholz zu einem ehemaligen Hof mit auffallendem Ahorn. Hier biegt man nach links ab und folgt dem Alpfahrweg über viele freie Flächen zur **Urschlabodenalpe**, 1127 m. Der Alpweg bleibt auch weiterhin die Leitlinie beim Aufstieg schräg nach rechts aufwärts in ein Bachtal und weiter über einen Absatz zur **Schwarzenbergerplattealpe**. Nun steigt man zunehmend steil gegen den Gipfel empor, überquert an der einzig logischen Stelle den abgerundeten Südwestgrat und erreicht durch eine Mulde den Gipfel des **Falken**, 1564 m.
Abfahrt wie Aufstieg.

Blick vom Eineguntkopf zur Gipfelflanke des Falken. Hinten rechts das Säntis-Massiv.

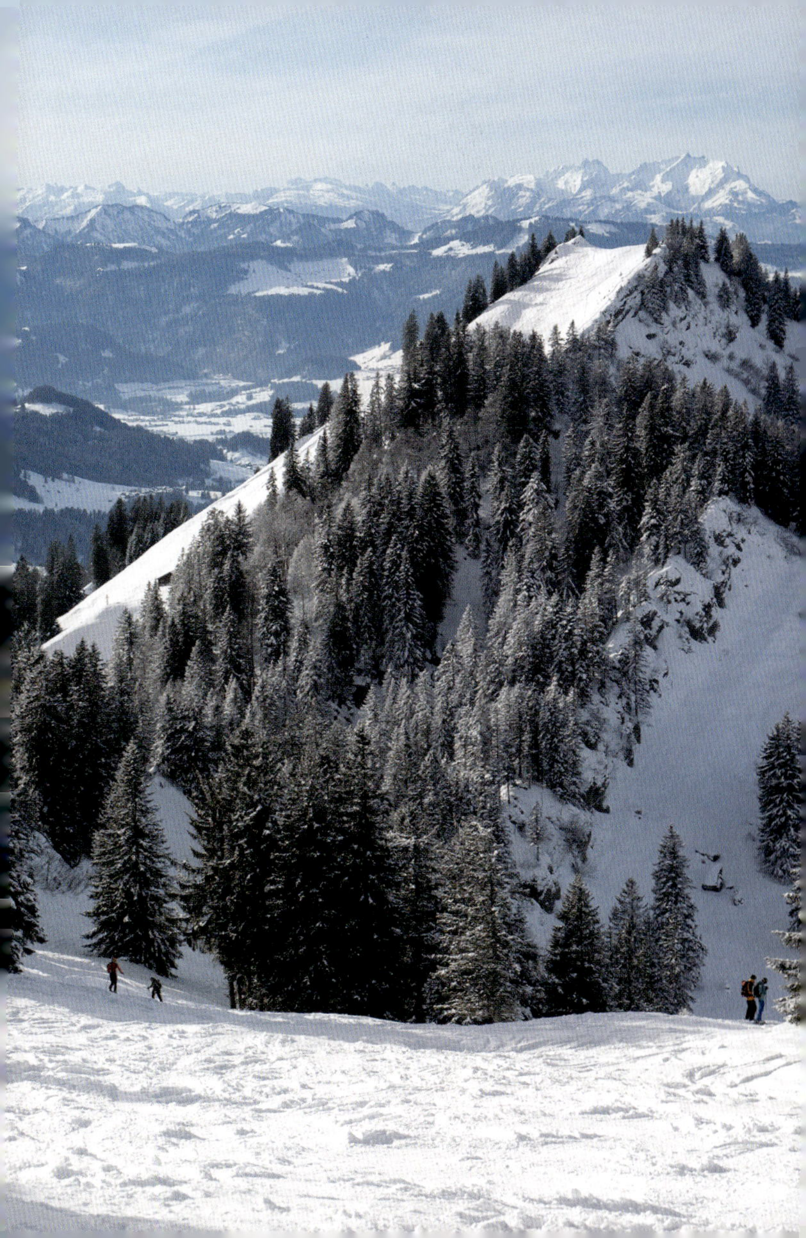

7 Östlicher Koppachstein, 1532 m

560 Hm
1.30 Std.

Stille, hindernislose Firntour

Im langen Kamm, der das Tal von Balderschwang nach Hittisau im Norden begleitet, ragt als Letztes ein breiter Doppelgipfel auf, der Koppachstein. Von allen Seiten führen Weideflächen gegen den Kamm hinauf und bieten zahlreiche Möglichkeit für Skitouren. Vollkommen waldfrei und gleichzeitig ohne jede Flachstelle ist die Südroute über die Untere Hobelalpe zum Ostgipfel. Firn ist das Ideale für diese problemlose Strecke, die im Frühjahr jedoch rasch »grüne Flecken« bekommt.

Ausgangspunkt: Sippersegg, 970 m, eingeschränkte Parkmöglichkeiten am Straßenrand in der Nähe der Kapelle, von Hittisau Richtung Balderschwang und nach der Bolgenach-Brücke noch gut 2 km, von Balderschwang gut 5 km nach Sippersegg. Bushaltestelle »Hittisau, Sippersegg« (Linie 46) beim Ferienhof Sonne.

Anforderungen: Hindernislose Wiesen und Weideflächen; doch wegen der Südseite muss man auf die Schneeverhältnisse achten.

Hangrichtung: Rein südseitig.

Lawinengefährdung: Bei geschickter Routenführung kaum gefährdet.

Günstige Zeit: Januar bis April (apert schnell aus).

Varianten: Westlicher Samstenberg, 1509 m. Vom Gipfel des Östlichen Koppachsteins fährt man über den Ostrücken in den nahen Sattel, 1450 m, ab und steigt dann in 15 Min. auf den Westgipfel des Samstenbergs empor, einen kleinen Zacken, dessen Gipfel man von »hinten« zu Fuß erreichen kann. Reizvoll ist dann eine 300-m-Abfahrt durch die Südostmulde mit ihren steileren Stufen bis ins Doserloch, 1220 m. Dann steigt man durch die Mulde und über den sie westlich begleitenden Rücken bis in 1450 m Höhe wieder empor und quert in den gleich hohen Sattel hinüber (knapp 1 Std.). Von dort fährt man, sich anfangs stark rechts haltend (unterhalb Schutzgebiet!), zur Unteren Hobelalpe ab.
Man kann den Samstenberg auch direkt von der Balderschwangerstraße aus erreichen. Anstieg über den ersten Steilhang östlich der Grenze (Doserbach); 1.30 Std.

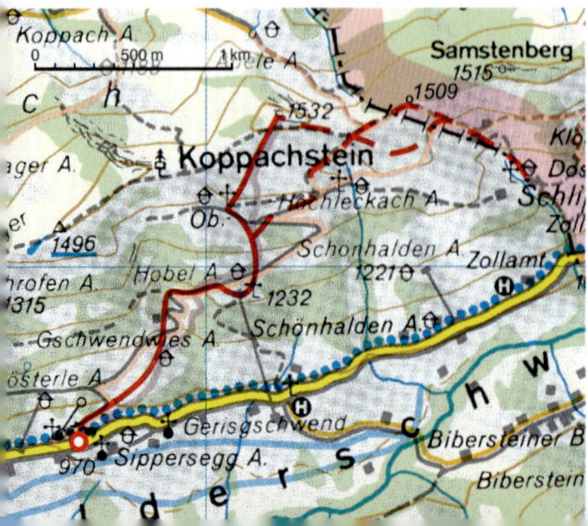

Start bei einem einzelnen Haus (Ferienhof Sonne) auf der nördlichen Straßenseite etwas westlich der **Sippersegg-Kapelle**, 970 m. Neben einem Materiallift steigt man nach Nordosten über den freien Hang immer schräg nach rechts bis zur **Gschwendwiesalpe** an. Nun geht es gut 100 Hm gerade empor, dann nach rechts zur **Unteren Hobelalpe**, 1232 m. Über

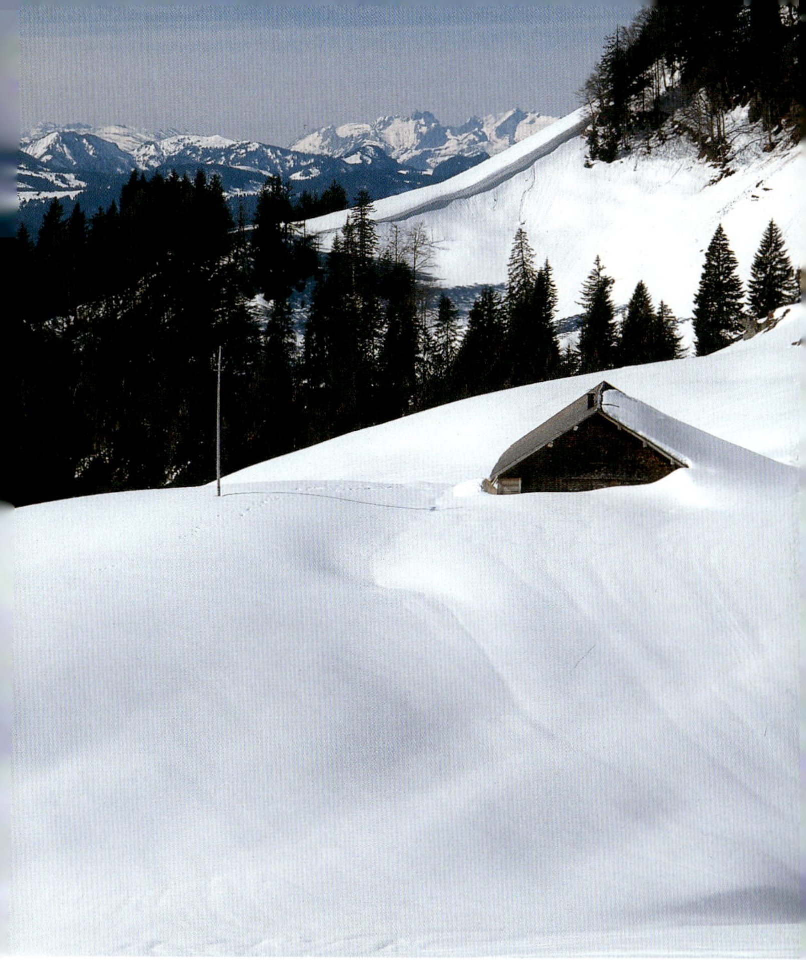

Hobelalpe unter dem Koppachstein mit Blick zum Säntis.

die folgenden, teilweise steileren Weideflächen führt der Anstieg gerade aufwärts, dann wandert man beliebig auf den weiten Hängen zum **Östlichen Koppachstein,** 1532 m, dem rechten, fast baumfreien, etwas zurückliegenden Gipfel, hinauf.
Abfahrt entlang der Aufstiegsroute, Schutzgebiete beachten.

8 Hochrieskopf, 1467 m

N W O S

540 Hm
2.00 Std.

Spritztour über Sibratsgfäll

In dem 5 Kilometer langen Kamm, der vom Feuerstätterkopf nach Westen zieht, ragt ein Gipfel deutlich hervor, der erstaunlicherweise auf den Karten keinen Namen hat. Die Alphütte an seinem Gipfelgrat legt nahe, ihn Hochrieskopf zu nennen. Wenn auch gerade die beiden höchsten Kuppen mit mächtigen Fichten bestanden sind, so bietet er dennoch ein lockendes Ziel für Tourengeher, verläuft doch die gesamte Abfahrt über waldfreie Flächen.

Ausgangspunkt: Sibratsgfäll, 929 m, von Hittisau in 8 km über einen Pass nach Sibratsgfäll, Parkplatz auf der linken Straßenseite etwa 200 m nach der Kirche. Bushaltestelle »Sibratsgfäll Dorfplatz« (Linie 860) bei der Kirche.
Anforderungen: Hindernislose Wiesen und Alpweiden mit einer steileren Passage.
Hangrichtung: Rein südseitig, deshalb für Firn oder frischen Pulver geeignet.
Lawinengefährdung: Die steilen Hänge über der Bereuters Riesalpe erfordern sichere Verhältnisse.
Günstige Zeit: Ende Dezember bis Anfang April.
Einkehrmöglichkeit: Ghs. in Sibratsgfäll.
Variante: Wer nach der Spritztour auf den Hochrieskopf noch Weiteres anpacken möchte, kann nach der Abfahrt über etwa die Hälfte der Strecke die Tour zur Lustenauers Riesalpe und weiter auf den Feuerstätterkopf, 1645 m, fortsetzen; knapp 1.30 Std. Aufstieg ab Abzweigung.

Südhänge am Hochrieskopf.

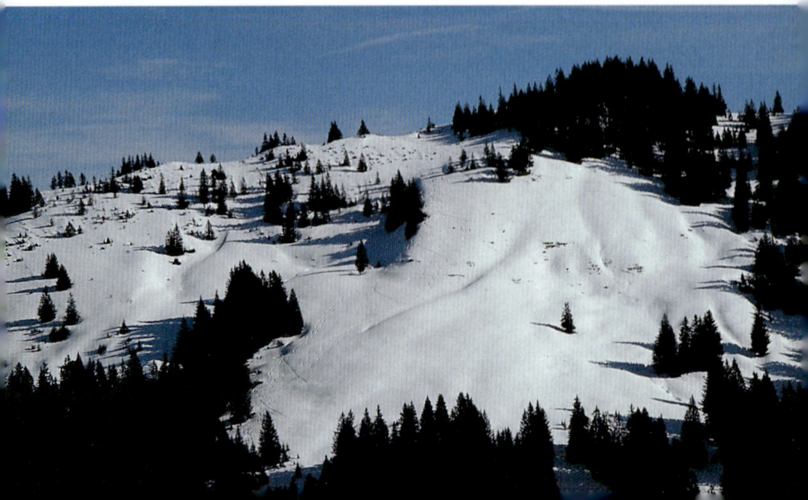

Gleich gegenüber der Kirche in **Sibratsgfäll**, 929 m, steigt man auf einem Sträßchen wenige Minuten schräg rechts empor auf die weiten, freien Wiesen. Gemütlich geht es über das Idealgelände weiter bergauf, ab 1000 m Höhe etwas steiler und mehr nach rechts, bis man auf die nächsten Flächen und zur **Hocheggalpe** in herrlicher Lage kommt. Von dort wandert man erst flach talein und – immer im Bereich des Alpwegs bleibend – etwas nach rechts zur schmucken **Bereuters Riesalpe**, 1291 m, am Fuß auffallend steiler Grashänge. Man benützt nun links der Hütte den unteren, breiten Weg zwischen Bäumen und quert durch die Steilstufe auf die freien Hänge hinaus. Sich ein wenig rechts haltend geht es weiter empor und durch eine breite Einbuchtung, die auf beiden Seiten von Wald eingefasst ist, zum Grat und nach rechts oder links auf einen der beiden etwa gleich hohen, teilweise mit Bäumen bestandenen, unauffälligen Gipfel des **Hochrieskopfs**, 1467 m. – **Abfahrt** wie Aufstieg.

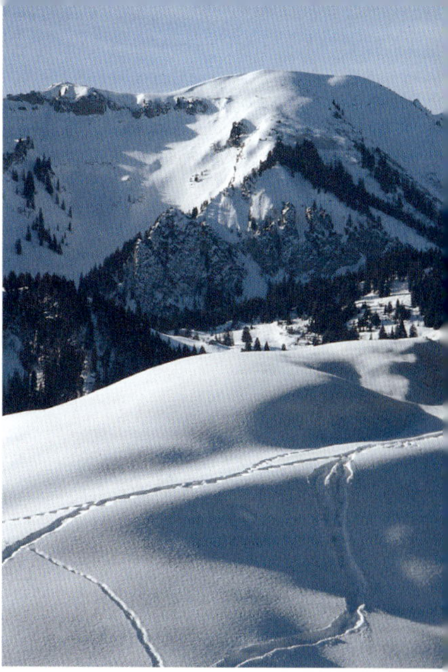

Aufstieg zum Hochrieskopf. Im Hintergrund die Winterstaude.

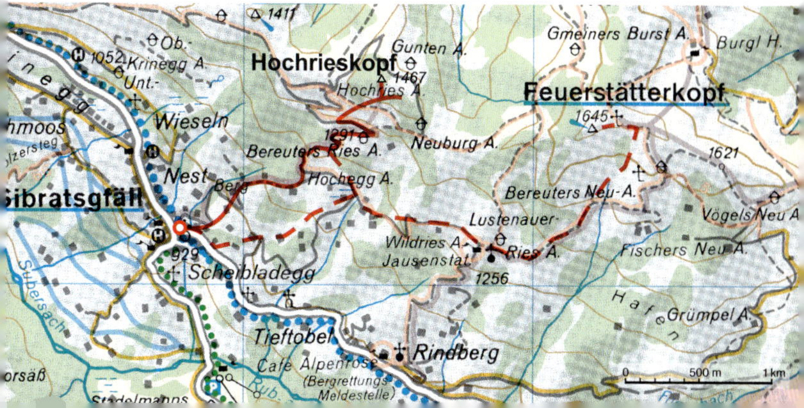

TOP 9

Siplingerkopf, 1745 m

700 Hm
2.00 Std.

Im Reich der bizarren Nagelfluhfelsen

Der Siplingerkopf ist der Hauptgipfel zwischen dem Gunzesrieder und dem Balderschwanger Tal. Der besondere und interessante Berg ist aus Nagelfluh aufgebaut, einem Gestein, das für bizarre bis groteske Felszacken sorgt. Der Südanstieg bildet eine Route der Überraschungen, denn niemand würde in diesem von vielen Felsfluhen durchsetzten Steilgelände eine so günstige, lohnende und nicht einmal schwierige Skitour erwarten.

Ausgangspunkt: Balderschwang, 1044 m, von Obermaiselstein (Oberallgäu) über den Riedbergpass nach Balderschwang, Parkmöglichkeiten am Feuerwehr- und Bergwachtgebäude in der Nähe der Kirche, zusätzliche Parkmöglichkeit am Straßenrand östlich davon. Bushaltestelle »Balderschwang« (Linie 46) etwa 300 m westlich vom Ausgangspunkt an der Hauptstraße.

Anforderungen: Einige steile Passagen, ohne Spuren nicht leicht zu finden, günstig bei frischem, aber sicherem Pulver oder bei Firn.

Hangrichtung: Südwest- bis südostseitig.

Lawinengefährdung: Sichere Verhältnisse wichtig, da es oberhalb der Route sehr steiles Grasgelände gibt.

Günstige Zeit: Januar bis März.

Vom Feuerwehr- und Bergwachtgebäude an der Talstraße in **Balderschwang** geht man zunächst ein paar Meter entlang der Straße nach Osten (Riedbergpass). Schon bald befindet sich nördlich der Straße freies Gelände, über das man zunächst fast eben, dann leicht ansteigend Richtung Nordosten zu einem breiten Alpweg (meist auch Rodelbahn) steigt. Diesem bequem ansteigenden Alpweg folgt man, an einem Waldstück (links) vorbei, Richtung Osten. Nach einem Linksbogen führt der Weg unterhalb der **Socheralpe**, ca. 1250 m, weiter Richtung Norden. Schon bald nach dem Alpgebäude geht es dann im spitzen Winkel nach links (Westen), und man steigt empor zur **Unteren Balderschwanger Alpe**, ca. 1360 m. Häufig ist auch von der Socheralpe eine direkte Aufstiegsspur durch das Waldstück hoch zur Unteren Balderschwanger Alpe angelegt. Für den Weiterweg lässt man die Untere Balderschwanger Alpe links liegen und steigt über breite und hindernislose Mulden leicht linkshaltend weiter nach Nordwesten auf. Auf einer Höhe von etwa 1450 m erreicht man

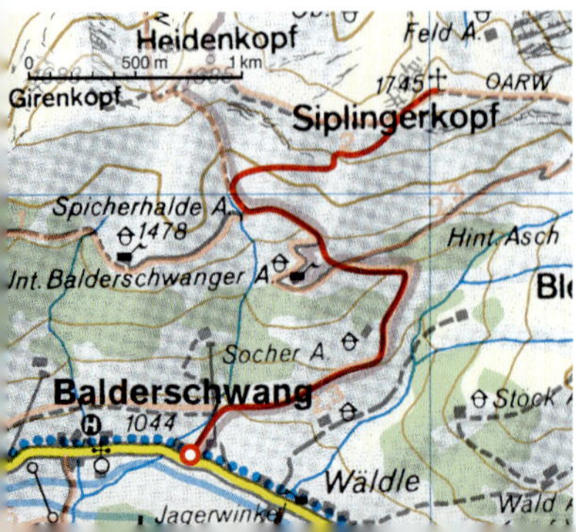

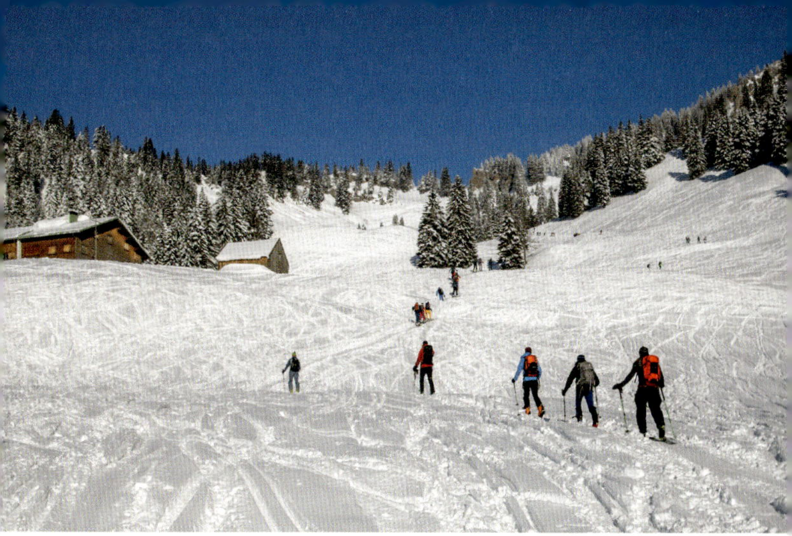

Nach der Unteren Balderschwanger Alpe (links) geht es über herrliches Skigelände Richtung Nordwesten weiter empor.

flaches Gelände. Von hier könnte man fast eben Richtung Westen hinüber zur Spicherhalde Alpe, 1478 m, queren. Für den Siplingerkopf steigt man aber vom kleinen, flachen Boden noch weitere 50 Hm empor Richtung Norden und gelangt so an einen Wegweiser. Hier hält man sich rechts (Beschilderung »Siplingerkopf ¾ h«). Richtung Nordosten folgt man so einer Rampe, die man erst jetzt entdeckt und die zwischen einzelnen Bäumen schräg emporzieht. Sie ermöglicht einen erstaunlich guten und bequemen Durchschlupf durch das sonst äußerst steile und wilde Gelände und mündet schließlich in eine Mulde. Nach einem kleinen Hang mit vereinzelten Wetterfichten erreicht man das obere Becken. Hier ist darauf zu achten, dass man nicht über die freien Hänge weiter geradeaus zum Kamm aufstiegt. Man hält sich vielmehr sofort rechts (Osten) und erreicht über einen baumbestandenen Absatz von wenigen Metern die freien Südhänge. Am oberen Rand der freien Fläche steigt man sanft nach Nordosten auf bis zur Ausmündung des »canale siplinger« (schmale Rinne). Die Rinne ist links und rechts durch Felsen begrenzt. Durch diese Rinne erreicht man schließlich eine Scharte direkt am Ende der Rinne. Von hier steigt man am besten ohne Ski über den kurzen Grat zum Gipfelkreuz des **Siplingerkopfs** empor.

Abfahrt wie Aufstieg. Achtung, man sollte in den Südhängen des Siplingerkopfs bei der Abfahrt keine Varianten probieren, da die scheinbar schönen Mulden dann doch in der Regel in unbefahrbares Steilgelände übergehen!

10 Girenkopf, 1683 m

N W O S

640 Hm

2.00 Std.

Im oberen Teil einsames Ziel über Balderschwang

Vom überragenden Siplingerkopf zieht der Bergkamm noch 8 Kilometer nach Westen. Als erster Gipfel ragt in diesem Grat der Heidenkopf auf. Mit seinen 1684 Metern lässt er sich von der Unteren Balderschwanger Alpe über die Südhänge in etwa 1 Std. besteigen. Der obere Teil ist jedoch sehr steil. Nach dem Heidenkopf folgt am mit Nagelfluhzacken gekrönten Grat der fast gleich hohe Girenkopf. Dieser wird sehr viel seltener bestiegen.

Ausgangspunkt: Balderschwang, 1044 m, von Obermaiselstein (Oberallgäu) über den Riedbergpass nach Balderschwang, Parkmöglichkeiten am Feuerwehr- und Bergwachtgebäude in der Nähe der Kirche, zusätzliche Parkmöglichkeit am Straßenrand östlich davon. Bushaltestelle »Balderschwang« (Linie 46) etwa 300 m westlich vom Ausgangspunkt an der Hauptstraße.

Anforderungen: Schafft man es, die beste Route zu finden, eine Tour ohne Probleme.

Hangrichtung: Südwest- bis südseitig.

Lawinengefährdung: Nur bei ungünstigen Bedingungen gefährdet.

Günstige Zeit: Januar bis Mitte April, gut bei Firn.

Vom Feuerwehr- und Bergwachtgebäude an der Talstraße in **Balderschwang** geht man zunächst ein paar Meter entlang der Straße nach Osten (Riedbergpass). Schon bald befindet sich nördlich der Straße freies Gelände, über das man zunächst fast eben, dann leicht ansteigend Richtung Nordosten zu einem breiten Alpweg (meist auch Rodelbahn) steigt. Diesem bequem ansteigenden Alpweg folgt man, an einem Waldstück (links) vorbei, Richtung Osten. Nach einem Linksbogen führt der Weg unterhalb der **Socheralpe**, ca. 1250 m, weiter Richtung Norden. Schon bald nach dem Alpgebäude geht es dann im spitzen Winkel nach links (Westen), und man steigt empor zur **Unteren Balderschwanger Alpe**, ca. 1360 m. Häufig ist auch von der Socheralpe eine direkte Aufstiegsspur durch das Waldstück hoch zur Unteren Balderschwanger Alpe angelegt. Für den Weiterweg lässt man die Untere Balderschwanger Alpe links liegen und steigt über breite und hindernislose Mulden leicht linkshaltend weiter Richtung Norden auf.

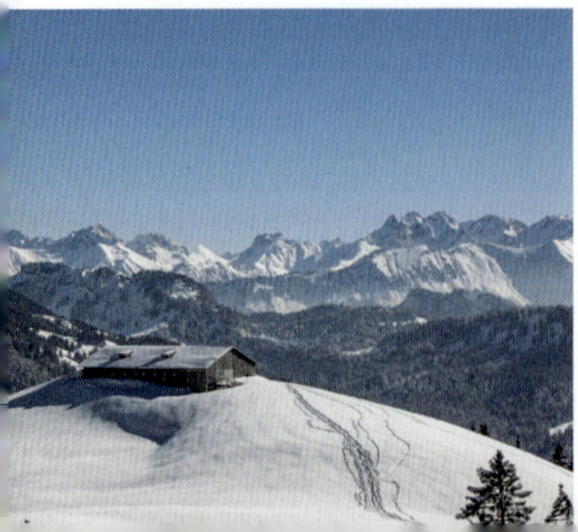

Spicherhalde Alpe, im Hintergrund der Allgäuer Hauptkamm mit Trettach und Mädelegabel.

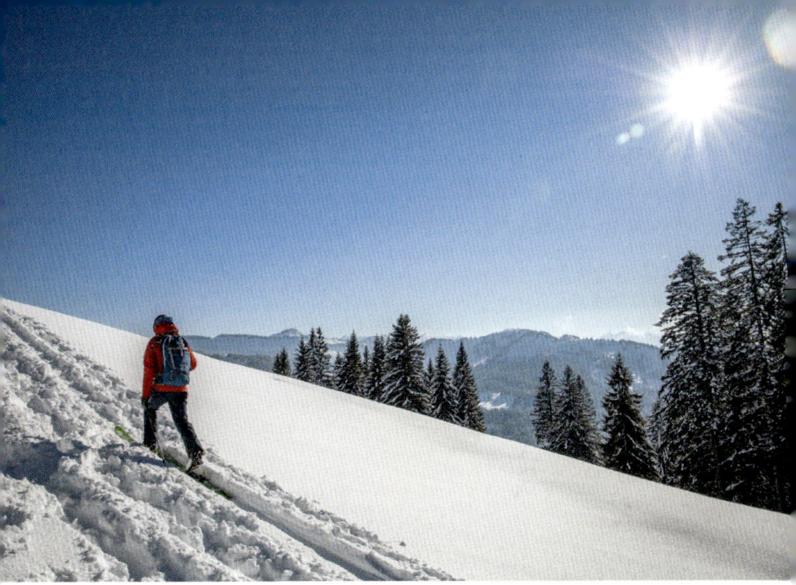

Bei der Abfahrt gibt es einen kurzen Gegenanstieg zurück zur Spicherhalde Alpe.

Auf einer Höhe von etwa 1450 m erreicht man flaches Gelände. Von hier führt in der Regel eine breite Aufstiegsspur weiter Richtung Norden weiter empor zum Heidenkopf bzw. Siplingerkopf. Für den Girenkopf verlässt man hier die breite Aufstiegsspur und hält sich links Richtung Westen. Man folgt dem nahezu flachen Alpfahrweg um einen Vorsprung herum und quert so zur herrlich gelegenen **Spicherhalde Alpe**, 1478 m, hinüber. Man wandert rechts am Alpgebäude vorbei und überquert diagonal Richtung Nordwesten den folgenden kleinen und fast ebenen Boden. Aus dem hinteren Winkel steigt man über eine Stufe empor und erreicht so die Südhänge. Etwas rechtshaltend gelangt man in die Südmulde des Girenkopfs. Die Mulde verlässt man nach rechts und erreicht so über den breiten Rücken von Südosten den Gipfel des **Girenkopfs**. Zu beachten ist, dass es im oberen Bereich zahlreiche gute Möglichkeiten für den finalen Gipfelanstieg gibt.

Abfahrt wie Aufstieg.

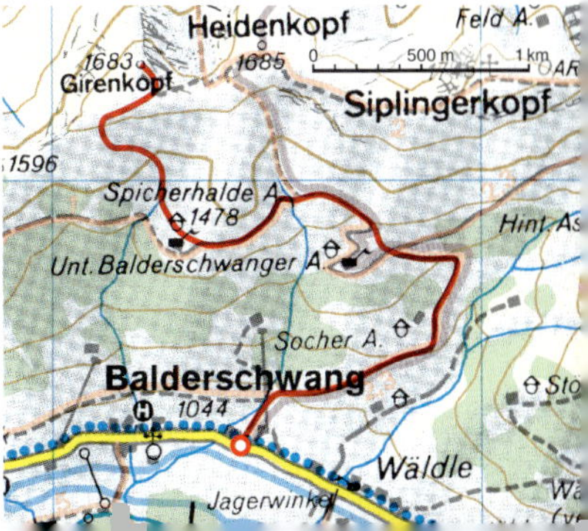

11 Feuerstätterkopf, 1645 m

N W O S

700 Hm
2.00 Std.

Voralpentour mit rassigem Gipfelhang

Feuerstätterkopf? Nie gehört! Zwischen Balderschwang und Sibratsgfäll versteckt sich unser Gipfel fast völlig, obwohl er mit Abstand am höchsten in dieser kleinen Berggruppe aufragt. Findet man jeweils den richtigen Durchschlupf von einer Lichtung zur nächsten, dann macht die Nordabfahrt viel Spaß, ist sie doch nur ganz wenig durch Wald behindert.

Ausgangspunkt: Gschwend, 1060 m, bei Balderschwang, vom Riedbergpass kommend durch Balderschwang und weiter auf der Hauptstraße zum Ortsteil Gschwend (etwa 1 km von der Kirche in Balderschwang). Die Tour beginnt am kleinen Schlepplift, wenige Meter südlich der Hauptstraße. Etwa 150 m östlich vom Lift befindet sich die Bushaltestelle »Ifenblick«. Begrenzte Parkmöglichkeiten am Straßenrand der Hauptstraße westlich und östlich der Liftanlage. Bushaltestelle »Balderschwang, Ifenblick« (Linie 46) etwa 150 m östlich vom Ausgangspunkt. Hinweis: Bitte nicht, wie früher üblich, unten an der Brücke beim Bolgenbach parken.
Anforderungen: Meist schöne Lichtungen, dann kurzer Steilhang zum Kamm, letzter Anstieg zu Fuß.
Hangrichtung: Nord- und nordostseitig.
Lawinengefährdung: Schneebrettgefahr unter dem Kamm. Nur bei sicheren Verhältnissen.
Günstige Zeit: Dezember bis April.
Einkehrmöglichkeit: Burglhütte, 1428 m, privat, Mo. u. Di. Ruhetag, Tel. +43 664 1322712, burglhuette.at.
Variante: Zugang über Hochschelpen: Parken am Skilift Balderschwang unterhalb der Kirche von Balderschwang. Auffahrt mit der Schelpenbahn, Abfahrt auf der Piste und Auffahrt mit dem Hochschelpenlift zu dessen Bergstation, 1510 m. Nun zu Fuß über den Kamm rasch auf den Hochschelpen, 1552 m, und über eine kleine Senke bis vor das Hörnlein. Von dort Abfahrt über bald sanfte Hänge nach Nordwesten, dann mehr nach links zu einer Alphütte. Schräg empor zur nächsten Alm und weiter wie bei der Haupttour beschrieben über den Hang hinauf zum Grat. Zugang vom Lift zur Route 1 Std.

Vom Schlepplift in **Gschwend**, 1060 m, fährt man zunächst gut 50 Hm die Wiesenhänge Richtung Süden ab und hält sich dabei leicht rechts, um unten die **Bolgenbachbrücke**, 1000 m, zu erreichen. Man überquert den Bach und gelangt weniger Meter später Richtung Süden an eine Skitouren-Infotafel des Alpenvereins. Hier an der Weggabelung wählt man den rechten Fahrweg Richtung Burglhütte und überquert gleich den Lapp-

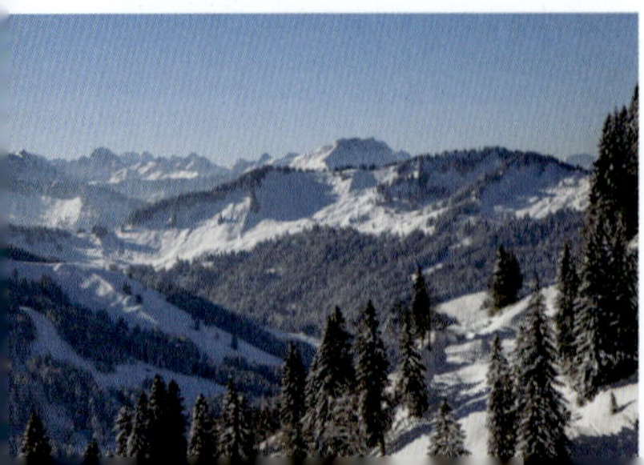

Blick von Norden (Aufstieg Siplingerkopf) zum Feuerstätterkopf mit seinem bewaldeten Ostrücken. Im Hintergrund die Winterstaude.

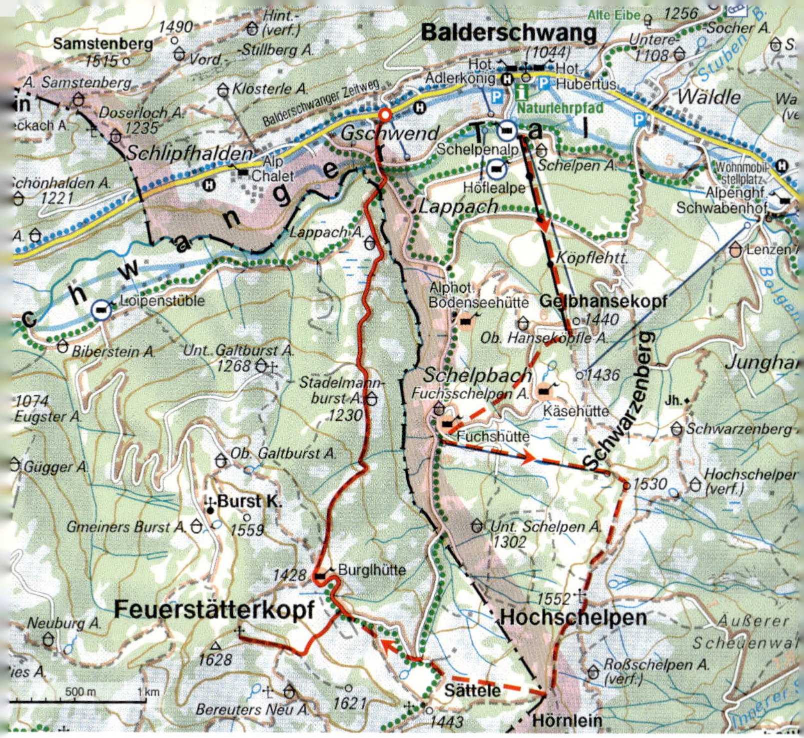

bach. Leicht ansteigend kommt man zu den weiten Wiesen der Lappachalpe. Die Alpe lässt man rechts liegen und überquert das Wiesengelände auf der linken Seite geradeaus weiter Richtung Süden. Im folgenden Waldstück wandert man weiter im Bereich des Fahrwegs Richtung Süden und erreicht so die Weideflächen der **Stadelmannburstalpe**, 1230 m. Unter dem Haus hindurch und an zwei Stangen als Richtungsweisern vorbei nur mäßig steigend zum Waldrand. Auf jeden Fall auf dem Ziehweg in dichtem Jungwald schräg aufwärts, kurz parallel zum Tiefgraben durch eine kleine Lichtung empor, dann über den Graben und zu freien Matten in lang gestrecker, breiter Schneise. Über sie empor zum oberen kleinen Absatz, dann links hinüber, flach zur bewirtschafteten **Burglhütte**, 1428 m. Von der Burglhütte Richtung Südosten, kurze Bachquerung und das Almgebäude anpeilen. Nun gerade empor, dann rechts in eine Mulde und schließlich über einen steilen Hang hinauf zum Grat, 1580 m, östlich des Feuerstätterkopfs. Von hier zu Fuß über eine Stufe und auf dem schmalen, von Fichten besetzten Ostgrat zum Gipfel des **Feuerstätterkopfs**, 1645 m. – **Abfahrt** wie Aufstieg.

12 Großer Ochsenkopf, 1662 m, und Rangiswangerhorn, 1615 m

N W O S

880 Hm
2.45 Std.

Schönste Tour des Ostertals

Diese beiden Berge zeigen die runden Formen, die für den Flysch typisch sind. Auch der rasche Wechsel von freien Alpweiden und Waldzonen gehört zu dieser Landschaft. Dem Skitourengeher kommt das sehr entgegen, ist doch die Route während der gesamten Rundtour nahezu waldfrei. Die Tour zum Großen Ochsenkopf zählt zu den gemütlichen Skitouren, der Eilige steigt direkt auf der am Schluss beschriebenen Abfahrt in knapp zwei Stunden auf das Rangiswangerhorn.

Ausgangspunkt: Parkplatz Ostertal, 1000 m, von Gunzesried, 889 m, talein bis 500 m hinter die »Hohe Brücke«, dort links und auf kleiner Straße (Ostertalweg) in 2,6 km zum Parkplatz. Bushaltestelle »Gunzesried-Säge« (Linie 20) etwa 1,5 km nördlich vom Ausgangspunkt.

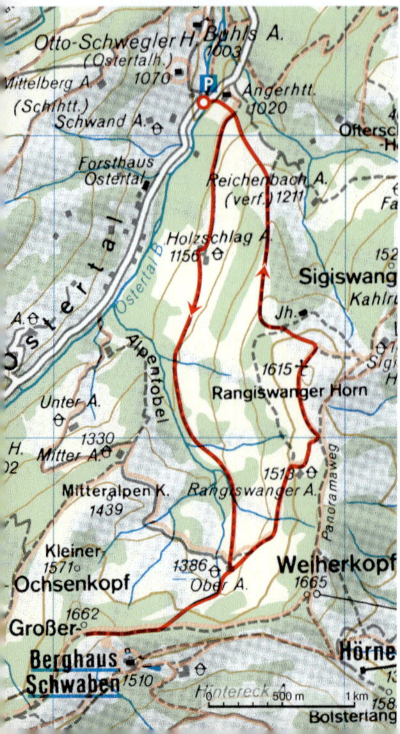

Anforderungen: Einfache Skitour ohne anspruchsvolle Stellen.
Hangrichtung: Nordost- bis westseitig.
Lawinengefährdung: Bei entsprechender Routenführung nahezu ohne Gefahr.
Günstige Zeit: Hochwinter, beste Monate Januar und Februar.
Einkehrmöglichkeit: Buhlsalpe nahe dem Parkplatz, Mi. u. Do. Ruhetag, Tel. +49 8321 3733, buhls-alpe.info.

Man geht vom **Parkplatz Ostertal**, 1000 m, über die Brücke zurück und steigt dann gleich rechts über den Hang 60 Hm zu einem Alpweg hinauf. Auf diesem Weg wandert man über die weitgehend freien Flächen sanft steigend nach Süden an der **Holzschlagalpe**, 1156 m, vorbei bis über den Alpentobel. Weiterhin bleibt man auf den Absätzen, die sich oberhalb des Bacheinschnitts nach Süden hinziehen, dann geht es kurz durch Wald und schließlich über schöne Weideböden zur **Oberalpe**, 1386 m.

Gegen Südwesten erreicht man dann eine deutliche Rampe und über sie den Hauptkamm und den

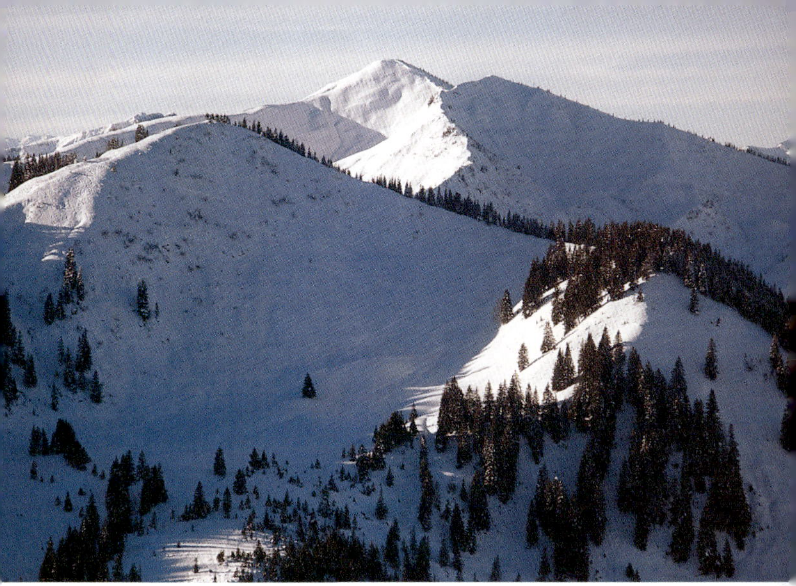

Blick vom Rangiswangerhorn: Ochsenkopf links und im Hintergrund Riedbergerhorn.

Gipfel des **Großen Ochsenkopfs**, 1662 m.
Nach der Abfahrt zurück zur Oberalpe steigt man schräg empor zur **Rangiswangeralpe**, hinter dieser zum Kamm hinauf und gelangt über den Südgrat auf das **Rangiswangerhorn**, 1615 m.
Die folgende **Abfahrt** führt erst 120 Hm über den Nordhang mit einzelnen großen Fichten hinab, dann nach links und hinüber auf den freien Nordrücken. Man schwingt immer über diesen Rücken hinab und kommt schließlich über einen schönen Hang zurück zum Ausgangspunkt.

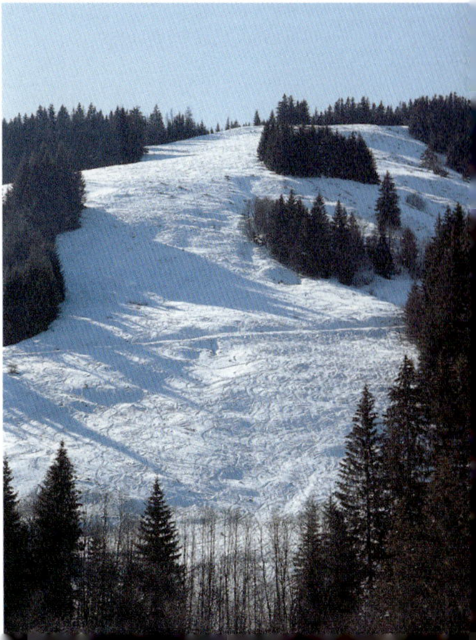

Letzte Abfahrt ins Ostertal.

13 Rangiswangerhorn, 1615 m

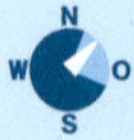

70 Hm

0.40 Std.

Ideale Flächen über dem Illertal

Eine Kette sanfter, abgerundeter Wiesen- und Waldköpfe begleitet das Illertal im Westen zwischen Sonthofen und Fischen: das Ofterschwanger-, das Sigiswanger- und das Rangiswangerhorn. Letzteres ist das Nonplusultra einer problemlosen Voralpentour mit zwei waldfreien Abfahrten. Eine genussvolle und lohnenswerte Abfahrt führt nach Sigiswang. Da in diesem zerstreuten Weiler Parkplätze recht rar sind, bietet sich der fast mühelose Zugang mit Hilfe der Hörnerbahn über den Weiherkopf an.

Ausgangspunkt: Bolsterlang, Parkplatz an der Talstation der Hörnerbahn, 893 m. Bushaltestelle »Ofterschwang« etwa 400 m südöstlich von der Talstation (zeitweise direkt an der Talstation).

Aufstiegszeiten: Von der Bergstation auf dem Weiherkopf 40 Min., alternativ Aufstieg aus dem Tal knapp 2.30 Std.

Höhenunterschied: Aufstieg 70 Hm, Abfahrten 860 Hm.

Anforderungen: Beliebte Voralpentour ohne Probleme, nur beim Zugang vom Weiherkopf gibt es eine mühsame Passage.

Hangrichtung: Nordost- und ostseitig.

Lawinengefährdung: Nur bei extremen Bedingungen gefährdet.

Günstige Zeit: Ende Dezember bis Anfang April.

Gipfelhänge des Rangiswangerhorns, im Nebel das Illertal.

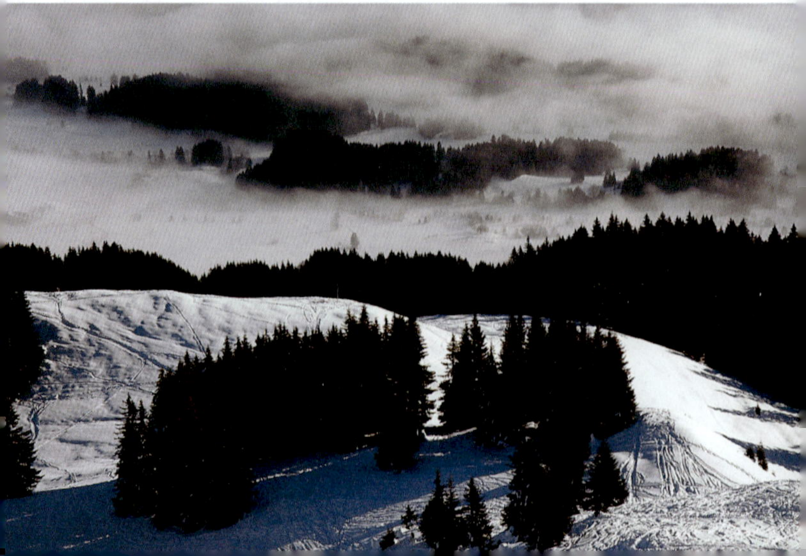

Von **Bolsterlang** fährt man mit Bahn und dann Lift auf den **Weiherkopf**, 1665 m, schwingt dann über den von Fichten eingerahmten Nordrücken hinab, weicht schließlich einer steileren Stelle rechts aus und kommt so in den tiefsten Sattel, 1560 m. Über den Südrücken steigt man rasch und mühelos auf das **Rangiswangerhorn**, 1615 m.

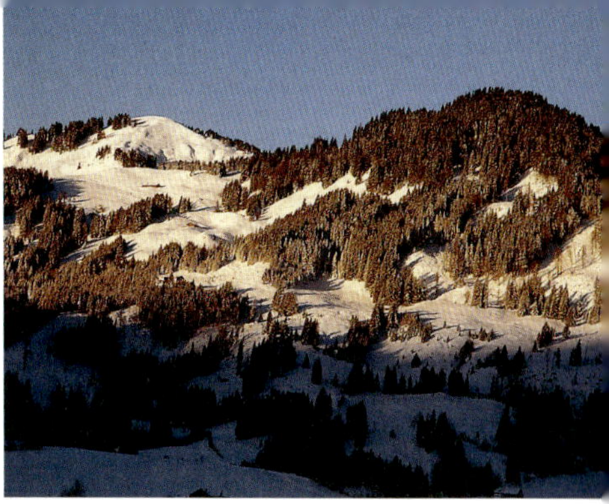

Rangiswangerhorn mit der Abfahrt nach Sigiswang.

Abfahrt: Der ideale Nordosthang bietet eine schöne, aber kurze Abfahrt, dann hält man sich rechts, um den weiten Sattel zu erreichen. Ab hier hält man sich stets links und fährt weiter über die Weideflächen ab. Man kommt so an der **Sigiswangerhornalpe** vorbei und schlüpft zwischen einigen Fichten hindurch, um die **Kahlrückenalpe** zu erreichen. Nochmals geht es etwas nach links, dann folgen schönste Hänge bis hinab zu den verstreuten Häusern von **Sigiswang**, 848 m. Mit dem Bus zurück nach Bolsterlang.

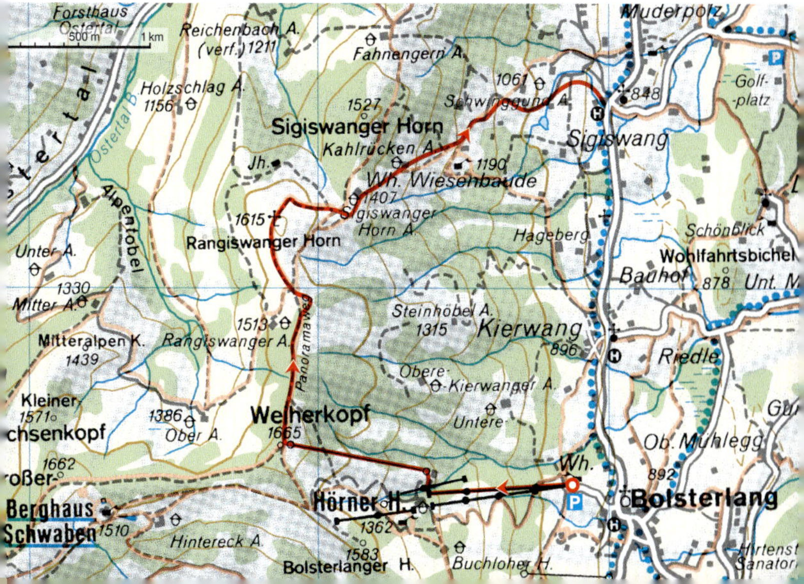

14 Höllritzereck und Bleicherhorn, 1669 m

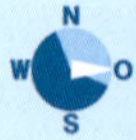

670 Hm
3.00 Std.

Zweigipfeltour über dem Ostertal

Das Bleicherhorn trägt seinen Namen vermutlich von den weiten, freien Flächen der Nordostseite, die im Frühling noch immer weiß leuchten, wenn rundum die Berge schon grün sind. Mehrere Alpweiden in Folge ziehen vom eigentlichen Gipfel und seinem Zwilling, dem Höllritzereck, nach Norden hinab. Beide Gipfel lassen sich ideal kombinieren. Die weitläufigen Alpweiden sind an keiner Stelle wirklich steil. Das Ostertal bietet die beste Route, wobei man über den Ostertalberg mit seinen schönen Ausblicken aufsteigen und nach Osten zum Grafenälpele abfahren wird. Es folgt dann allerdings eine 2,5 Kilometer lange, recht flache Forststraße.

Ausgangspunkt: Parkplatz Ostertal, 1000 m, von Gunzesried, 889 m, talein bis 500 m hinter die »Hohe Brücke«, dort links und auf kleiner Straße (Ostertalweg) in 2,6 km zum Parkplatz. Bushaltestelle »Gunzesried-Säge« (Linie 20) etwa 1,5 km nördlich vom Ausgangspunkt.
Anforderungen: Weitgehend einfache Route, fast immer freie Weideflächen.
Hangrichtung: Ost- und nordseitig.
Lawinengefährdung: Bei ungünstigen Bedingungen evtl. an den Gipfelhängen.
Günstige Zeit: Mitte Dezember bis April.
Einkehrmöglichkeit: Buhlsalpe, nahe dem Parkplatz, Mi. u. Do. Ruhetag, Tel. +49 8321 3733, buhls-alpe.info.

Nach dem langen und nahezu ebenen Waldstück nach der Birkachalpe öffnet sich der Blick auf das Höllritzereck (links) und Bleicherhorn (rechts).

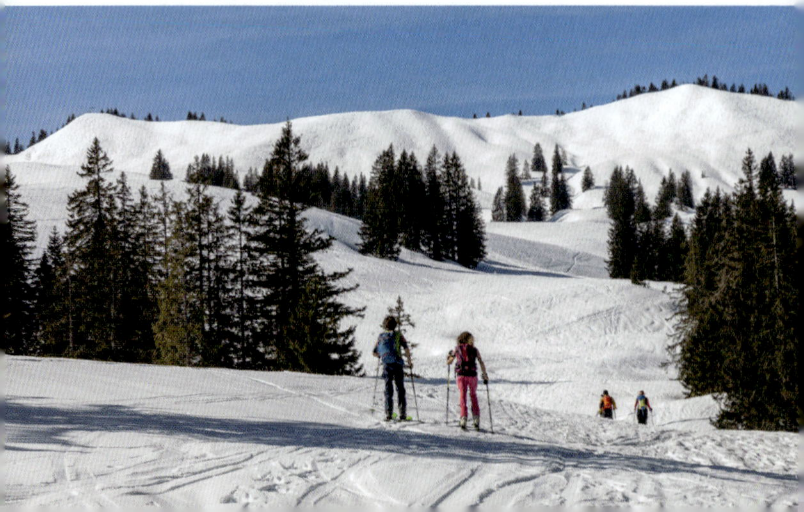

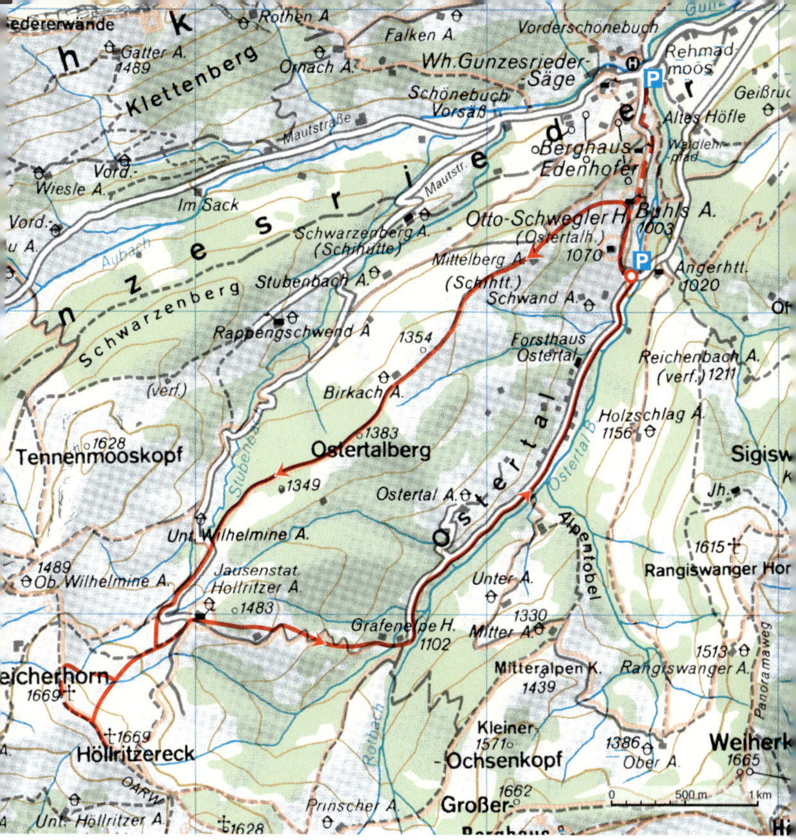

Vom **Parkplatz Ostertal**, 1000 m, auf dem Fahrweg 450 m flach zur **Buhlsalpe**, 1003 m. Gleich danach über die große Lichtung kräftig ansteigend zum Kamm und an der **Mittelbergalpe** vorbei über das dann weite, flache, gegliederte Alpgelände – meist links des Rückens – zur **Birkachalpe** (hierher auch direkter von der Schwandalpe) und zum Waldrand. Auf der breiten Trasse des Alpwegs wandert man durch den Hochwald – knapp am höchsten Kamm des Ostertalbergs vorbei – flach, teilweise eben, am Schluss sogar etwas abwärts gut 1 km nach Südwesten ins nun wieder freie Alpgelände. Dort geht es kräftig aufwärts über schöne Hänge und den Rücken, der von der Höllritzeralpe gegen die beiden Berge emporzieht. Mit einem nach rechts ausholenden Bogen kann man gefahrlos zum Gipfel des **Bleicherhorns**, 1669 m, aufsteigen. Etwas steiler sind die Nordosthänge in die

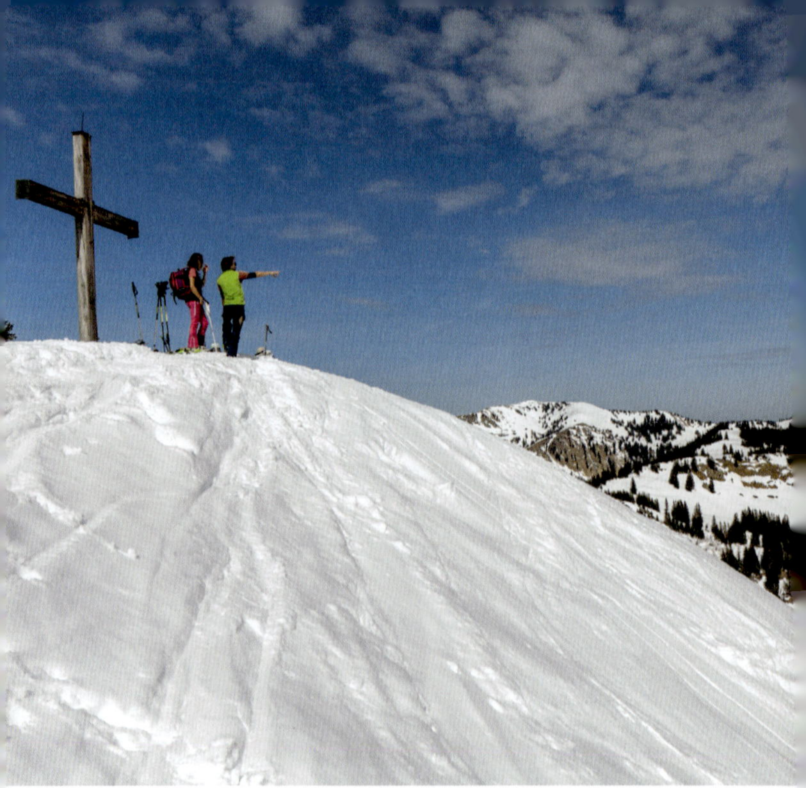

Oben: Gipfelkreuz am Bleicherhorn.
Rechts: Die ersten etwas steileren Meter bei der Abfahrt vom Höllritzereck.

Scharte, von der man beide Gipfel ganz rasch jeweils über den Rücken erreicht. Um bei dem doch langen Zustieg möglichst viele lohnende Abfahrtshöhenmeter zu genießen, bietet sich folgender Ablauf an: Zunächst Aufstieg zum Bleicherhorn, dann Abfahrt nach Nordosten bis ins flachere Gelände. Anschließend Aufstieg zum **Höllritzereck**, 1669 m, und erneute Abfahrt.
Abfahrt: Über die schönen Hänge zur **Höllritzeralpe**. Hier nun knapp unter dem Wald nach Osten (nicht über die freien Hänge nach Südosten!) hinüber zur **Hubertushütte**, bis man ins Ostertal hinunterschauen kann. Durch die Schneise rechts an einem Rücken entlang hinab in einen Graben und zum **Grafenälpele**, 1102 m. Auf der Forststraße flach talaus zum **Parkplatz Ostertal**.

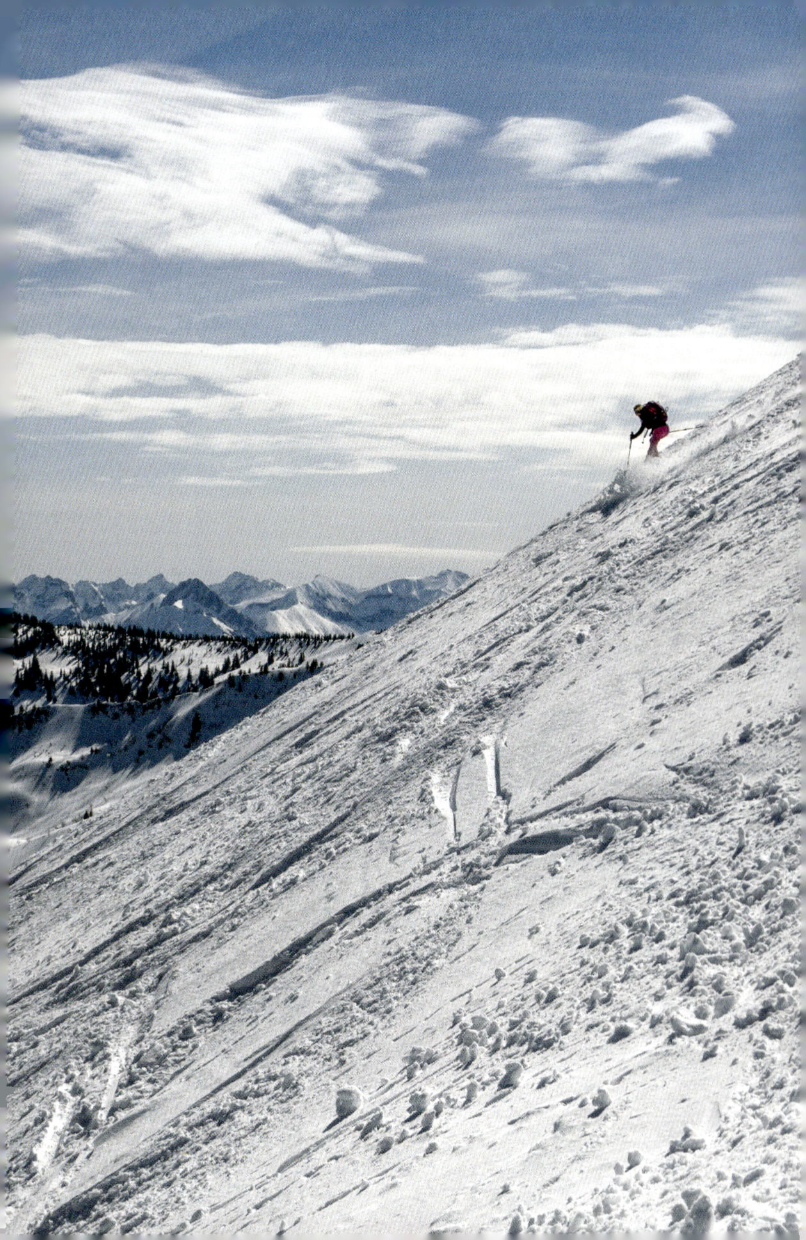

15 Riedbergerhorn, 1786 m, von Grasgehren

1000 Hm
3.00 Std.

Einst als »schönster Skiberg Bayerns« bezeichnet

Man kann das Riedbergerhorn bei entsprechend hoher Schneelage von jeder Seite betrachten und immer besticht dieser Berg durch makellos weiße Hänge und runde Formen. Er ist zudem der mit Abstand höchste Gipfel in den Allgäuer Flyschbergen und bietet deshalb einen hindernislosen Rundblick. Lifte auf drei Seiten haben dem Riedbergerhorn seinen Titel als »schönster Skiberg Bayerns« gekostet. Doch die steilen Hänge werden auch heute noch geschätzt und zu einem Touren-Mosaik mit mehreren Zwischenaufstiegen zusammengesetzt.

Ausgangspunkt: Grasgehren, 1440 m, von Obermaiselstein (Oberallgäu) zum Riedbergpass, 1420 m, und kurz empor nach Grasgehren mit Ghs., Skigebiet und Parkplatz. Bushaltestelle »Grasgehren« direkt am Ausgangspunkt.

Höhenunterschied: 1000 Hm Aufstieg, 1240 Hm Abfahrt.

Anforderungen: Teilweise steilere, aber einfache Hänge.

Hangrichtung: Abfahrten nordseitig, nur die letzte Abfahrt süd- und südostseitig.

Lawinengefährdung: Sichere Verhältnisse notwendig.

Günstige Zeit: Januar bis März bei Pulver und nicht zu geringer Schneelage.

Einkehrmöglichkeit: Berggasthütte Grasgehren, Tel. +49 8326 7774, grasgehren.de.

Riedbergerhorn, rechts Ostrücken, links Südrücken. Die Perspektive täuscht allerdings, auf dem Bild wirken die Hänge zu flach.

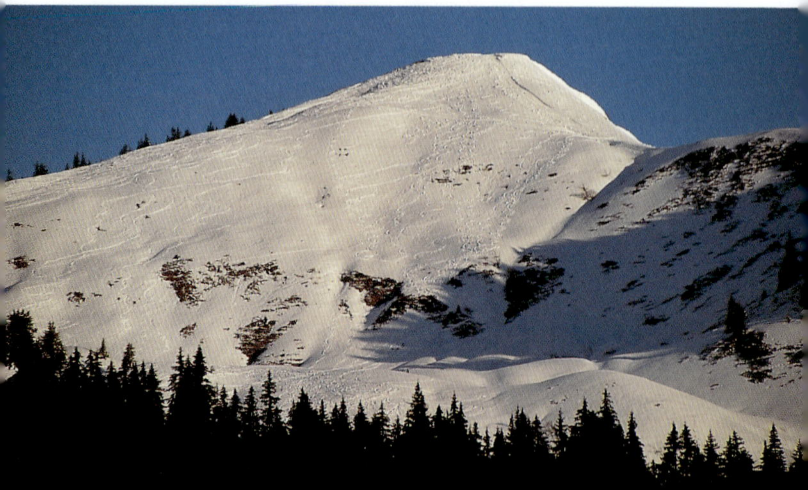

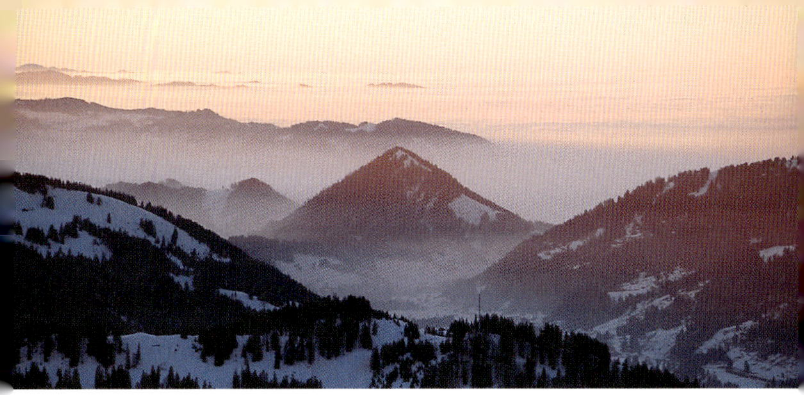

Blick vom Riedbergerhorn zum Hittisberg.

Von der Talstation des Sesselliftes in **Grasgehren** gleich neben dem Gasthaus Fahrt zur **Bergstation**, 1680 m, direkt unter dem **Bolgengrat**. Von diesem Abfahrt über hindernislose Nordhänge – sich stark links haltend – hinab zu einem breiten **Alpweg**, 1440 m (ober- und unterhalb Schutzgebiet!), und auf ihm flach etwa 15 Min. nach Westen ins oberste **Bolgental**. Diese Variante darf nur im Hochwinter befahren werden und ist im April und Mai gesperrt. Weiter durch die schöne Mulde, dann über einen sich immer steiler aufschwingenden Hang in den **Sattel**, 1735 m (sichere Verhältnisse wichtig), zwischen Riedbergerhorn und dessen **Nordgipfel**, unter dem man links hindurchquert zum Nordgrat (Richtung Grauenstein). Dann fährt man über eine sehr steile Stufe in den herrlichen Nordhang ein, den man unten nach rechts zu einem kleinen Boden in 1480 m Höhe verlässt. Der zweite, kürzere Aufstieg führt nach Osten in den nahen Sattel und über weiträumiges Gratgelände auf den **Großen Ochsenkopf**, 1662 m.

Nach der Rückkehr in den Sattel fährt man schräg hinab in den Talboden, 1380 m, und steigt gegenüber wieder empor in einen Sattel im Ostrücken des Riedbergerhorns, um über den Rücken auf stets breit ausgetretener Spur den überragenden Gipfel des **Riedbergerhorns**, 1786 m, zu betreten. Die letzte Abfahrt führt erst über den Südrücken, dann links über die Hänge hinab zur Piste und zurück nach **Grasgehren**.

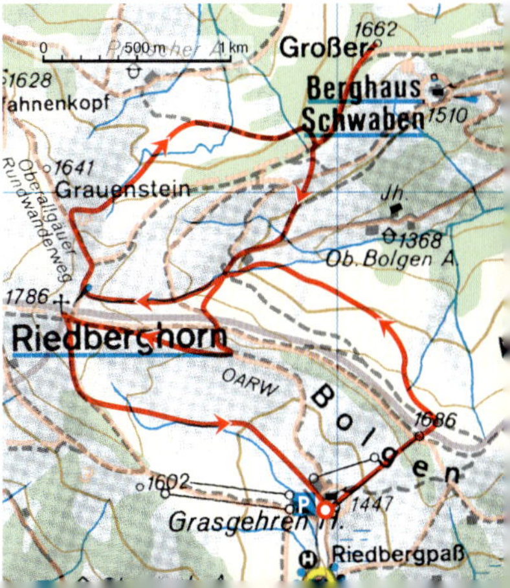

16 Wannenkopf, 1712 m

840 Hm
2.30 Std.

Die weniger bekannte Ostabfahrt

Vom bekannten Riedbergerhorn zieht ein ausgeprägter Kamm weit nach Osten zum Bolgengrat mit Liftstation und zum letzten selbstständigen Gipfel, dem Wannenkopf. Auf drei Seiten fällt dieser ungewöhnliche Berg mit dicht überwucherten Steilflanken ab. Doch im Süden breitet sich eine ungewöhnlich gewellte Hochfläche aus. Dabei handelt es sich im Winter um ein »tiefgefrorenes« Moos mit kleinen Tümpeln. Bitte auf die Schutzzonen auf beiden Seiten der Abfahrt achten!

Ausgangspunkt: Obermaiselstein, großer Parkplatz, 872 m, vom Ortskern Richtung Riedbergpass, durch den kurzen Burgschrofentunnel und direkt danach Parkplatz am rechten Straßenrand. Bushaltestelle »Obermaiselstein, Mauthäusle« (Linie 46) direkt am Ausgangspunkt.
Anforderungen: Anfangs steile Stellen, dann freie Hänge und viele Forststraßen.
Hangrichtung: Ostseitig.
Lawinengefährdung: Sichere Verhältnisse notwendig.

Günstige Zeit: Hochwinter bei Pulver und nicht zu geringer Schneelage.
Einkehrmöglichkeit: Unterwegs keine, Ghs. in Obermaiselstein.
Variante: Von Westen ab Grasgehren: Vom Parkplatz Obermaiselstein mit Bus nach Grasgehren, 1440 m, mit Ghs. und schönem Pistengebiet. Aufstiegszeit mit Liftbenutzung vom Bolgengrat auf den Wannenkopf 30 Min. Höhenunterschied ab Grasgehren 60 Hm Aufstieg, 840 Hm Abfahrt.

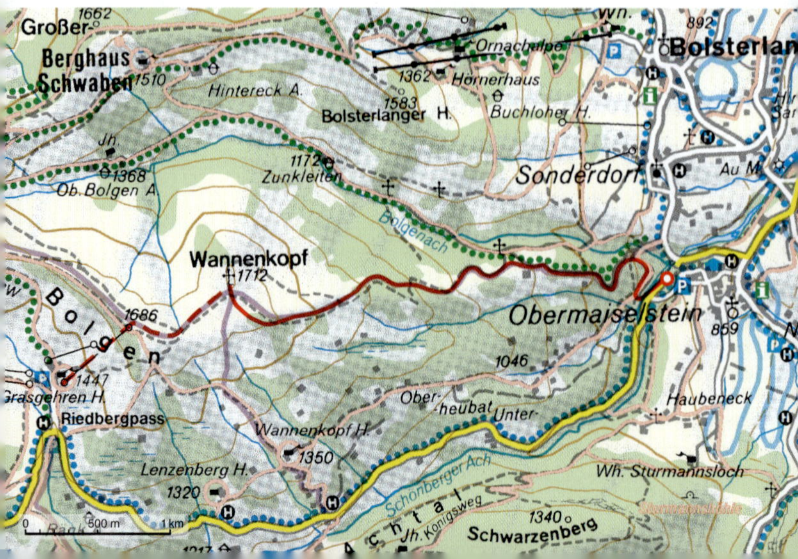

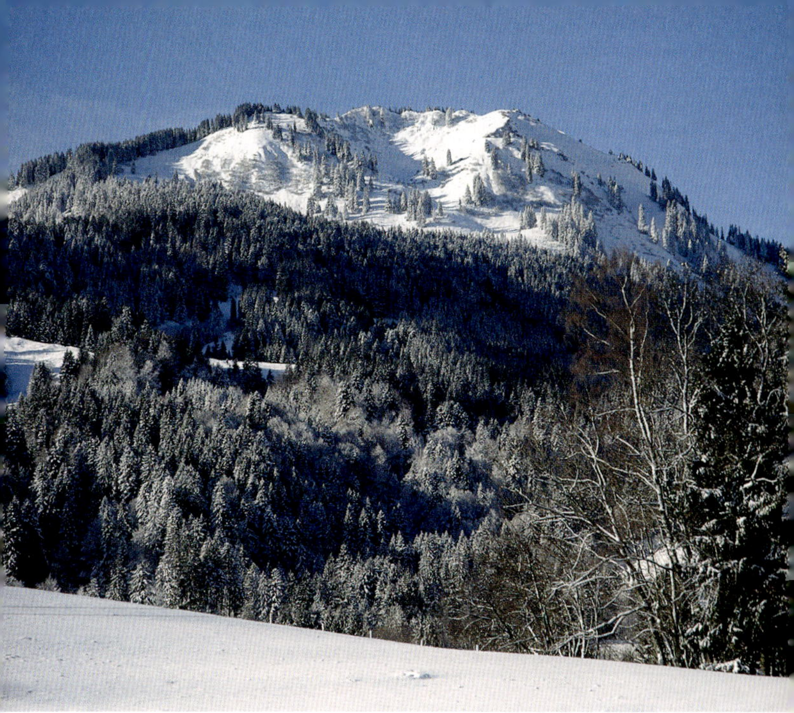

Wannenkopf mit der Ostabfahrt nach Obermaiselstein.

Vom Parkplatz in **Obermaiselstein**, 872 m, zunächst 50 m nach Süden, dann rechts über die Brücke und auf dem Weg durch flachen Wald 400 m zu einer Forststraße, 900 m. Auf der breiten Fahrbahn meist im Wald gut 30 Min. empor zu einer Abzweigung nach einer flachen Passage. Links ab und über die Weideflächen hinauf zu einer weiteren Forststraße, über zwei lang gezogene Schleifen im Wald zu den freien Matten und immer im Bereich des Rückens (Vorderbolgen) zur Hochfläche und auf den Gipfel des **Wannenkopfs**, 1712 m.

Ostabfahrt: Von dem Vorsprung südlich des Gipfels nach Südosten über eine kurze Stufe zum nächsten Absatz hinab, dann entlang des rasch abfallenden Rückens hinunter zu den Alpweiden am **Vorderbolgen**. Über die schönen Flächen hinab zum rechten, unteren Eck, wo man auf eine Forststraße trifft. Auf ihr im Wald und über eine lang gestreckte Lichtung ins **Bolgental**. Weiter bequem auf dem Fahrweg bis kurz vor die Brücke über die Bolgenach. Hier rechts ab und auf dem Weg flach zurück zum **Parkplatz**.

TOP

17 Sonnenkopf, 1712 m

N W O S

680 Hm

2.45 Std.

Idealer Skiberg für jedermann

Der Sonnenkopf ist der erste ausgeprägte Gipfel im Südosten über dem weiten Becken von Sonthofen. Eine nur durch eine ganz kurze, etwas unangenehme Waldstufe unterbrochene Folge schönster Weideflächen und Waldschneisen erlaubt eine genussvolle Abfahrt. Der recht beliebte Sonnenkopf gilt als Ziel für alle Bedingungen, wenn man zum Beispiel schnell am Nachmittag noch eine vollwertige Skitour anpacken will.

Ausgangspunkt: Berghotel Sonnenklause, 1030 m, von Altstädten, 750 m, auf der Straße in Richtung Schöllang 1 km zu einer auffallenden Brücke über diese Straße knapp oberhalb von Hinang. Dort rechts ab, über die Brücke und hinauf zum Hotel (beschränkter Parkplatz, manchmal Ketten nötig, evtl. schon bei der Brücke parken). Bushaltestelle »Hinang« etwa 300 m westlich der Brücke.
Aufstiegszeiten: 2 Std. von der Sonnenklause (2.45 Std. ab Brücke).
Anforderungen: Fast durchgehend freie Wiesen und Alpweiden, nur eine ganz kurze, recht steile Stufe im Wald.
Hangrichtung: West- und nordwestseitig.

Lawinengefährdung: Nur bei ganz extremen Bedingungen gefährdet.
Günstige Zeit: Mitte Dezember bis Anfang April.
Einkehrmöglichkeit: Berghotel Sonnenklause, Tel. +49 8321 3614, sonnenklause.de.
Variante: Aufstieg zur Sonnenklause ab der beim Ausgangspunkt erwähnten Brücke: Über die Brücke, kurz danach links auf die Wiesen und parallel zur Straße empor, bis das Gelände flacher wird. Dort die Straße überqueren, links über den runden Buckel vor einem und wieder in Straßennähe zum Parkplatz bei der Sonnenklause.

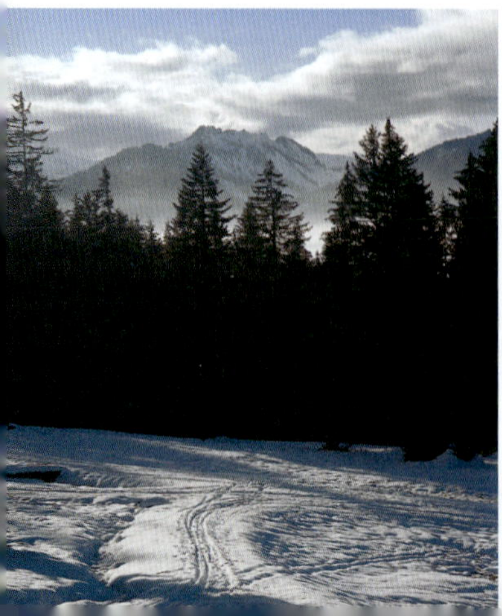

Vom Parkplatz bei der **Sonnenklause**, 1030 m, steigt man links am Waldrand aufwärts, überquert die Brücke nach rechts und steigt dann in zwei Kehren auf dem Alpsträßchen empor. So kommt man auf die ganz freien Weideflächen. Man steigt im linken Teil der mittelsteilen Hänge empor, hält sich dann mehr nach rechts und erreicht schließlich ganz rechts oben den letzten schmalen Winkel des freien Geländes. Nun muss man links steil auf-

Aufstieg zum Sonnenkopf, hinten der Besler.

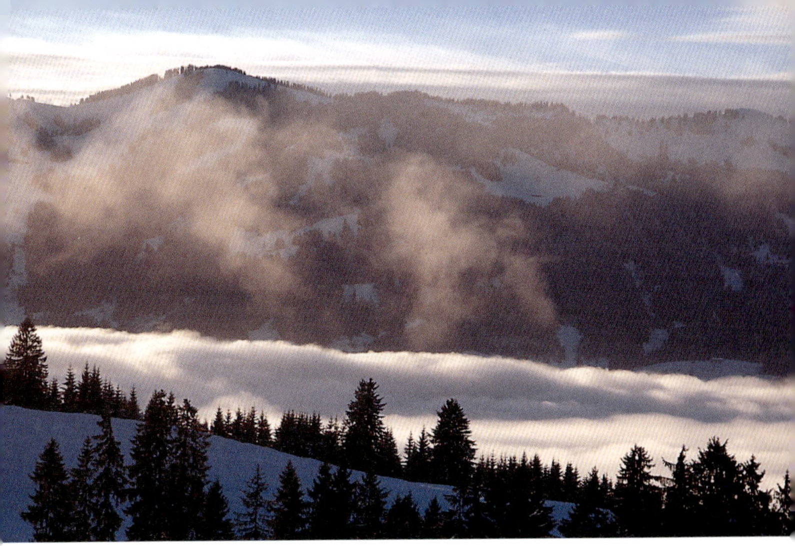

Auf dem Weg zum Sonnenkopf über dem Nebel im Illertal.

wärts einen kurzen Waldgürtel überlisten. Dann folgt man in wieder idealem Gelände der Schneise bis hinauf zum weiten Kamm, der allerdings nach Osten steil abfällt. Über den Rücken und einen letzten Aufschwung kommt man zum Gipfelkreuz des **Sonnenkopfs,** 1712 m.

Abfahrt wie Aufstieg. Ortskundige befahren auch eine Variante nördlich der üblichen Route.

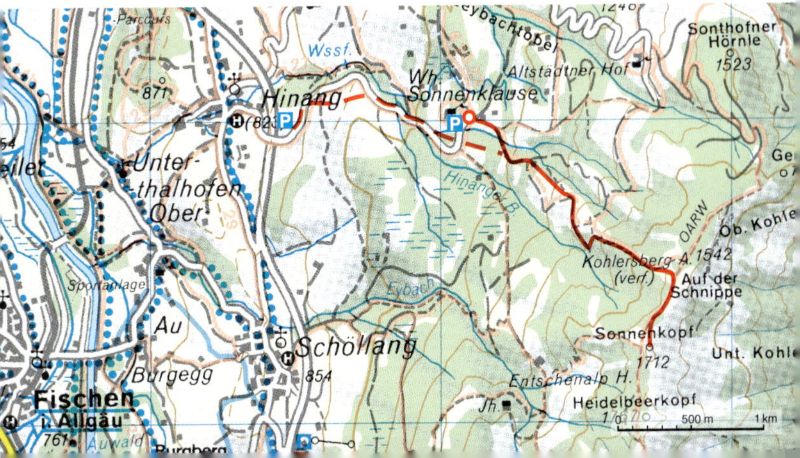

18 Schnippenkopf, 1833 m

960 Hm
3.00 Std.

Stillere Tour mit Überraschungen

Ein wenig Verwirrung für die Gebietsfremden: Der Kamm, der die Östliche Illerterrasse von Hinang bis Reichenbach begleitet, trägt die Bezeichnung Sonnenköpfe. Dazu passend heißt der nördliche der drei größeren Gipfel am Grat »Sonnenkopf«, die folgenden dann jedoch Heidelbeer- und Schnippenkopf. Letzterer ist der Häuptling in diesem Kamm und bietet eine durchaus lohnende Route an. In dem wie ein Schachbrett in Waldstücke und Lichtungen aufgeteilten Gelände, das zudem von Tobeln zerteilt wird, ist das Zurechtfinden ohne Spuren schwierig, deshalb folgt hier eine ganz genaue Beschreibung.

Ausgangspunkt: Reichenbach, Wanderparkplatz oberhalb des Ortes, 867 m, von Norden auf der B 19 zum Kreisverkehr vor Oberstdorf, dort links und über Rubi nach Reichenbach, dort rechts bergauf zum Parkplatz (Gaisalpe). Bushaltestelle »Reichenbach« (Linie 45) etwa 400 m nordwestlich vom Parkplatz.
Anforderungen: »Durchwachsene« Route in unübersichtlichem Gelände mit vielen Lichtungen, ohne vorhandene Spuren gutes Orientierungsvermögen erforderlich.
Hangrichtung: Süd- bis westseitig.
Lawinengefährdung: Bei geschickter Routenführung fast ohne Gefahr, aber die steile Abfahrtsvariante ab der Falkenalpe ist nicht immer lawinensicher.
Günstige Zeit: Januar bis Mitte April.
Einkehrmöglichkeit: Berggasthof Gaisalpe, 1149 m, keine Übernachtung, ab 7. Januar bis Ostern Mo. und Di. Ruhetag, Tel. +49 8326 7917, gasthof-gaisalpe.de.

Vom Parkplatz in **Reichenbach**, 875 m, stets auf der Forststraße in das bewaldete Gaisalptal, dann auf der anderen Talseite in einer weiten Schleife durch Wald und über schöne Lichtungen wieder zum Bach und zu den freien Wiesen. In einer Mulde zur bewirtschafteten **Gaisalpe**, 1149 m, hinauf, unmittelbar rechts an ihr vorbei und nach Nordosten durch eine schmale Schneise. Knapp vor ihrem Oberende halb rechts ganz kurz zwischen Bäumen auf eine kleine Lichtung, 20 Hm gerade empor, dann nach rechts oben hinaus auf die freien Flächen bei der **Richteralpe**. Sich links parallel zum Waldrand haltend zu einer Baumreihe und dahinter zur **Rubihütte**, 1490 m. Ins linke, obere Eck der freien Fläche. Auf dem Sommerweg über einen Graben, im Wald geradeaus über einen zweiten und kurz nach links auf eine kleine freie Fläche. Sich etwas rechts haltend

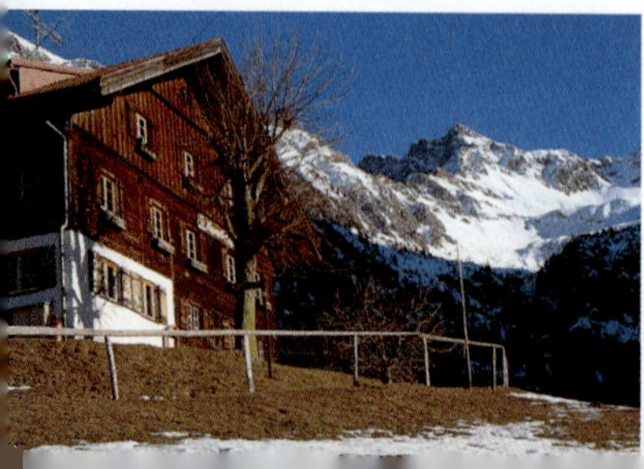

Gaisalpe, Gastwirtschaft und ganzjährig bewirtschafteter Hof. Im Hintergrund das Nebelhorn.

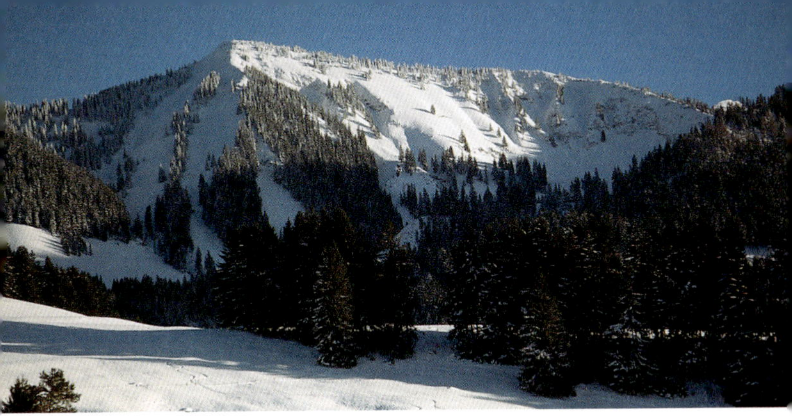

Schnippenkopf von Westen.

durch den sehr welligen Wald mit vielen abgestorbenen Bäumen (hohe Schneelage hilfreich, für eine Abfahrt wenig geeignet) zu den freien Weideflächen und zur **Falkenalpe** in schönster Lage. Über den Hang empor, dann rechts knapp unter dem Vorgipfel hindurch (bei Lawinengefahr über den Grat) und auf dem nun breiteren Kamm zum **Schnippenkopf**, 1833 m.

Abfahrt: Zurück zur Falkenalpe, dann auf dem Hauptkamm mit kleinem Gegenanstieg nach Süden, an einem Buckel rechts vorbei und zwischen Fichten in den Sattel vor dem Entschenkopf. Nach Südwesten in den freien, steilen 200-m-Hang hinaus und etwas links ausholend Abfahrt zur Aufstiegsspur. Später kann man unterhalb der Gaisalpe, bald nach Überquerung des Gaisalpbachs, auf dem nach Oberstdorf führenden Wallrafweg 500 m (10 Min.) queren, um dann über eine schmale Lichtung abzufahren. Dies lohnt sich nur mäßig, die folgende Variante dafür um so mehr: Man bleibt auch im untersten Teil links des Gaisalptals und fährt über steile Hänge direkt ab. An deren Ende rechts über eine Brücke und kurz wieder empor zum Parkplatz.

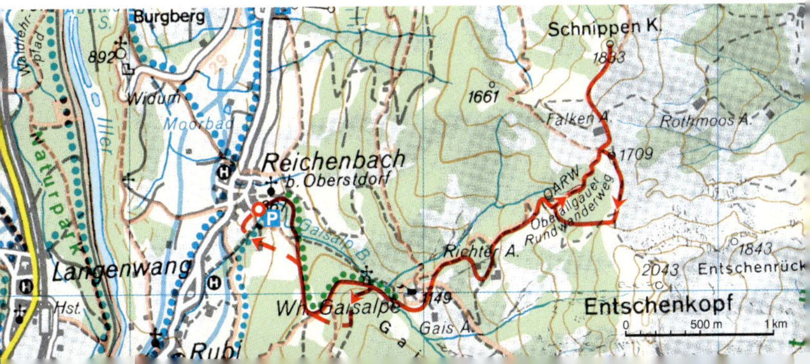

19 Spieser, 1649 m, und Hirschberg, 1644 m

300 Hm

1.00 Std.

Spritztour aus dem Pistenrevier

Gegenüber dem beliebten und stark frequentierten Oberjocher Skigebiet ragt im Nordwesten mit den Gipfeln Spieser, Hirschberg und Jochschrofen eine eigene, kleine Gebirgsgruppe zwischen Wertach und Bad Hindelang auf. Auch hier gibt es mit den Spieserliften ein kleines Skigebiet mit ein paar Pisten. Im Kontrast zum Oberjocher Trubel ist es hier jedoch deutlich ruhiger. Oberhalb der Bergstation beginnt ein kleines Tal, das unerschlossen ist und somit viel Ruhe und Stille bietet. Die hier beschriebene kurze, aber abwechslungsreiche Skitour führt durch dieses schöne Tal und bietet verschiedene Gipfelmöglichkeiten. Überwiegend handelt es sich um eine wenig anspruchsvolle und kurze Spritztour aus dem Pistengebiet. Nur für kurze Abschnitte sind etwas steilere Passagen zu bewältigen und zudem besteht zeitweise eine Lawinengefahr aus den steilen Hängen von Ornach und Jochschrofen. Wegen der schattigen Lage hält sich hier in der Regel lange guter Pulverschnee und sowohl Spieser als auch Hirschberg bieten ideale Abfahrtshänge im Gipfelbereich. Beide Gipfel trumpfen mit einer herrlichen Aussicht. Besonders beeindruckend ist der Tiefblick ins Ostrachtal und nach Sonthofen wie auch die Sicht auf die mächtigen Felsberge im Süden, etwa auf den Großen Daumen oder den markanten Hochvogel. Bei der Abfahrt gibt es mehrere lohnende Varianten und zudem lässt sich eine kleine Schleife über die zeitweise bewirtschaftete Hirschalpe einbauen.

Querung unterhalb des Ornach-Gipfels, rechts unten der Bacheinschnitt.

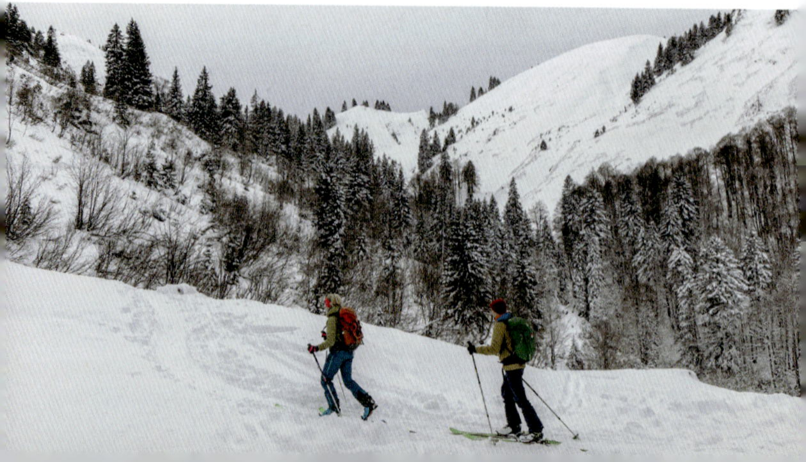

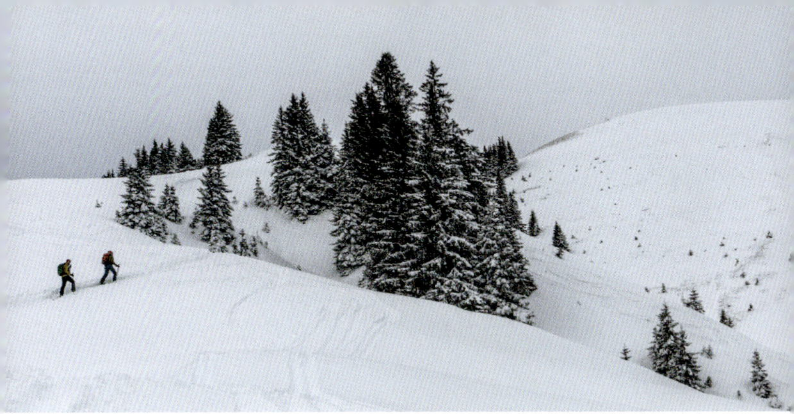

Nur noch wenige Meter zum Hirschbergsattel, rechts die unbewaldete Gipfelkuppe des Hirschbergs.

Ausgangspunkt: Obergschwend, großer Parkplatz der Spieserlifte, 1060 m, Zufahrt von der B 310 zum Parkplatz östlich der Hauptstraße gut beschildert. Spieserlifte: 8.45–16.15 Uhr, Bergfahrt Großlift etwa 5 Euro, spieserlifte.de. Bushaltestelle »Haus Unterjoch« (Linie 48) direkt am Ausgangspunkt.
Höhenunterschied: 300 Hm Aufstieg, 610 Hm Abfahrt.
Anforderungen: Typische Voralpentour mit einer etwas steileren Passage, doch ohne Schwierigkeiten.
Hangrichtung: Süd-, ost- und nordseitig.
Lawinengefährdung: In der Steinbestmulde Schneebrettgefahr.
Günstige Zeit: Ende Dezember bis April.
Einkehrmöglichkeit: Kiosk mit Gaststube und Sonnenterrasse direkt an der Talstation; evtl. Hirschalpe auf der Südseite des Hirschbergs.

Vom großen Liftparkplatz bei **Obergschwend**, 1060 m, durch einen Tunnel unter der B 310 hindurch zum Spieserlift. Auffahrt zur **Bergstation**, 1350 m, oder zu Fuß entlang der Piste (etwa knapp 1 Std.). Zunächst kurze Abfahrt

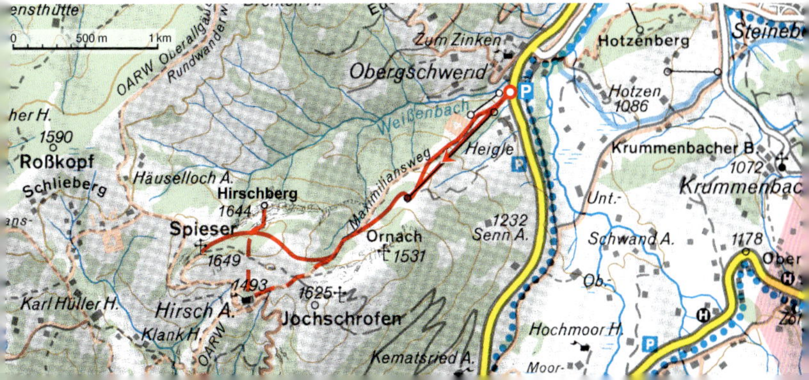

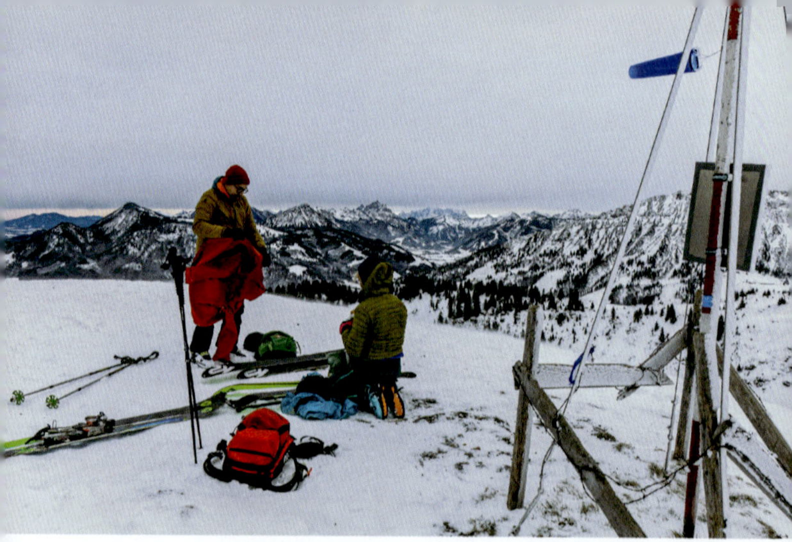

Markierungsstangen statt Gipfelkreuz am Hirschberg.

auf der Piste Richtung Südwesten, bis der Pistenverlauf einen Rechtsbogen einleitet. Noch vor der Kurve wird aufgefellt. Man verlässt die Piste nach links und quert in Richtung Südwesten in das kleine Hochtal. Man überwindet dabei mehrere querlaufende Geländerücken und später wird das Gelände etwas flacher. Bei dieser Querung der Nordhänge des Ornach-Gipfels muss auf die Lawinensituation geachtet werden. Man steigt immer links vom Bacheinschnitt weiter empor und erreicht schließlich Richtung Westen den **Hirschbergsattel**, 1550 m. Im Sattel geht es rechts auf einen Rücken hinauf, dem man weiter folgt. Sobald sich der Rücken verjüngt, hält man sich leicht rechts und steht in einem weiteren Sattel direkt vor dem eigentlichen Gipfelaufbau des Hirschbergs. Man wählt eine Linie über die etwas flacheren Hangabschnitte und steigt so rasch Richtung Norden zum **Hirschberg**, 1644 m, auf. Am Gipfel (auch P. 1644 oder Großer Hirschberg) gibt es kein Gipfelkreuz, sondern lediglich Markierungsstangen.
Für den Spieser quert man vom beschriebenen Sattel unterhalb des Hirschbergs schräg durch die Hänge nach Westen und steigt dann zum Sattel zwischen Spieser und Hirschberg auf. Über den weiträumigen Grat erreicht man problemlos den Gipfel des **Spiesers**, 1649 m.
Abfahrt wie Aufstieg. Man kann auch, um etwas mehr Abfahrt zu genießen, Richtung Süden über einen schönen, kurzen Hang zur bewirtschafteten Hirschalpe abfahren und dann durch eine Mulde in 15 Min. zum Hirschbergsattel wieder aufsteigen.

670 Hm
2.00 Std.

Wertacher Hörnle, 1695 m

20 TOP

Tolle Abfahrten an einem einfachen Skitourenberg mit sonniger Einkehr

Im Winter zählt neben dem Sonnenkopf und dem Rangiswanger Horn auch das Wertacher Hörnle zu den beliebtesten Voralpengipfel im Allgäu. Wegen der hohen Frequentierung ist fast immer eine breite Aufstiegsspur angelegt. Das Wertacher Hörnle ist eine ideale Einsteigertour, da der Aufstieg mit 670 Höhenmeter eher kurz ist und die Abfahrtshänge maximal 25 Grad steil sind. Viel besucht ist der Gipfel deshalb auch bei schlechtem Wetter oder ungünstigen Lawinenlage. Vom Gipfel genießt man einen prächtigen Ausblick speziell ins Tannheimer Tal und bis zum Zugspitzmassiv. Mehrere Weideflächen und Waldlichtungen bieten ideales Abfahrtsgelände. Die Buchel Alpe oberhalb von Obergschwend ist auch im Winter oft geöffnet. Ein ausgiebiger Einkehrschwung auf der Sonnenterrasse mit hausgemachten Suppen und Kuchen rundet die Genusstour ab. Kein Wunder also, dass in der Regel auf der Tour viel los und der Parkplatz an Wochenenden teilweise überfüllt ist.

Ausgangspunkt: Parkplatz Obergschwend, 1040 m, von Norden (Oy-Mittelberg, Wertach) auf der B 310 kommend auf der rechten Seite direkt an der Straße (braunes Schild »Buchelalpe«). Alternativ auf dem Parkplatz Spieserlifte, Einfahrt wenige Meter danach auf der linken Straßenseite. Bushaltestelle »Unterjoch, Obergschwend« (Linie 48) etwa 100 m südlich vom Parkplatz.

Anforderungen: Voralpenskitour ohne nennenswerte Schwierigkeiten. Für Anfänger gut geeignet.

Hangrichtung: Ost- und südostseitig.

Lawinengefährdung: Nur bei ganz extremen Bedingungen.

Günstige Zeit: Ende Dezember bis März (Strecke apert üblicherweise früh aus).

Einkehrmöglichkeit: Buchelalpe, 1290 m, privat, in den Ferien täglich, in der Winterhauptsaison Fr.–Mo., in der Nebensaison Sa./So., jeweils 11–16 Uhr, Tel. +49 8324 7210, buchelalpe.de.

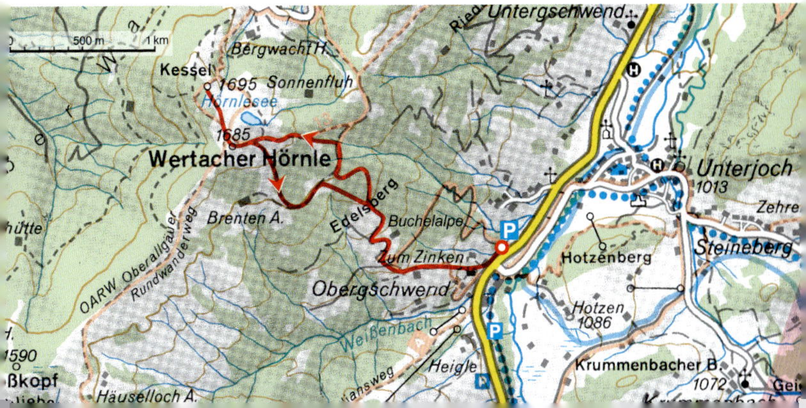

Vom **Parkplatz Obergschwend**, 1040 m, geht man zunächst Richtung Westen, überquert eine Straße und wandert am Bergheim Unterjoch vorbei, das rechts oben liegt. Weiter geradeaus über leicht ansteigendes freies Wiesengelände und dann halb rechts. Beim Aufstieg lässt man links einen Heuschuppen liegen und erreicht so einen breiten Forstweg, dem man bergauf bis zur **Buchelalpe**, 1290 m, in einer Kehre folgt. Von der Alpe folgt man am besten weiter den Forstweg, der schon bald einen Rechtsknick macht. Oder man steigt direkt über das freie Alpgelände weiter auf. Am oberen Ende der Alpwiesen, ca. 1380 m, die nach Südosten ausgerichtet sind, geht man rechtshaltend in den Wald. Ein breiter Pfad führt bergauf durch den Wald und in einer Links-Rechts-Schleife erreicht man einen breiten Forstweg, etwa 1470 m. Hier könnte man sich links halten, auf dem Forstweg fast eben nach Südwesten queren und schließlich über die eigentliche Abfahrt aufsteigen.
Es empfiehlt sich jedoch, für den Aufstieg dem Forstweg für etwa 150 m nach rechts zu folgen und dann diesen nach links zu verlassen. Über eine Waldschneise geht es steil, z. T. in Spitzkehren, etwa 100 Hm bergauf. Durch ein kurzes Waldstück weiter Richtung Westen erreicht man schließlich völlig freies Alpgelände. Vorbei an einem Wanderschild, 1610 m, steigt man über den breiten und freien Ostrücken zum Vorgipfel bzw. Südgipfel des

Ideales Skigelände kurz vor dem Südgipfel des Wertacher Hörnles. In der Bildmitte Sorgschrofen und Zinken oberhalb von Jungholz.

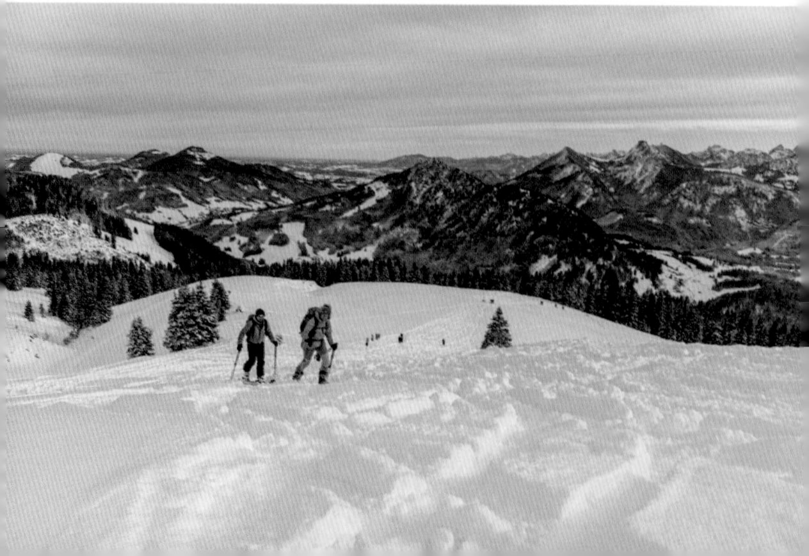

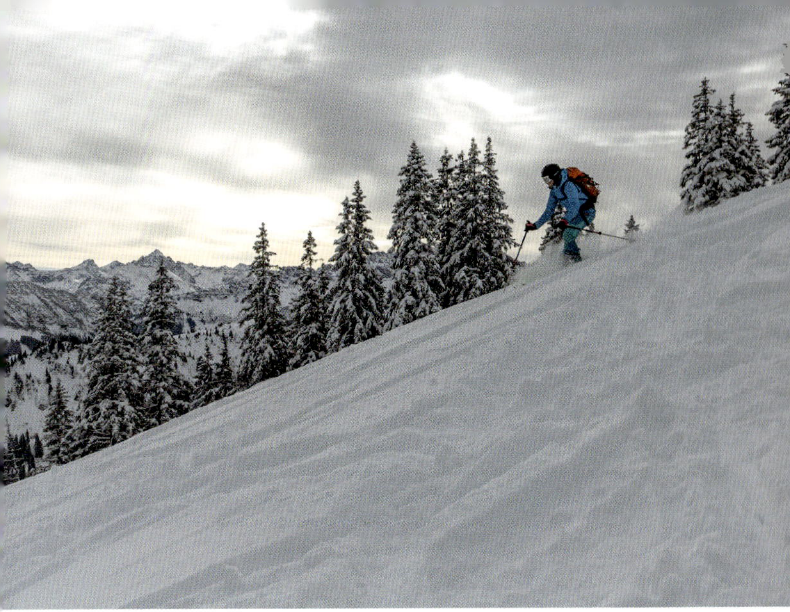

Perfekter Pulver am Wertecher Hörnle.

Wertacher Hörnles, 1685 m, auf. Der Hauptgipfel ist 10 m höher. Nördlich unterhalb des Südgipfels liegt der kleine Hörnlesee. Vom Südgipfel kann über den Grat Richtung Norden zum Hauptgipfel, 1695 m, wandern. Da die Abfahrt vom Südgipfel erfolgt und der Blick von beiden Gipfeln gleich gut ist, ist der Abstecher zum Hauptgipfel nicht zwingend erforderlich.
Abfahrt: Vom Südgipfel zunächst auf bekannten Weg über den Ostrücken hinab. Sobald der Rücken abflacht, hält man sich jedoch für die Abfahrt rechts und fährt über ideale Südhänge hinab zu einem breiten Forstweg, etwa 1480 m. Auch wenn es verlockend aussieht, hier nicht mehr weiter abfahren, sondern dem Forstweg nach links (Nordwesten) folgen. Es folgt ein Schiebestück auf dem fast ebenen Weg durch den Wald bis zu einer Schneise. Bei genügend Schnee fährt man nach rechts die kleine Schneise hinab, hält sich unten links und erreicht so durch ein oft schneearmes und unangenehmes kurzes Waldstück die großen Alpwiesen oberhalb der Buchelalpe. Alternativ quert man noch ein Stück weiter auf dem Forstweg und nimmt die Aufstiegsspur hinab zu den Alpwiesen, die wegen ihrer Neigung und Geländeform perfekten Abfahrtsgenuss bieten. Unten hält man sich eher links und gelangt so direkt zur **Buchelalpe**. Nach der obligatorischen Einkehr geht es die restlichen Höhenmeter auf bekanntem Weg hinab zum Ausgangspunkt.

21 Toreck, 2016 m

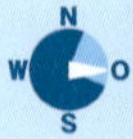

920 Hm
3.00 Std.

Im Bereich der Gottesackerwände

Die Gottesackerwände sind ein einmaliges Phänomen: Mit oft senkrechten Abbrüchen nach Norden ziehen sie sich ohne nennenswerte Unterbrechungen über viele Kilometer hin. Das östliche Ende der Oberen Gottesackerwände wird als Toreck bezeichnet (nicht mit dem Torkopf beim Windecksattel verwechseln). Die Route dorthin ist »durchwachsen«, man findet alles von sehr schönen, freien Hängen über Steilmulden, einen Quergang und Wald mit Schneisen bis hin zu hindernislosen Wiesen.

Ausgangspunkt: Mahdtalhaus mit kleinem Parkplatz, 1100 m, etwa 1 km vor dem Zentrum Riezlerns (Kleinwalsertal) rechts ab und über die Breitach, bei der Verzweigung links und weiter zum Mahdtalhaus. Bushaltestelle »Mahdtalhaus« (Walserbus Linie 2) direkt am Ausgangspunkt.

Anforderungen: Die Skitour führt über Wiesen, schmale Waldschneisen und steilere kleine, felsdurchsetzte Hänge und Mulden zum Gipfel. Hohe, stabile Schneelage nötig. Ohne Spuren schwierige Orientierung. Bei Nebel/schlechter Sicht sollte man diese Tour unbedingt meiden.

Hangrichtung: Ost- und nordostseitig.

Lawinengefährdung: Sichere Verhältnisse nötig (Nordostseite!).

Günstige Zeit: Januar bis April.

Stützpunkt: Mahdtalhaus, 1100 m, DAV, Sektion Stuttgart, Selbstversorgerhütte, 34 Schlafplätze, Tel. +43 5517 6423, dav-mahdtalhaus.at.

Toreck von Osten (Abfahrt), rechts davon Torkopf und Windecksattel.

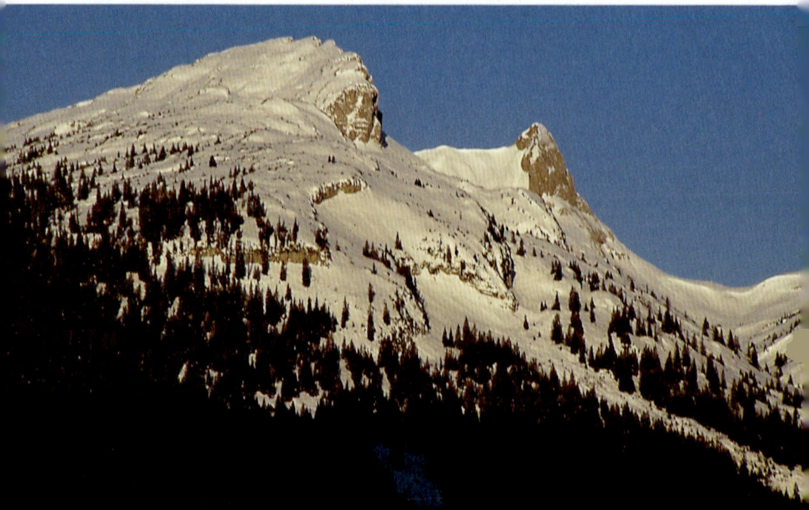

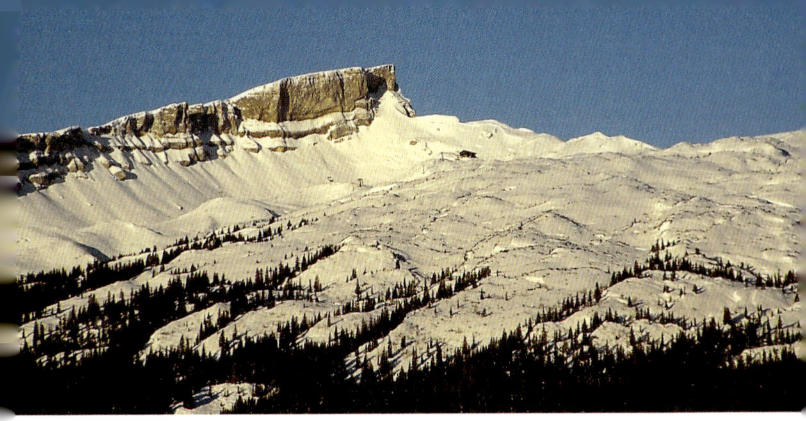

Gottesacker und Hoher Ifen.

Direkt vom **Mahdtalhaus** steigt man Richtung Nordwesten über freie Wiesenhänge, über Lichtungen und durch Waldabschnitte in einigen Bögen bis zu einer Forststraße, knapp 1400 m, auf. Bei diesem Aufstieg vom Mahdtalhaus unbedingt auf die Skitourenmarkierungen des DAV achten und diesen konsequent folgen. Sobald man die Forststraße erreicht hat, auf keinen Fall weiter geradeaus aufsteigen, da es sich hier um eine Ruhezone für die Raufußhühner handelt. Man folgt hingegen der Forststraße nach rechts und gelangt so zur **Grafenkürenalpe**. Man wandert noch kurz in die gleiche Richtung weiter und quert dann in das Mahdtal. Noch bevor man den Talboden erreicht, hält man sich leicht links und gelangt über die gestuften Nordosthänge empor zum Ostgrat des Torecks (etwas westlich von P. 1829). Man steigt von hier immer auf der Südseite des Gratverlaufs über das stark gegliederte Karstgelände nach Westen empor zum wenig ausgeprägten Gipfel des **Torecks**, der nach Norden senkrecht abbricht.
Abfahrt wie Aufstieg, unbedingt Schutzgebiete beachten!

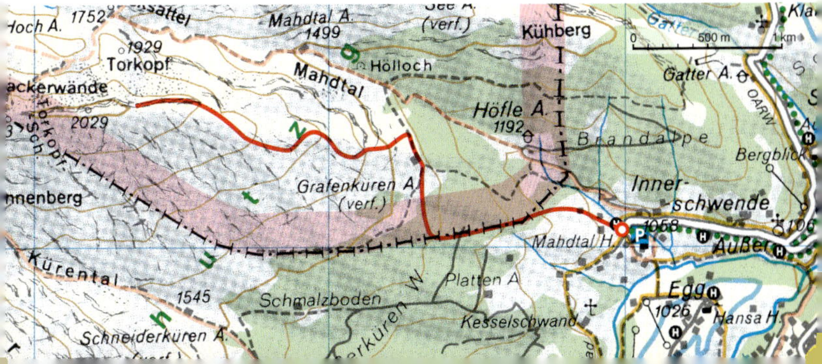

22 Hehlekopf, 2058 m

820 Hm
3.00 Std.

Breiter Berg mit idealer Rundtour

Hehlekopf heißt der höchste Gipfel im Tourenbereich direkt um die Schwarzwasserhütte. Er begeistert mit seinen fast immer makellos weißen, ideal geneigten Hängen gegen Süden und Osten, während der gleiche Berg nach Westen mit wilder, hoher Wand, der Fellefluh, abbricht. Als Alternative zur Abfahrt entlang der Aufstiegsroute, kann man den Berg auch überschreiten und über den Osthang abfahren, dabei bitte Schutzgebiete beachten.

Ausgangspunkt: Auenhütte bei der Talstation der Ifenbahn, 1275 m, in Riezlern unmittelbar nach der Breitachbrücke rechts auf kleiner, steiler Straße (evtl. Ketten nötig) zur Auenhütte, Parkplatz für Tourengeher am Anfang des großen Parkplatzes. Bushaltestelle »Ifen« (Walserbus Linie 5) direkt am Ausgangspunkt.
Anforderungen: Bequemer, lang gestreckter Weg zur Hütte, mittelsteile Hänge zum Gipfel und bei der direkten Abfahrt eine anspruchsvollere Passage.
Hangrichtung: Meist süd- und ostseitig.
Lawinengefährdung: Bei guter Spuranlage nur mäßige Lawinengefährdung mit Ausnahme einer Passage bei der Abfahrt direkt in die Galtöde (großer Lawinenstrich).
Günstige Zeit: Ende Dezember bis April.
Stützpunkt: Schwarzwasserhütte, 1620 m, DAV, 75 Schlafplätze, bew. Ende Dez. bis Ende März, Tel. +43 5517 30210, schwarzwasserhuette.com.

Vom Tourengeherparkplatz unterhalb der **Auenhütte,** 1275 m, wie bei Tour 23 beschrieben zur **Schwarzwasserhütte**, 1620 m, knapp 2 Std. vom Parkplatz). Von dort wandert man über die Höhen flach nach Westen, dann rechts an den Steinmannl-Hängen entlang ebenfalls flach in den **Gerachsattel**, 1752 m. Über die folgenden, sehr schönen, freien Südhänge (Schutzzonen beachten!) steigt man erst gerade aufwärts, hält sich dann mehr nach

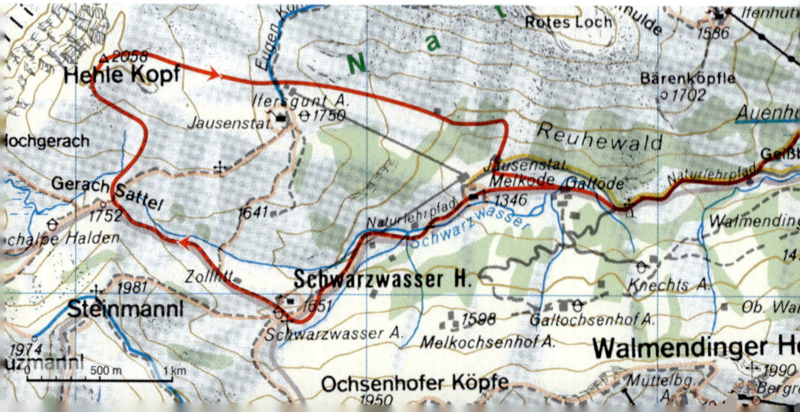

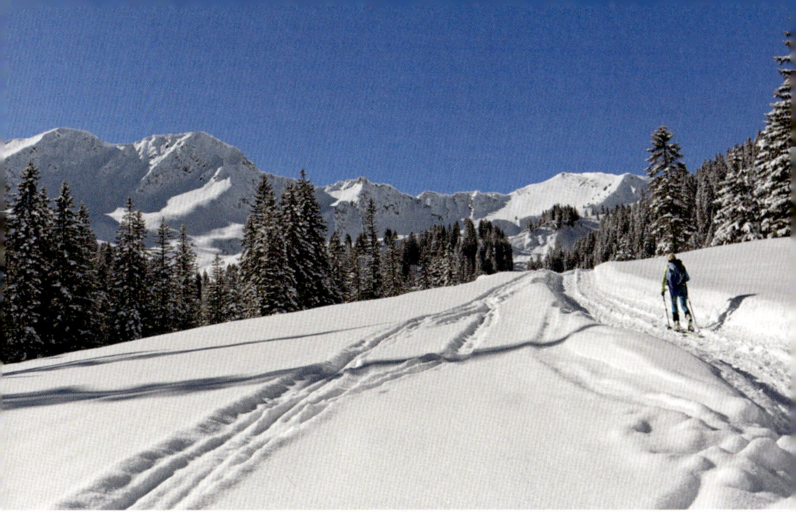

Aufstieg zur Schwarzwasserhütte. Im Hintergrund links Grünhorn und rechts Steinmannl.

links, um schließlich über den obersten Südwestgrat den Gipfel des **Hehlekopfs**, 2058 m, zu erreichen.
Abfahrt auf derselben Route oder direkt in die Galtöde: Über den prächtigen Osthang schwingt man hinab zur **Ifersguntenalpe** und weiter durch die Mulde, die zwischen den beiden Hütten beginnt (also auf die südlichsten Felsen des Hohen Ifen zu), zu einem kleinen Boden. Links des Bacheinschnitts folgt man den Skimarkierungen schräg durch eine kurzzeitig steile, etwas unangenehm zerfurchte Flanke mit einzelnen Fichten zu einem schmalen Hang (großer Lawinenstrich), über den man zur Aufstiegsroute in der **Galtöde** abfährt.

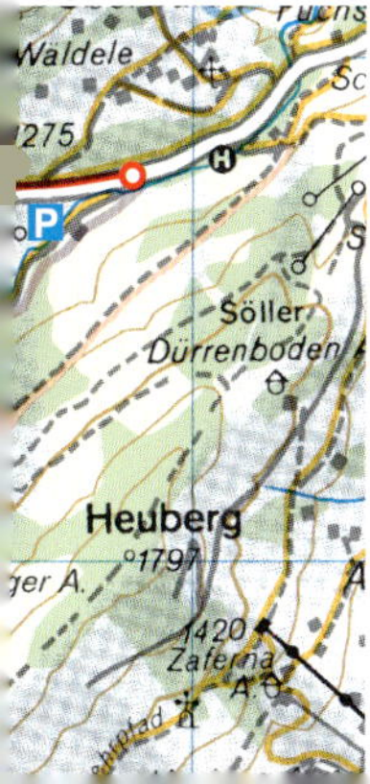

Abfahrtsspuren am Hehlekopf. Hinten rechts das Berlingerköpfle (1994 m).

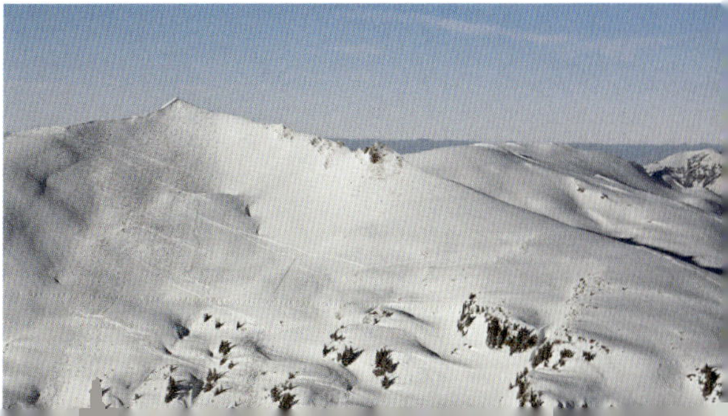

23 Große Schwarzwasser-Rundtour

N W O S

1700 Hm
6.30 Std.

Drei-Gipfel-Tour im Bereich der Schwarzwasserhütte

Schwarzwasserhütte heißt einer der wenigen Allgäuer Stützpunkte, die auch in der Wintersaison bewirtschaftet sind. Typische Steilgrasberge dominieren die Landschaft – im Winter meist makellos weiße Gestalten. Es sind nur kurze Spritztouren zu diesen Gipfeln, deshalb wird hier eine große, ausgesprochen abwechslungsreiche Rundtour mit drei Gipfelzielen und vier Abfahrten beschrieben. Man kann sich diese gemütlich gestalten, wenn man in der Schwarzwasserhütte oder dem Neuhornbachhaus (unbedingt anmelden!) drüben über dem Bregenzerwald übernachtet. Die Skitour beschreibt eine Art Acht, sodass man nach den ersten beiden Gipfeln nochmals an der Schwarzwasserhütte vorbeikommt. Bei der zweiten Hälfte zaubert die Kombination von Grünhorn und Litzescharte eine spannende Tour mit 1000 Höhenmetern Abfahrt. Das Grünhorn ist zudem der höchste Gipfel im langen Kamm westlich des Walmendingerhorns.

Ausgangspunkt: Auenhütte bei der Talstation der Ifenbahn, 1275 m, in Riezlern unmittelbar nach der Breitachbrücke rechts auf kleiner, steiler Straße (evtl. Ketten nötig) zur Auenhütte, Parkplatz für Tourengeher am Anfang des großen Parkplatzes. Bushaltestelle »Ifen« (Walserbus Linie 5) direkt am Ausgangspunkt.
Höhenunterschiede: Zur Hütte 380 Hm, Rundtour Falzerkopf – Steinmannl ab Hütte 700 Hm, auf das Grünhorn und in die Litzescharte 620 Hm im Aufstieg. Abfahrten 1700 Hm.
Anforderungen: Bequemer, lang gestreckter Weg zur Hütte, an den Gipfeln kurze Steilhänge, hohe Schneelage hilfreich.
Hangrichtung: Alle Richtungen von Süd über Ost bis Nord.
Lawinengefährdung: In dem immer wieder steilen Grasgelände sind schneebrettsichere Verhältnisse unbedingt Voraussetzung.
Günstige Zeit: Ende Dezember bis April.
Stützpunkte: Schwarzwasserhütte, 1620 m, DAV, 75 Schlafplätze, bew. Ende Dez. bis Ende März, Tel. +43 5517 30210, schwarzwasserhuette.com. Neuhornbachhaus, 1700 m, privat, 60 Schlafplätze, Tel. +43 720 514264 oder +43 664 4255240, neuhornbachhaus.com.

Vom Tourengeherparkplatz unterhalb der **Auenhütte**, 1275 m, geht man hinauf zu den Häusern und an diesen links vorbei auf einen Winterwanderweg. Dieser führt Richtung Westen auf eine kleine Anhöhe und direkt danach geht es kurz bergab ins Schwarzwassertal. Auf der Forststraße geht es sehr wenig ansteigend (später fast eben) durch das Tal weiter in Richtung Westen zu den freien Flächen der **Galtöde** und weiter zu den Hütten der **Melköde**,

Aufstieg von der Ochsenhoferscharte zum Grünhorn. Im Hintergrund die Ochsenhofer Köpfe.

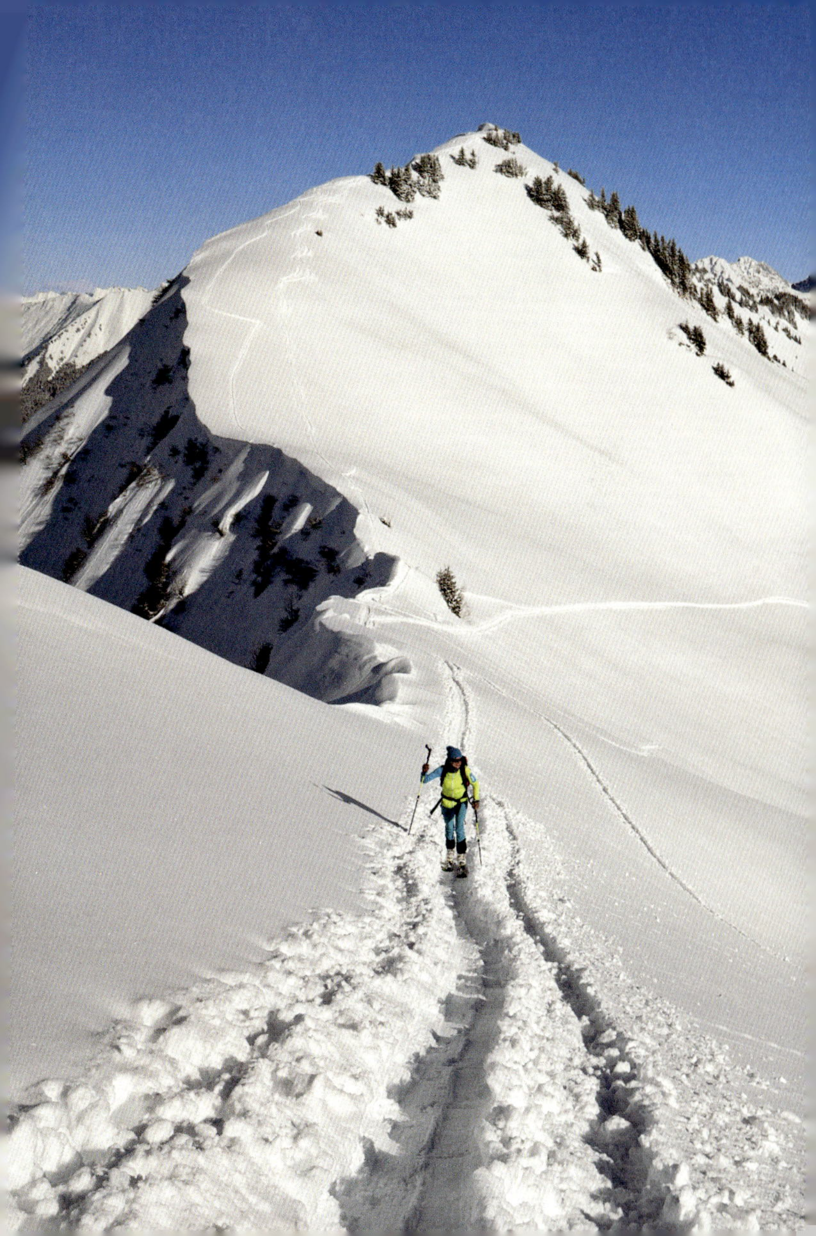

1346 m. Kurz wird es steiler und der meist sehr gut gespurte Weg führt über Weideflächen bis zur schön gelegenen **Schwarzwasserhütte**, 1620 m, knapp 2 Std. vom Parkplatz).

Von der Schwarzwasserhütte wandert man über die Höhen flach nach Westen, um dann – ebenfalls flach – rechts an den Steinmannl-Hängen entlang den **Gerachsattel**, 1752 m, zu erreichen. Auf der anderen Seite geht es gut 50 Hm Richtung Westen hinab auf eine Ebene. Sich links haltend geht es unterhalb des Steinmannls und Kreuzmannls fast eben bis unter das Neuhornbachjoch. Über eine Rampe und oben steile Stufe steigt man auf zum **Neuhornbachjoch**, 1845 m. Von hier weiter über den Ostgrat und schließlich über eine kurze etwas steilere Stufe zum **Falzerkopf**, 1968 m. Vom Gipfel kurz über den Westrücken bergab und dann sich links haltend über die idealen Südhänge hinab. Auf einer Höhe von etwa 1800 m hält man sich stark links und kommt so zum **Neuhornbachhaus**, 1700 m. Von dort quert man auf dem Alpweg die Hänge zur **Neuhornbachalpe**. An der Alpe wird der eigentliche Weg verlassen und es geht sich links haltend in einem Bogen um den Kreuzmannl-Südrücken. Wo das Gelände flacher wird, schräg rechts über Hang empor zum Rücken und von hier zum längst sichtbaren Gipfelkreuz des **Steinmannls**, 1981 m. Vom Gipfel zunächst über den Nordgrat bergab, bis man sich rechts haltend über die Ostflanke zur Ostmulde hinabschwingt (bei sicheren Verhältnissen sind auch direkte Abfahrten vom Gipfel in die Ostmulde möglich). Von der Mulde über flache Böden zur nahen **Schwarzwasserhütte**, 1620 m.

Nun beginnt der zweite Teil der großen Runde: Von der direkt unter der Hütte gelegenen Alpe steigt man nach Süden über einen schönen Hang in ein Becken hinauf und hält sich dann nach links und erreicht nach einer steilen

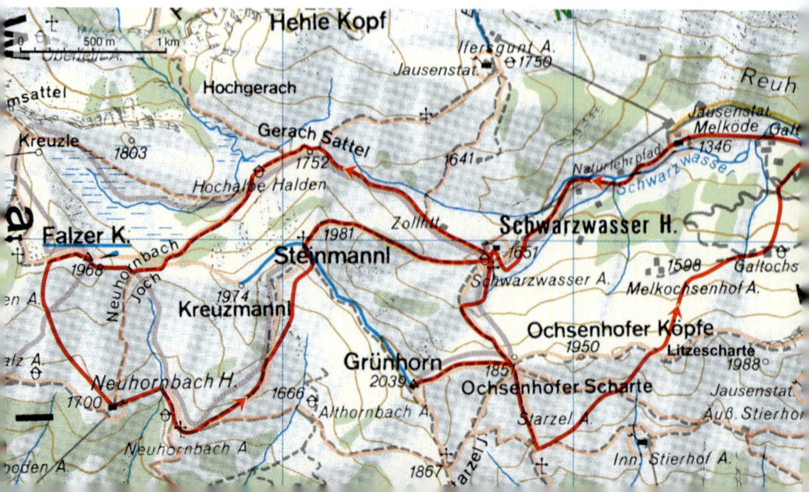

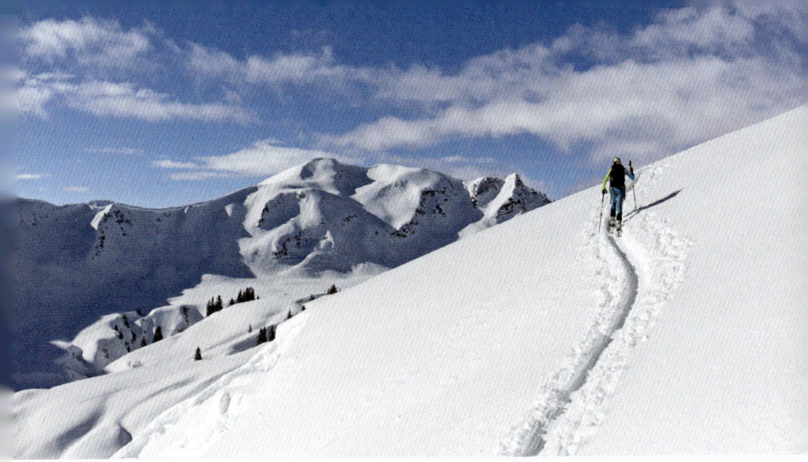

Aufstieg über die Südhänge zum Hehlekopf mit Blick auf den Falzerkopf (Bildmitte) und das Neuhornbachjoch links davon. Der Aufstieg zum Joch erfolgt über den schattigen Hang.

Hangquerung und schließlich sehr steilen Stufe die **Ochsenhoferscharte**, 1851 m. Der Weiterweg führt drüben schräg aufwärts in eine kleine Mulde und in der folgenden Einbuchtung steil zum Grat und auf den Gipfel des **Grünhorns**, 2039 m (höchster Punkt der Rundtour, 1.30 Std. von der Schwarzwasserhütte).

Rückkehr zur Auenhütte (Parkplatz): Vom Grünhorn Abfahrt auf bekanntem Weg in die Ochsenhoferscharte. Von hier sich rechts haltend (Südosten) durch die anfangs steile Mulde hinab zur **Starzelalpe**, 1678 m. Der Gegenanstieg führt immer schräg in Richtung Nordosten empor in die **Litzescharte**, 1875 m, zwischen den Ochsenhoferköpfen. Von der Scharte durch die oft mit Pulverschnee gefüllte, aber steile Nordmulde schwingt man zu den Weideflächen der beiden **Ochsenhofalpen** hinab, hält sich auf dem weiten Absatz stark rechts, um über einen weiteren Idealhang das Alpsträßchen zu erreichen, dem man zum Ostende der **Galtöde** folgt. Von hier auf bekanntem Weg durch das Schwarzwassertal zurück zum Parkplatz an der **Auenhütte**.

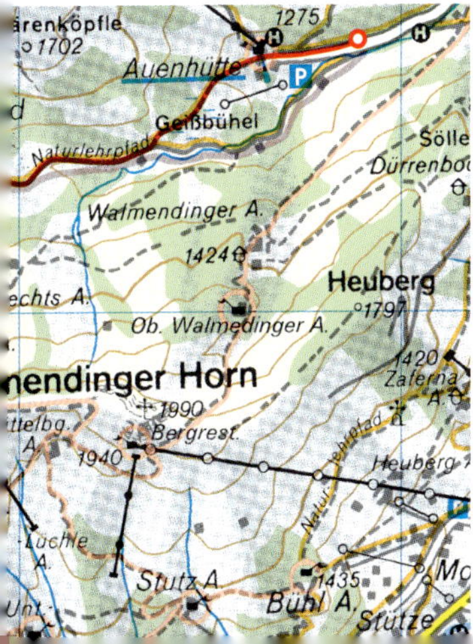

TOP 24

Güntlespitze, 2092 m

870 Hm
3.00 Std.

Kleinwalsertaler Idealskiberg

Makellose Hänge sind das besondere Merkmal der beiden Routen auf die Güntlespitze. Kein Wald behindert die Abfahrten. Das leuchtende Weiß verdankt dieser Gipfel dem typischen Steilgrasgelände. Die Hänge und Talflanken verheißen jedoch nicht nur Skifreuden, sie bilden auch den »idealen« Untergrund für Lawinen jeder Art. Man sollte also entweder wirklich stabilen Pulverschnee abwarten oder in der Firnschneezeit dort unterwegs sein und dann, wegen der Ostseite, möglichst früh am Morgen aufbrechen.

Ausgangspunkt: Baad, letzter Ort im Kleinwalsertal, großer Parkplatz am Ortsbeginn beim Kreisverkehr, 1220 m. Bushaltestelle »Baad« (Walserbus Linie 1) direkt am Ausgangspunkt.

Anforderungen: Ideale Skihänge ohne Problemstellen, doch steiler Gipfelaufbau (meist zu Fuß), sehr beliebte Tour, deshalb fast immer gespurt.

Hangrichtung: Nord- bis ostseitig.

Lawinengefährdung: Wegen des Steilgrasgeländes sind sichere Verhältnisse unbedingt nötig.

Günstige Zeit: Bei ausreichender Schneehöhe von Dezember bis April (oder Mai).

Variante: Von der Verzweigung im Derrental nach Westen über den großen Steilhang schräg empor zur Mittleren Spitalalpe, durch die ideale Mulde bis auf die Höhe der oberen Alp, dann von rechts nach links über die Stufe ins Joch bei der Derrenalpe und zur üblichen Route etwas südlich davon. Deutlich steiler als die Haupttour, sehr rassige Abfahrt.

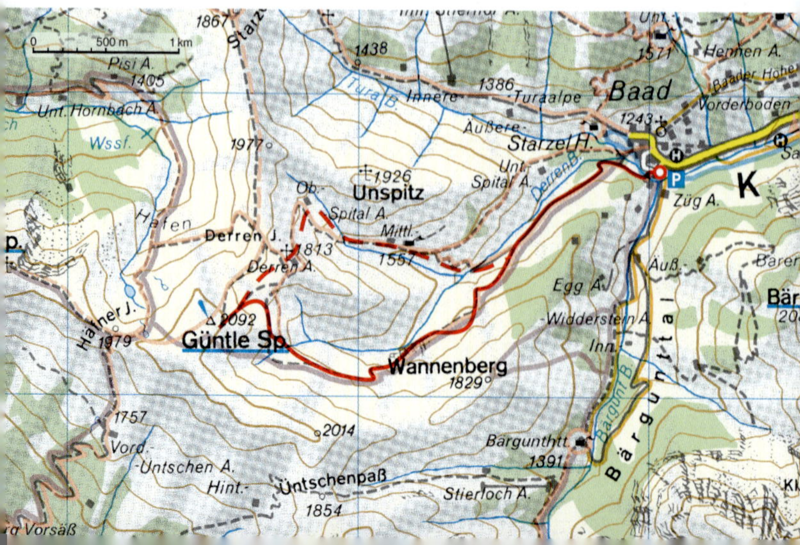

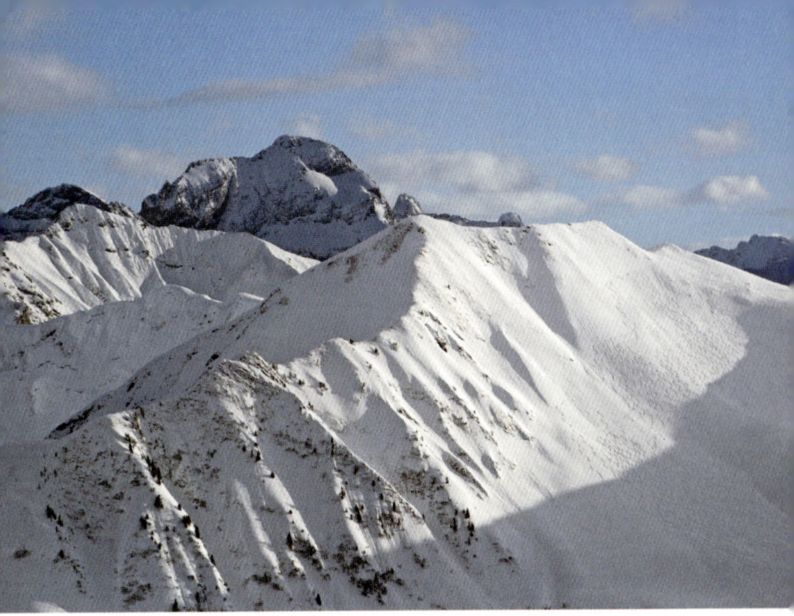

Güntlespitze und im Hintergrund der Widderstein.

Vom Parkplatz in **Baad**, 1220 m, wandert man auf der Loipe nach Westen zur ganz nahen Bachverzweigung und biegt dort auf dem Fahrweg nach links ins Derrental ein, dem man bis in 1378 m Höhe folgt (Verzweigung siehe Variante). Die weitere Route verläuft etwa wie der Sommerweg, also immer auf schwach ausgeprägten Absätzen schräg durch die Hänge aufwärts und talein und dabei immer hoch über dem Einschnitt des Derrenbachs. Man wandert dann noch unter der Güntlespitze hindurch nach rechts zu den sanften Mulden vor der Derrenalpe. Von dort geht es dann nach Westen gerade empor in die versteckte Mulde nördlich des Berges. Über den steilen Hang und schließlich über die Gratkante erreicht man den Gipfel der **Güntlespitze**, 2092 m, das letzte Stück meist zu Fuß.

Abfahrt wie Aufstieg, bei guten Verhältnissen werden auch die äußerst steilen Südosthänge direkt ins Derrental befahren.

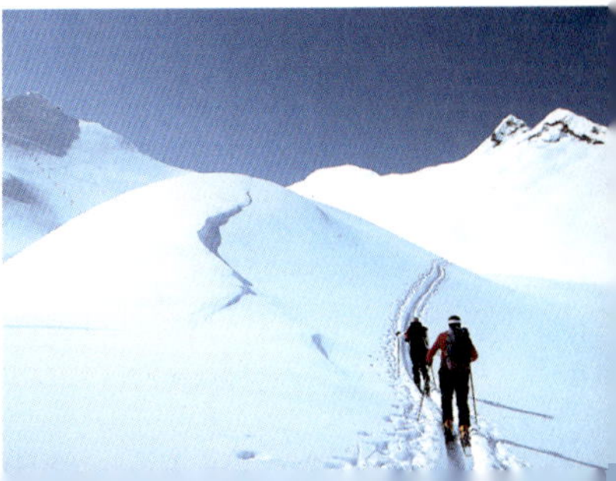

Zwischen Derrenalpe und Güntlespitze.

25 Gamsfuß, 1990 m

770 Hm
2.30 Std.

Im innersten Kleinwalsertal

Das hinterste Kleinwalsertal wird im Südwesten von einer auffallend gezackten Gipfelgruppe abgeschlossen, dem Massiv des Heiterbergs (2188 m), das den meisten ganz unbekannt ist. Am Nordfuß dieser Fels- und Steilgrasberge fällt eine leuchtend weiße Gratschulter – kein ausgeprägter Gipfel – ins Auge. Das ist der Gamsfuß, der eine lohnende und problemlose Skitour bietet. Achtung, auf manchen Karten wird der Gamsfuß mit dem Weißen Schrofen verwechselt!

Ausgangspunkt: Baad, letzter Ort im Kleinwalsertal, großer Parkplatz am Ortsbeginn beim Kreisverkehr, 1220 m. Bushaltestelle »Baad« (Walserbus Linie 1) direkt am Ausgangspunkt.
Anforderungen: Die Route führt über Weideflächen ohne Probleme und durch ein Bachtal (kurzer Gegenanstieg).
Hangrichtung: Nord- bis ostseitig sowie westseitig.
Lawinengefährdung: Vorsicht bei Schneebrettgefahr.
Günstige Zeit: Bei nicht zu geringer Schneelage von Dez. bis März (oder April).
Einkehrmöglichkeit: Berggasthaus Bärgunthütte, 1391 m, Dez.–April, Do. Ruhetag, keine Übernachtung, Tel. +43 664 3110453, baergunthuette.de.

Vom Parkplatz in **Baad**, 1220 m, geht es zunächst über die Brücke über den Bach. Dann stets am Bärguntbach (einmal Brücke) entlang auf breitem, fast immer gebahntem Weg 2 km durch den auf weite Strecken schmalen Bacheinschnitt zur **Bärgunthütte**, 1391 m, mit sehr schönem Blick. Nur wenig

Weißer Schrofen über dem Bärgunt.

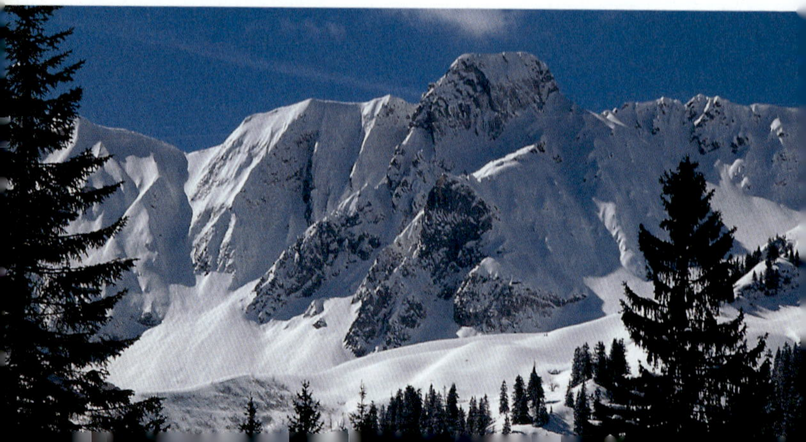

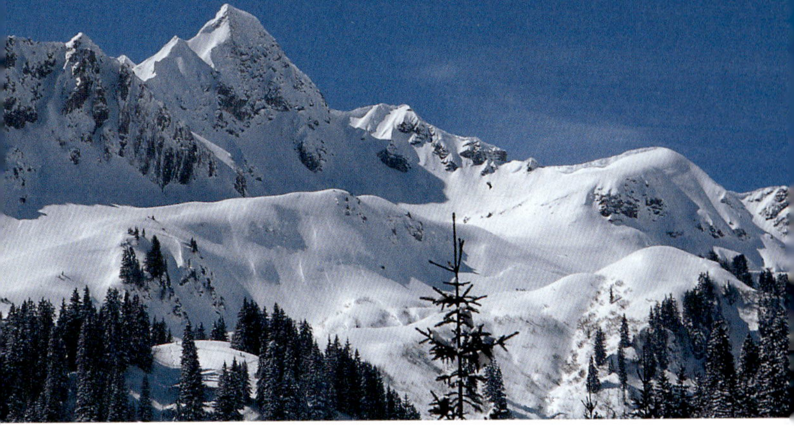

Abfahrt vom Gamsfuß (Gipfel ganz rechts), darüber der Heiterberg.

ansteigend erreicht man über die folgende Wiese rasch eine **Brücke** und gleich dahinter eine verfallende Hütte und einen Materiallift. Hier biegt man vom Talweg nach rechts ab und spurt – die Drahtseile als Richtungsweiser nützend – zwischen einzelnen Fichten zu den Matten der **Stierlochalpe** empor. Gegenüber steht markant der gewaltige Widderstein.

Der weitere Aufstieg: Nach Süden über eine Stufe auf den nächsten Geländerücken. Halb rechts durch kleine Mulden, dann über einen Steilhang in das Kar unter dem Heiterberg. Nach Westen aufwärts, schließlich – um den gewaltigen Wechten auszuweichen – ganz nach rechts und auf den **Gamsfuß**, 1990 m.

Tipp für die **Abfahrt**: Am Beginn der freien Hänge kurz vor der Bärgunthütte sollte man gleich rechts am Bachbett entlang hinab zur Brücke über den Bärguntbach fahren. Drüben steigt man ein paar Minuten auf dem meist auch für Fußgänger gespurten Weg empor und gewinnt so die Abfahrt an den beiden Widdersteinalpen vorbei. Diese Route mit ihren freien Flächen ist viel angenehmer als das enge Bachtal, das man beim Aufstieg begeht.

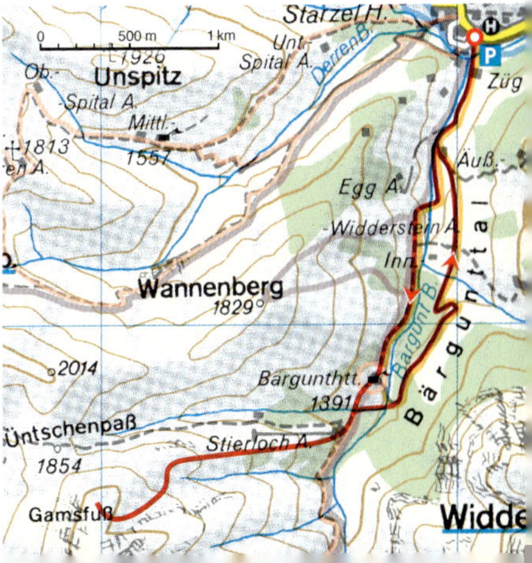

26 Karlstor, 2120 m

900 Hm
2.45 Std.

Unter der Widderstein-Nordwand

Auch wenn das heutige Ziel nur eine Scharte, kein Gipfel ist, gehört diese Route doch zum Spannendsten unter den Allgäuer Skitouren. Dem Widderstein (2533 m), mit seiner bis über 1000 Meter hohen Nordflanke ist ein ganz markanter Zackenberg vorgelagert, der Kleine Widderstein (2236 m). Zwischen den Felsen dieser beiden großen Berge zieht ein schmales, recht steiles Nordkar hinab, ein ungemein eindrucksvoller Bergwinkel. Das ist das »Karl«, eine Bezeichnung, die sich nicht von dem gleichlautenden Namen herleitet, sondern eine Verkleinerungsform von Kar darstellt.

Ausgangspunkt: Baad, letzter Ort im Kleinwalsertal, großer Parkplatz am Ortsbeginn beim Kreisverkehr, 1220 m. Bushaltestelle »Baad« (Walserbus Linie 1) direkt am Ausgangspunkt.
Anforderungen: Anspruchsvolle, hochalpine Strecke durch recht steile Nordkare, am besten für sicheren Firn geeignet, hohe Schneelage wichtig.
Hangrichtung: Nord- bis nordwestseitig.
Lawinengefährdung: Absolut sichere Verhältnisse sind Voraussetzung.
Günstige Zeit: März bis Mai.
Variante: Vom Karlstor nach Osten über einen grandiosen 800-m-Steilhang ins Gemsteltal. Diese Region wird besonders stark von Lawinen bestrichen. Dort ist also noch größere Vorsicht geboten! Mit dem Bus von Bödmen zurück nach Baad.

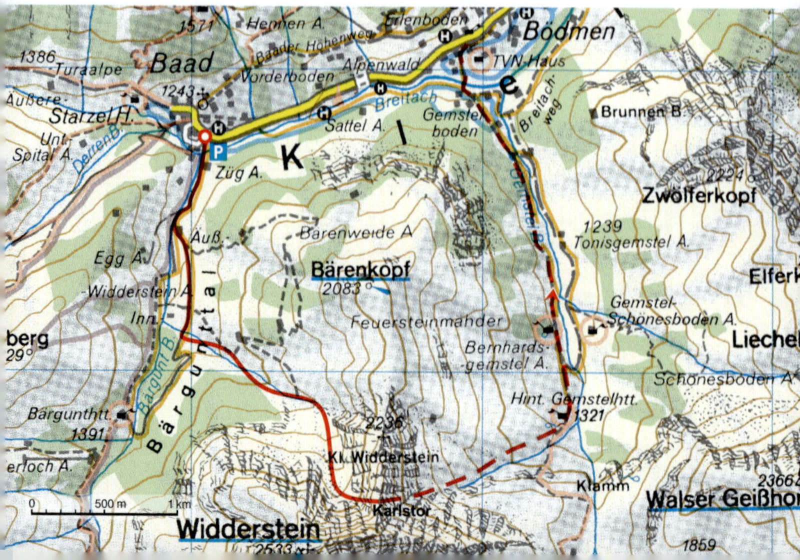

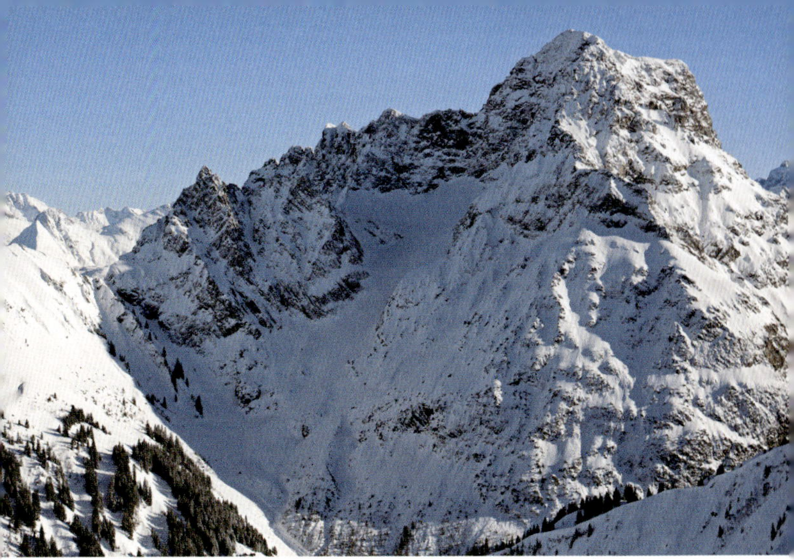

Großer Widderstein. In der Bildmitte das schattige und steile Kar, durch das die Tour verläuft.

Vom Parkplatz in **Baad**, 1220 m, geht es zunächst über die Brücke und dann am Bärguntbach entlang auf breitem Weg 10 Min. talein zum Waldrand. Man wandert über die Wiese schräg links aufwärts zur Äußeren und auf dem Weg weiter zur **Inneren Widdersteinalpe**. Der nun anspruchsvolle Weiterweg verläuft im Bereich des breiten Einschnitts genau auf den Kleinen Widderstein zu, dabei je nach Schneemenge und -beschaffenheit entweder im Bachbereich, auf dem überwucherten Hang rechts davon oder links über Lichtungen in den sehr steilen Hängen auf der Bärenkopfseite. Dann erreicht man in etwas flacherem Gelände einen Absatz, 1600 m. Darüber folgt der Höhepunkt des Tages: Nach Süden durch die von Felsen eingerahmte, scheinbar rundum geschlossene Steilmulde, das Karl, empor und schließlich nach links in das erst zuletzt sichtbare **Karlstor**, 2120 m.

Abfahrt entlang der Aufstiegsroute.

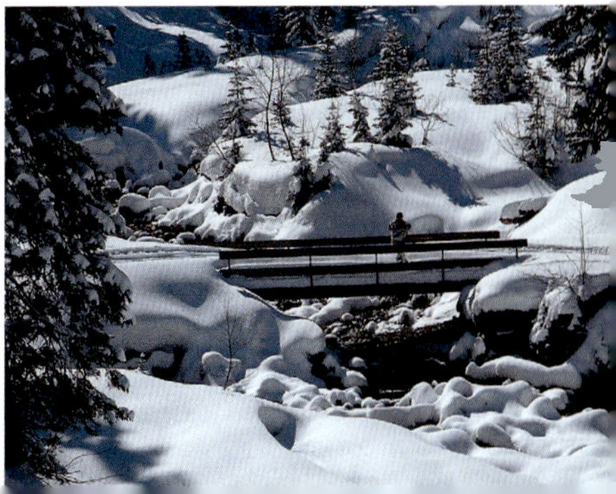

Im Bärgunt nahe der Bärgunthütte.

27 **Elfer-Ostgipfel, 2345 m**

N W O S

1200 Hm

4.00 Std.

Hochalpines Ziel über dem Wildental

Das gegenüber von Mittelberg ausmündende Wildental wird von einem Kranz eindrucksvoller Felsberge umrahmt, der kaum den Gedanken an Skitouren aufkommen lässt. Und doch gibt es dort ein ganz besonderes Ziel, den Elferkopf, mit wilder Felsszenerie und spannender Abfahrt. Allerdings lässt sich per Ski nur der Ostgipfel erreichen, der um 32 Meter höhere Hauptgipfel ist gänzlich unzugänglich.

Ausgangspunkt: Gasthaus Schwendle, 1150 m, von Mittelberg im Kleinwalsertal talein Richtung Baad, in Außerbödmen jedoch links hinab zur Breitach und jenseits auf schmaler Straße hinauf zum Gasthaus mit sehr eingeschränkter Parkmöglichkeit. Bushaltestelle »Schwendle« (Walserbus Linie 4) etwa 600 m westlich vom Ausgangspunkt.

Anforderungen: Hochalpine Tour mit steilen Passagen, hohe Schneelage und nebelfreies Wetter wichtig.

Hangrichtung: Süd-, ost- und nordseitig.

Lawinengefährdung: Stabiler Schnee notwendig, ideal bei Firn.

Günstige Zeit: Februar bis April.

Einkehrmöglichkeit: Ghs. Schwendle und in Höfle.

Blick von Nordosten (Fiderepasshütte) auf den Elfer mit dem steilen, nach Osten ausgerichteten Gipfelhang (sonnenbeschienen). Dahinter der Hauptgipfel und links im Bild der Liechelkopf.

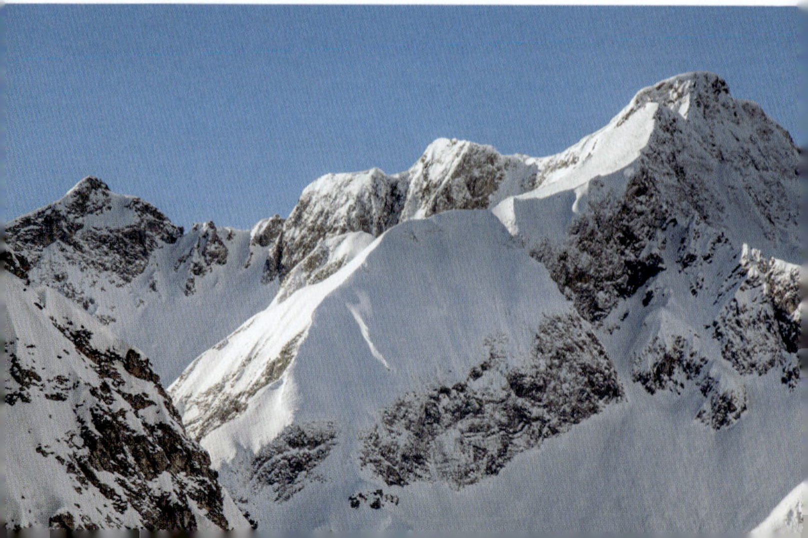

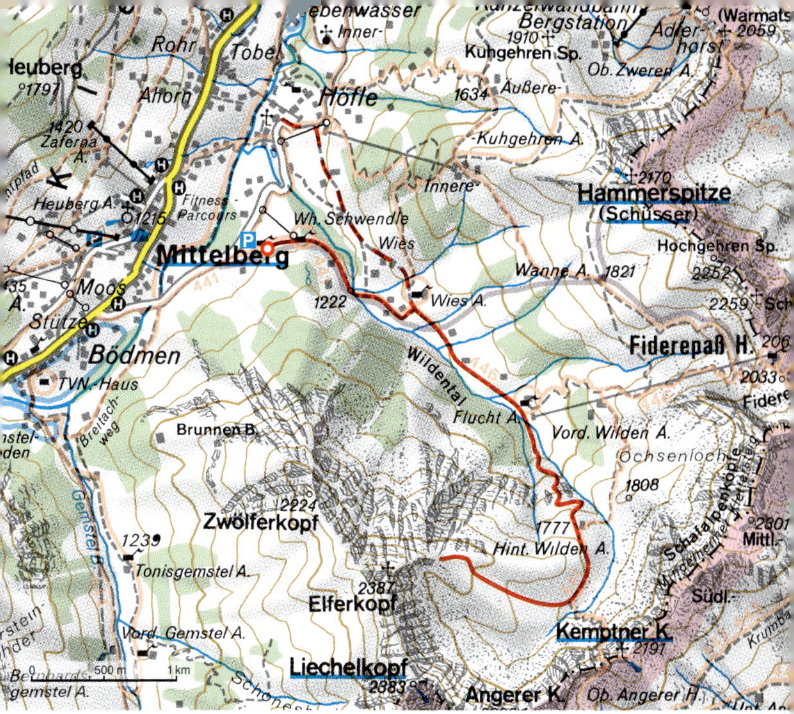

Vom **Gasthaus Schwendle**, 1150 m, führt ein breiter Weg durch Jungwald ins Wildental. Man überquert dort die Brücke und kommt dann zur **Unteren Wiesalpe**. Am Bach entlang geht es flach talein bis unter die **Fluchtalpe**. (Dorthin auch von Höfle auf dem Alpweg. Etwas weiter, aber als Abfahrt günstiger.) Sich rechts haltend erreicht man bald den Bergfuß. Dort von rechts über den mit Buschwerk bestandenen Kegel gegen den Felsriegel empor, dann schräg rechts über die Steilstufe (bei hartem Schnee nicht ungefährlich) und immer noch recht steil entweder links über einen schwach gewölbten Hang oder rechts in der Mulde zur Geländekante bei der **Hinterwildenalpe**, 1777 m. Man quert die Hänge in das malerisch von Felswänden eingefasste Hochtal und steigt durch ideale Mulden bis in 2040 m Höhe an. Richtung Gipfel, der im Nordwesten steht, ziehen zwei Kare empor, die von einem auffallenden Sporn getrennt werden. Der Weiterweg führt im rechten Kar, der Südostmulde, steil nach Norden, dann allmählich mehr nach links auf den Grat und den **Elfer-Ostgipfel**, 2345 m, unser Ziel, das noch mächtig vom höchsten, felsigen Hauptgipfel überragt wird.
Abfahrt wie Aufstieg.

28 Mittlerer Schafalpenkopf, 2301 m

N W O S

1160 Hm

4.00 Std.

Eindrucksvolle Achthundert-Meter-Steilhänge und hoher Gipfelgrat

Das ist eine Tour für Bergsteiger und Spezialisten, die sich auch in recht steilem Gelände wohlfühlen und zudem mit dem 130 Meter hohen Gipfelaufbau zurechtkommen, was natürlich im Frühjahr, wenn die Felsen zum Teil schon aper sind, am einfachsten möglich ist. Diesen stolzen Berg betreten sonst nur im Sommer die sehr zahlreichen Liebhaber des Mindelheimer Klettersteigs.

Ausgangspunkt: Gasthaus Schwendle, 1150 m, von Mittelberg im Kleinwalsertal talein Richtung Baad, in Außerbödmen links hinab zur Breitach und jenseits auf schmaler Straße hinauf zum Gasthaus mit sehr eingeschränkter Parkmöglichkeit. Bushaltestelle »Schwendle« (Walserbus Linie 4) ca. 600 m westlich vom Ausgangspunkt.
Anforderungen: Hochalpine Tour mit recht steilen Passagen, hohe Schneelage wichtig. Anspruchsvoller Gipfelanstieg zu Fuß auf dem Mindelheimer Klettersteig, Schwierigkeit ganz von den Verhältnissen abhängig.
Hangrichtung: Nord- bis westseitig.
Lawinengefährdung: Stabiler Schnee unbedingt notwendig, ideal bei Firn.
Günstige Zeit: März bis Mai.
Einkehrmöglichkeit: Ghs. Schwendle und in Höfle.

Vom **Gasthaus Schwendle**, 1150 m, führt ein breiter Weg durch Jungwald ins Wildental. Man überquert dort die Brücke und kommt dann zur **Unteren Wiesalpe**. Am Bach entlang geht es flach talein zur **Fluchtalpe**. (Dorthin

Mittlerer Schafalpenkopf (links) und Südlicher Schafalpenkopf (rechts), dazwischen die Scharte, in der üblicherweise das Skidepot eingerichtet wird.

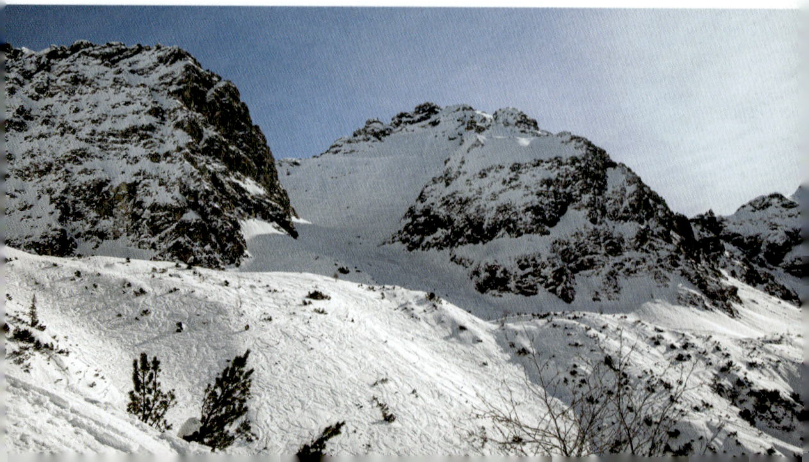

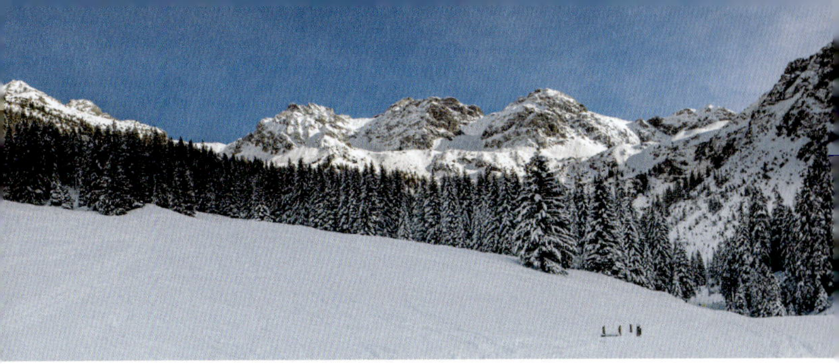

Vom Wildental aus haben wir einen prächtigen Blick auf alle drei Schafalpenköpfe. Links von den drei Gipfeln der Fiderepass mit gleichnamiger Hütte.

auch von Höfle auf dem Alpweg. Etwas weiter, aber als Abfahrt günstiger.) Kurz bleibt man noch auf den Böden, dann steigt man sehr steil aus deren linkem, hinterem (südöstlichem, Winkel durch eine hoffentlich gut verschneite Steilmulde 300 Hm hinauf, verlässt diese nach rechts auf den ebenen Boden beim **Ochsenloch** und quert diesen noch weiter nach rechts. Durch ein Felstor gelangt man in das obere Kar, das immer steiler emporzieht in die tiefe **Scharte**, 2170 m, zwischen Mittlerem und Südlichem Schafalpenkopf; spätestens hier Skidepot. Nach links auf dem Mindelheimer Klettersteig mit Hilfe von Stiften über eine Stufe, dann rechts der Kante im Gehgelände zum Gipfel des **Mittleren Schafalpenkopfs**, 2301 m. **Abfahrt** entlang der Aufstiegsroute.

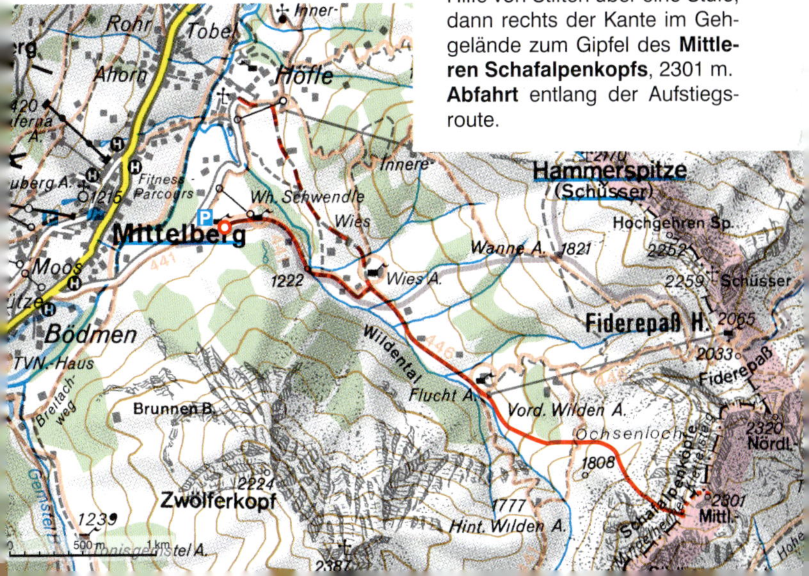

29 Fiderepasshütte oder Saubuckelkopf, 2214 m

1120 Hm
3.15 Std.

Rassige Skitour zwischen wilden Felsgipfeln

Diese Tour inmitten einer eindrucksvollen Felslandschaft eignet sich nur für Spezialisten mit alpiner Erfahrung, die das meist unverspurte Gelände und die Lawinengefahr beurteilen können. Die Route über die Lücke an der Kanzelwand bringt eine zusätzliche, besonders schöne Abfahrt, während die ebenfalls mögliche Strecke durch den Warmatsgund teilweise an eine Langlauftour erinnern würde. Der Abstecher von der Fiderepasshütte auf den Saubuckelkopf gehört zur Kategorie »alpine Abenteuer«.

Ausgangspunkt: Talstation der Fellhornbahn, 915 m, am Kreisverkehr noch vor Oberstdorf rechts in Ri. »Kleinwalsertal«. Bergauf und dann links ab in Ri. »Fellhornbahn«. Kurz bergab, dann am Kreisverkehr rechts Ri. »Fellhornbahn«. Von diesem Kreisverkehr 8,2 km ins Stillachtal und zum großen Parkplatz an der Talstation. Bushaltestelle »Fellhornbahn, Brücke« (Linie 7) direkt am Ausgangspunkt.

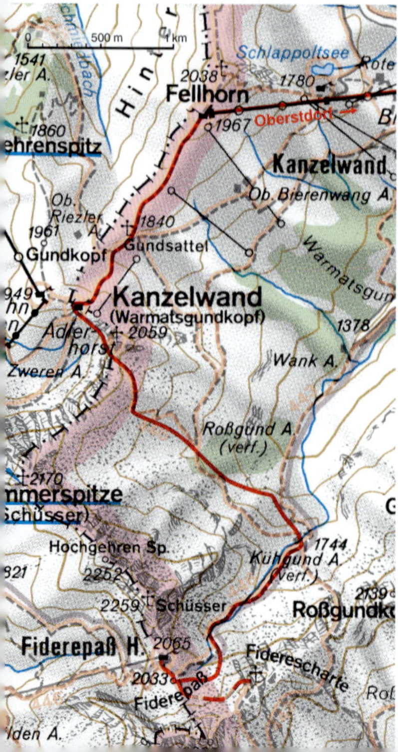

Aufstiegszeiten: 15 Min. auf die Kanzelwand, dann 1.30 Std. zur Hütte oder zum Saubuckelkopf 2 Std., Gegenanstieg zur Kanzelwand gut 1 Std.; gesamt 2.45 Std. bzw. 3.15 Std.
Höhenunterschiede: Bis zur Fiderepasshütte 970 Hm im Aufstieg, auf den Saubuckelkopf 150 Hm mehr. Abfahrten insgesamt gut 2200 Hm.
Anforderungen: Anspruchsvolle Hochtour mit mehreren sehr steilen Stellen, bergsteigerische Erfahrung nötig.
Hangrichtung: Südost- bis nordseitig.
Lawinengefährdung: Ganz sichere Verhältnisse unbedingt notwendig.
Günstige Zeit: März und April.
Einkehrmöglichkeit: Gasthäuser im Pistenbereich.

Fahrt mit der Fellhornbahn zur **Bergstation**, 1960 m. Abfahrt über den Rücken in den Gundsattel und mit dem Bierenwanglift zum Kamm rechts der auffallend felsigen Kanzelwand. In wenigen Minuten an den Gipfelaufbau. Nun entweder auf

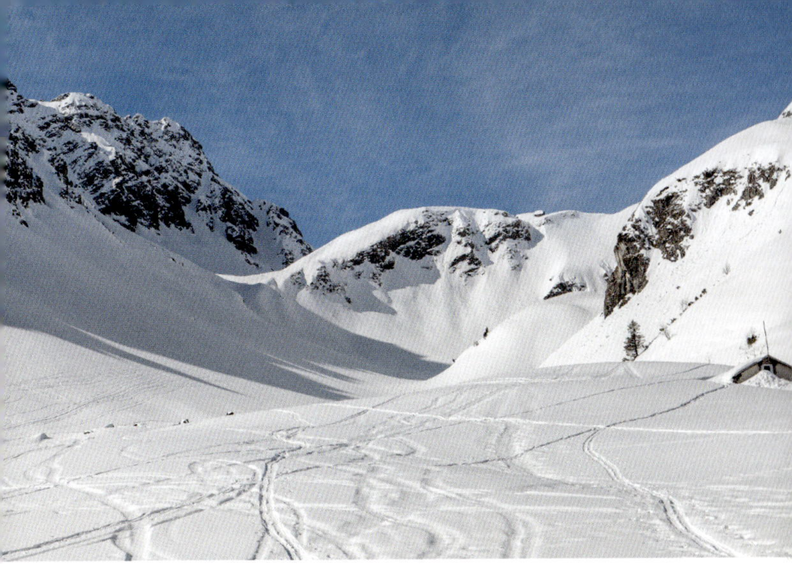

Blick von der Kühgundalpe Richtung Südwesten empor zum Fiderepass. Das Dach der Hütte ist etwas rechts von der Bildmitte zu erkennen. Der Aufstieg erfolgt links im schattigen Bereich.

dem Sommerweg knapp unter den Felsen schräg rechts durch den sehr steilen Hang in die erste Gratlücke. Oder etwas tiefer auf einer Rampe nach rechts und gerade in die Lücke (evtl. Ski tragen). Der ostseitigen Wechte (Vorsicht!) weicht man nach oben aus. Abstecher von wenigen Minuten zum Kreuz auf der **Kanzelwand**, 2059 m. Dann von der Lücke etwas nach rechts und erst reichlich steil, dann in herrlichem Gelände auf den Boden der ehemaligen **Rossgundalpe** hinab und sich nun stark rechts haltend in die vom Warmatsgund heraufkommende Mulde (tiefste Stelle 1600 m). Durch die Mulde rasch zur **Kühgundalpe**, 1744 m, und durch das von Wänden eingefasste Hochtal in den **Fiderepass**, 2033 m, wobei man die Steilstufe links überlistet. Die im Winter geschlossene **Fiderepasshütte**, 2065 m, liegt knapp oberhalb.
Zum **Saubuckelkopf**, 2214 m: Vom Fiderepass äußerst steil über die Halde gegen die Felsen empor, nach links in eine Steilmulde und auf deren linker Seite in die Fiderescharte, 2199 m, im schmalen Kamm. Zu Fuß nach links über den evtl. heiklen Grat an einem gespaltenen Türmchen vorbei auf den unbedeutenden Gipfel (Aufstieg 30 Min., sehr anspruchsvoll, reine Nordseite).
Rückkehr auf derselben Route. Nach der Kanzelwand dann auf den Pisten zur Talstation der Seilbahn.

30 Großer Daumen, 2280 m

300 Hm
2.00 Std.

Mächtiger Berg, tolle Skidurchquerung und große Abfahrt

Der Hauptgipfel zwischen Iller- und Ostrachtal bildet eine kilometerbreite Mauer mit Wänden im Norden und einer südlich vorgelagerten Terrasse, dem Koblat. Die Nebelhornbahn ermöglicht einen raschen, wenig mühsamen Zugang, aber keine lohnende Abfahrt. Deshalb schwingen die meisten über die herrlichen, fast waldfreien Mulden und Hänge zum Giebelhaus hinab, müssen dann allerdings den umständlichen Rückweg nach Oberstdorf in Kauf nehmen.

Ausgangspunkt: Oberstdorf, Parkplätze an der Talstation der Nebelhornbahn. Bushaltestelle »Nebelhornbahn, Trettachstüble« (Linie 9) direkt am Ausgangspunkt. Fahrt mit der Seilbahn zum Gipfel des Nebelhorns, 2224 m (das-hoechste.de).
Höhenunterschied: Aufstieg etwa 300 Hm, Abfahrten gesamt 1440 Hm.
Anforderungen: Skitour ohne schwierige Stellen, teilweise jedoch steil, Orientierung bei Nebel und ohne Spuren problematisch.
Hangrichtung: Süd- und südostseitig.
Lawinengefährdung: Sichere Verhältnisse nötig.
Günstige Zeit: Februar bis April.
Stützpunkt und Einkehr: Edmund-Probst-Haus, 1930 m, neben der Station der Nebelhornbahn gelegen, 94 Schlafplätze, Tel. +49 8322 4795, edmund-probst-haus.de. Giebelhaus, 1063 m, Einkehr, keine Übernachtung, Tel. +49 8324 8146, giebelhaus.de.
Tipp: Fahrplan für den Bus vom Giebelhaus nach Hinterstein auf giebelhaus.de. Eventuell Auto am Morgen am Bahnhof in Sonthofen parken und mit Bahn nach Oberstdorf.

Von der **Bergstation** auf dem **Nebelhorn**, 2224 m, fährt man über den ersten steilen Hang auf der Piste ab, hält sich dann jedoch stark links und erreicht über einen Rücken hinweg die Flächen des **Koblat**. In diesem stark welligen Gelände mit etwas Auf und Ab, dann sanft steigend zum **Laufbichelsee,** 2018 m. In der gleichen Richtung, also nach Nordosten, geht es empor auf einen Absatz im Gelände, den Hohen Bichel, und in die Südostmulde dahinter. Den folgenden, im oberen Teil steilen Gipfelhang des **Großen Daumen**, 2280 m, packt man von rechts an.

Abfahrt: Über den Gipfelhang schwingt man wieder hinab und fährt immer in der gleichen Richtung über wellige Böden und Hänge bis 1900 m Höhe ab. Eine kurze Steilstufe bildet die Einfahrt in die Mulde unter der Laufbichelkirche. In ihr geht es 100 Hm geradeaus tie-

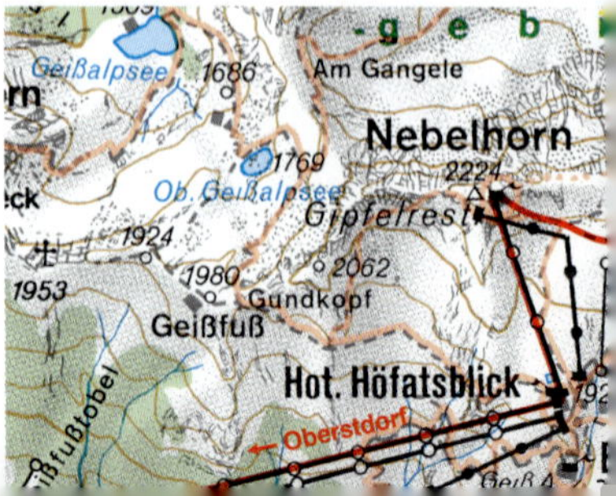

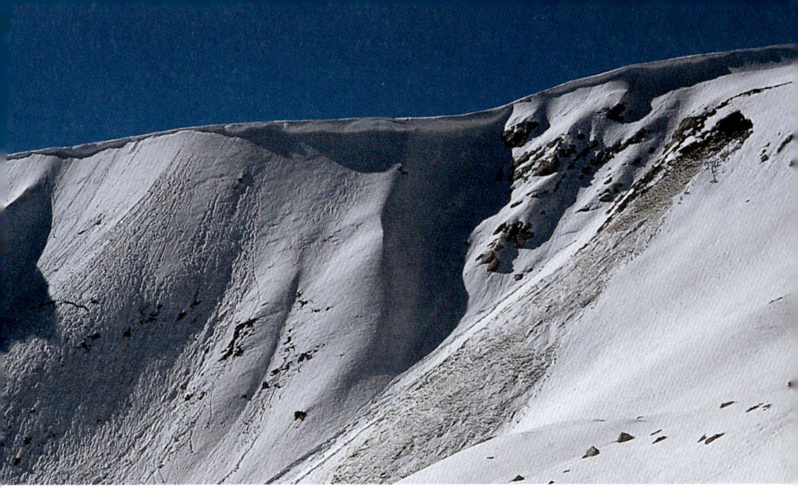

Unter dem Gipfel des Großen Daumen.

fer, dann halb links zur **Engeratsgundalpe** (in der Karte Gundles Hütte). Bis ins **Obertal** bei der Engeratsgundalpe bleibt man dann immer rechts des Baches, schließlich fährt man auf dem Sträßchen zum **Giebelhaus**, 1063 m, hinab. Mit Bus und Bahn über Hinterstein und Sonthofen zurück nach Oberstdorf.

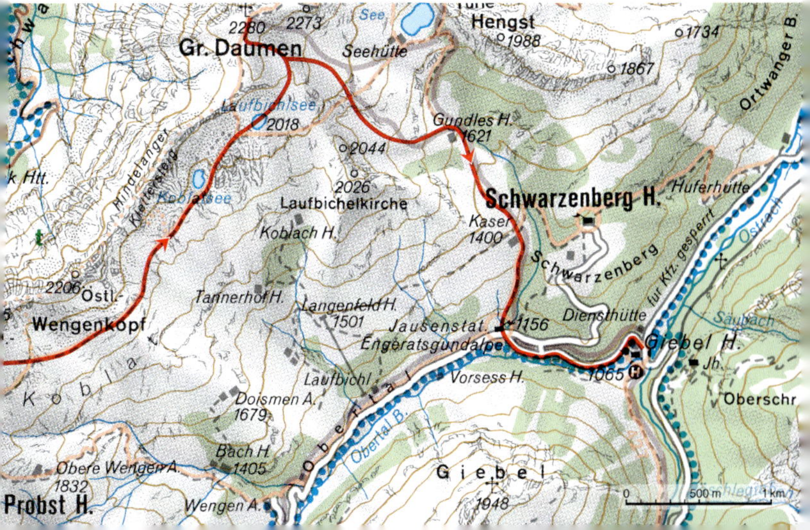

TOP **31**

Kleiner Daumen, 2197 m

N W O S

1140 Hm
3.45 Std.

Alternative zum großen Bruder mit Idealabfahrt

Der kleine Nachbar des Großen Daumen ragt im nordöstlichen Teil des kilometerlangen Gipfelkammes auf. Der Berg springt gegen das Ostrachtal bei Hinterstein vor und präsentiert sich von Nordosten als ganz markante Felszinne. Recht unauffällig hingegen wirkt seine verkarstete Südseite, die bei gutem Firn eine herrliche, im Gipfelbereich jedoch sehr steile Abfahrt bietet. Da der erste Bus zum Giebelhaus viel zu spät fährt, ist eine Übernachtung in der Schwarzenberghütte fast unumgänglich.

Ausgangspunkt: Giebelhaus, 1065 m, vom Südende Hintersteins (großer Parkplatz, teuer), mit dem Bus (im Spätwinter auch mit dem MTB) durchs Ostrachtal zum Giebelhaus, Auskunft über den Busfahrplan (Linie 50): Tel. +49 8324 93230 oder giebelhaus.de. Bushaltestelle »Hinterstein« (Linie 49 von Bad Hindelang).
Anforderungen: Fast durchgehend freies, teilweise sehr steiles Gelände, doch ohne spezielle Schwierigkeiten.
Hangrichtung: Weitgehend südseitig.
Lawinengefährdung: Sichere Verhältnisse notwendig.
Günstige Zeit: Januar bis April.
Stützpunkt: Schwarzenberghütte, 1380 m, DAV, 59 Schlafplätze, 25. Dez. bis Ende Okt. bew., Tel. +49 160 3864848.

Gleich hinter dem **Giebelhaus**, 1065 m, geht es auf dem Fahrweg nach Südwesten und Westen im Wald über die erste Talstufe empor. Nach 15 Min. zweigt man nach rechts ab und wandert auf einem etwas kleineren Weg zwischen

Kleiner Daumen von Süden mit der Route.

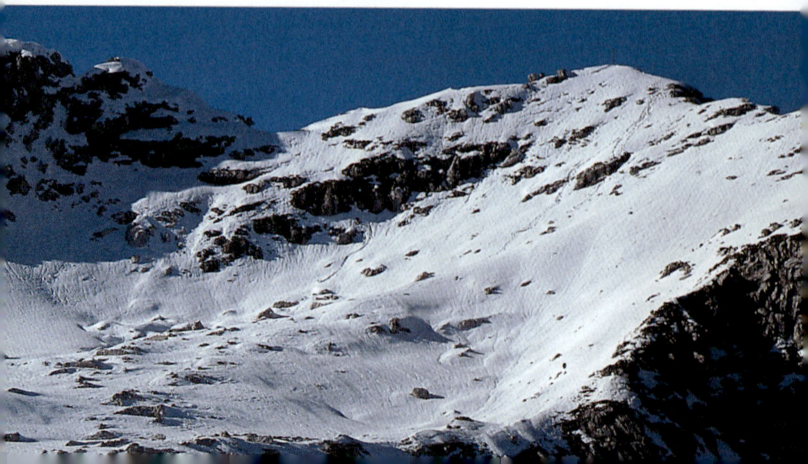

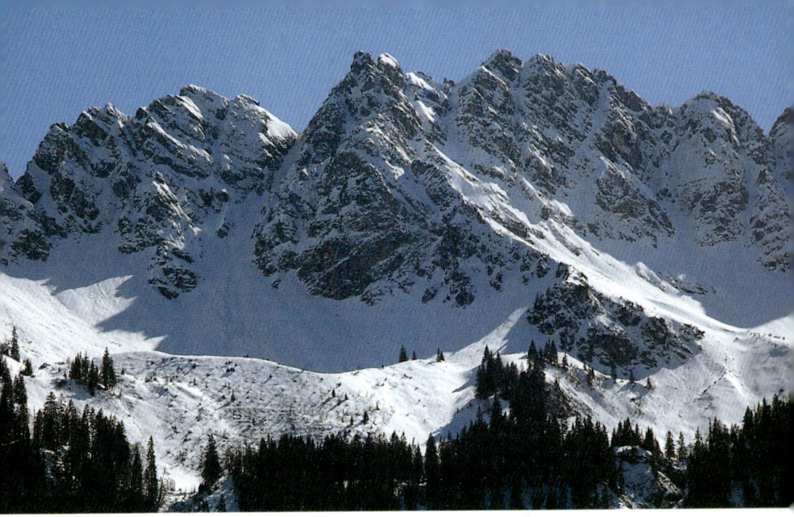

Nordabstürze des Kleinen Daumen.

Bäumen, später über freiere Flächen zur **Schwarzenberghütte**, 1380 m, hinauf. Mit etwas Höhenverlust quert man die Hänge und überschreitet den scharf eingeschnittenen Gündlesbach zu den Matten der **Kaseralpe**, 1400 m. Durch die Mulde etwas links des Bachs und rechts um einen Aufschwung herum steigt man zur **Engeratsgundalpe** (in der Karte Gundles Hütte) an. Der Weiterweg führt nach Norden zum Beginn der Steilstufe und dann schräg rechts empor in einen kleinen Einschnitt, hinter dem sich der **Engeratsgundsee**, 1876 m, versteckt. Von dessen Nordwestufer geht es wiederum steil bergauf zu einem kleinen Boden, den man nach rechts verlässt. Zunehmend steil steigt man dann ziemlich direkt zum **Kleinen Daumen**, 2197 m, hinauf, das oberste Stück evtl. zu Fuß.

Bei der **Abfahrt** bleibt man ab der Käseralpe rechts das Baches und fährt über schönes Gelände hinab zur Engeratsgundalpe und auf der Straße zum Giebelhaus.

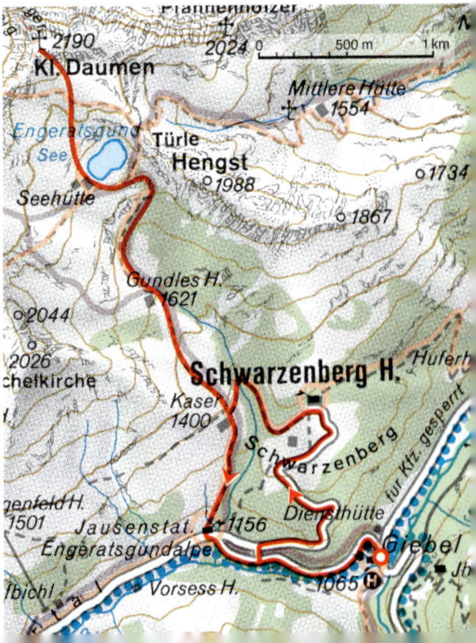

32 Schochen, 2100 m

N W O S

1050 Hm
4.00 Std.

Im traumhaft weißen Obertal

Das sind Allgäuer Grasberge wie aus dem Bilderbuch! Nach kräftigen Schneefällen ist die gesamte Region in ein makelloses Weiß gebettet. Der Zauber ist jedoch etwas tückisch, denn viele Hänge sind extrem steil, zudem zerteilen tief eingeschnittene Bachläufe das scheinbar so makellose Gelände. Trotzdem gehört die Route zum Schochen zum Schönsten dieser Art. Leider fährt der erste Bus von Hinterstein zum Giebelhaus für diese lange Skitour viel zu spät! Für einen rechtzeitigen Start bietet sich eine Übernachtung auf der Schwarzenberghütte (etwa 300 Hm oberhalb des Giebelhauses) an. Im Frühling kann man sehr gut mit dem Mountainbike auf der schmalen Asphaltstraße von Hinterstein zum Giebelhaus fahren, um unabhängig vom Bus zu sein und die Tour als Tagestour zu unternehmen.

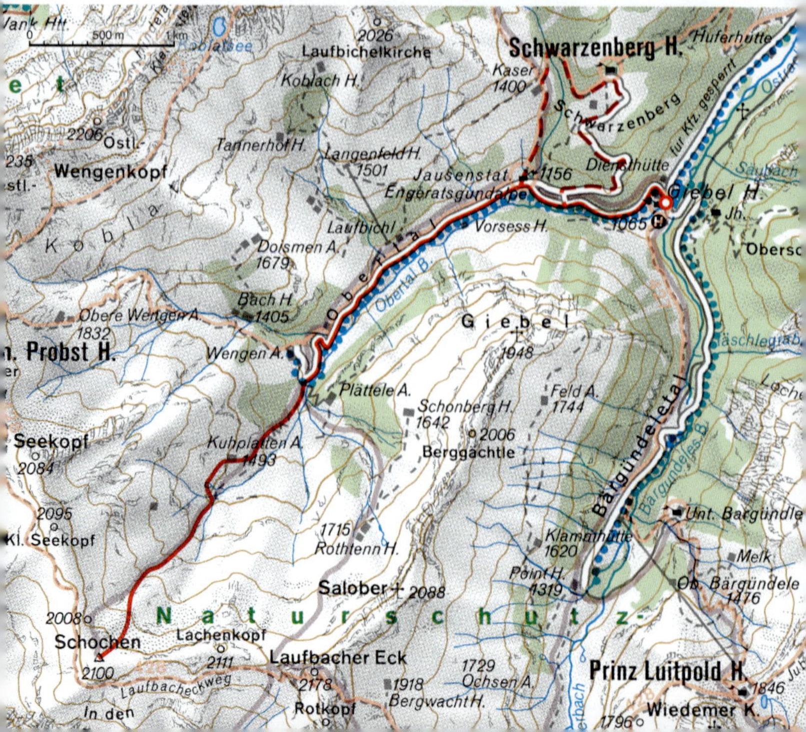

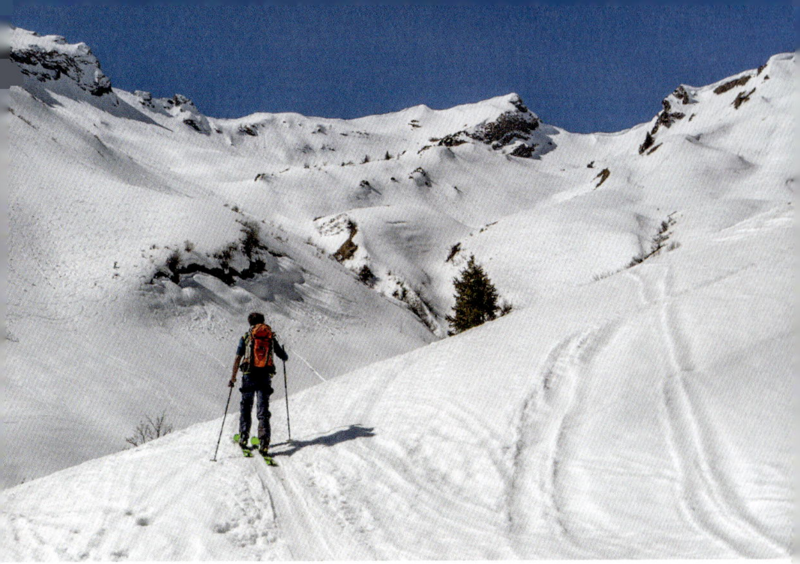

Etwas rechts von der Bildmitte der Gipfel des Schochen. Der Aufstieg erfolgt rechts vom Einschnitt des Obertalbachs, links davon Abfahrtsvarianten.

Ausgangspunkt: Giebelhaus, 1065 m, vom Südende Hintersteins (großer Parkplatz, teuer), mit dem Bus (im Spätwinter auch mit dem MTB) durchs Ostrachtal zum Giebelhaus, Auskunft über den Bus (Linie 50): Tel. +49 8324 93230 oder giebelhaus.de. Bushaltestelle »Hinterstein« (Linie 49 von Bad Hindelang).
Höhenunterschied: Aufstieg vom Giebelhaus zum Schochen 1050 Hm, vom Giebelhaus zur Schwarzenberghütte 320 Hm.
Anforderungen: Freie Weideflächen, teilweise jedoch steiles Gelände, keine anspruchsvollen Stellen.
Hangrichtung: Ost- und nordseitig.
Lawinengefährdung: Sichere Verhältnisse wichtig.
Günstige Zeit: Januar bis April.
Stützpunkt und Einkehr: Giebelhaus, 1063 m, Einkehr, keine Übernachtung, Tel. +49 8324 8146, giebelhaus.de. Übernachtungsmöglichkeit für frühen Tourenstart am nächsten Tag: Schwarzenberghütte, 1380 m, DAV, 59 Schlafplätze, bew. 25. Dez. bis Ende Okt., Tel. +49 160 3864848.

Vom **Giebelhaus**, 1065 m, nimmt man den Fahrweg nach Südwesten und Westen. Auf diesem Fahrweg oberhalb des Bachlaufs überwindet man im Wald die erste Stufe und erreicht nach etwa gut 15 Min. den Abzweig, 1139 m, zur Schwarzenberghütte (siehe Variante – Übernachtung auf der Schwarzenberghütte). Für den Weiterweg direkt zum Schochen hält man sich hier links und folgt weiter dem Fahrweg und erreicht schon bald die **Engeratsgundalpe**, 1156 m. Man lässt die Alpe rechts liegen und das Tal öffnet sich. Relativ flach wandert man Richtung Südwesten in das Obertal hinein. Nach der

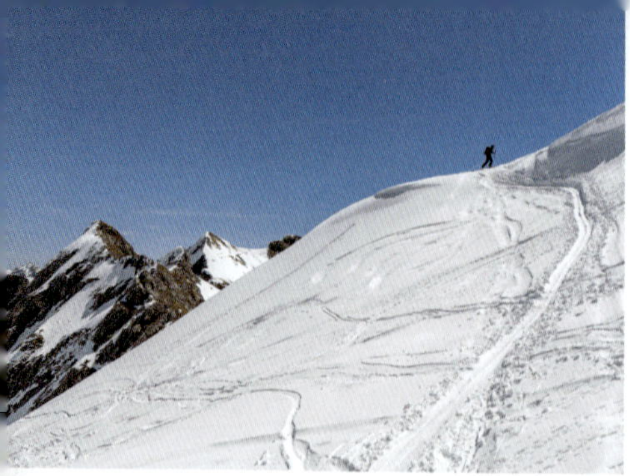

Sobald der Rücken erreicht ist, haben wir einen perfekten Blick Richtung Süden, und es sind nur noch wenige Minuten bis zum Gipfel.

Wengenbachbrücke, etwa 1210 m, geht es deutlich steiler aufwärts. In einer Höhe von 1280 m zieht der Alpweg scharf nach rechts weiter zur Wengenalpe. In dieser Rechtskehre verlässt man den Alpweg und hält sich geradeaus Richtung Südwesten. Links unterhalb befindet sich der Obertalbach und auf der gegenüberliegenden Talseite die Plättelealpe. Man folgt dem Bachlauf und das Gelände wird erneut steiler. Auf einer Art Rampe und einem kurzen Aufstieg nach rechts oben erreicht man die freien Flächen der **Kuhplattenalpe**, 1493 m. Der Weiterweg führt über eine erneute Stufe zu den Flächen des Breitengern und in das obere Kar. Hier im oberen Kar hält man sich links und quert unterhalb der Felsen Richtung Südosten und kommt so unter die sehr steile Nordostflanke des Schochens. Über diese steigt man auf, hält sich oben in der Regel eher links und erreicht den aussichtsreichen Rücken. Über diesen sind es nur noch wenige Minuten bis zum Gipfel des **Schochen**, 2100 m.
Abfahrt: Wie Aufstieg. Im oberen Bereich bis zurück zum breiten Alpweg gibt es zahlreiche lohnende Abfahrtsvarianten, auch östlich vom Obertalbach.

Variante – Übernachtung auf der Schwarzenberghütte
Für einen rechtzeitigen Aufbruch zum Schochen bietet sich am Vortag ein Aufstieg zur Schwarzenberghütte (320 Hm) und eine Übernachtung auf der Hütte an.
Dazu startet man ebenfalls am Giebelhaus und hält sich dann am beschriebenen Abzweig nach rechts. Im Wald geht es auf einem etwas kleineren Weg bergauf und später erreicht man über freie Flächen die **Schwarzenberghütte**, 1380 m. Am nächsten Morgen quert man mit etwas Höhenverlust die Hänge nach Südwesten und dann nach Nordwesten und überschreitet anschließend den scharf eingeschnittenen Gündlesbach. Nach dem Bacheinschnitt steigt man noch ein paar Meter auf zur **Kaseralpe**, 1400 m. Man geht an der Alpe vorbei und fährt dann über die schönen Hänge hinab zur **Engeratsgundalpe**, 1156 m, direkt am breiten Alpweg durch das Obertal. Von hier wie oben beschrieben zum Schochen.

Perfekter Firn am Gipfelhang des Schochen.

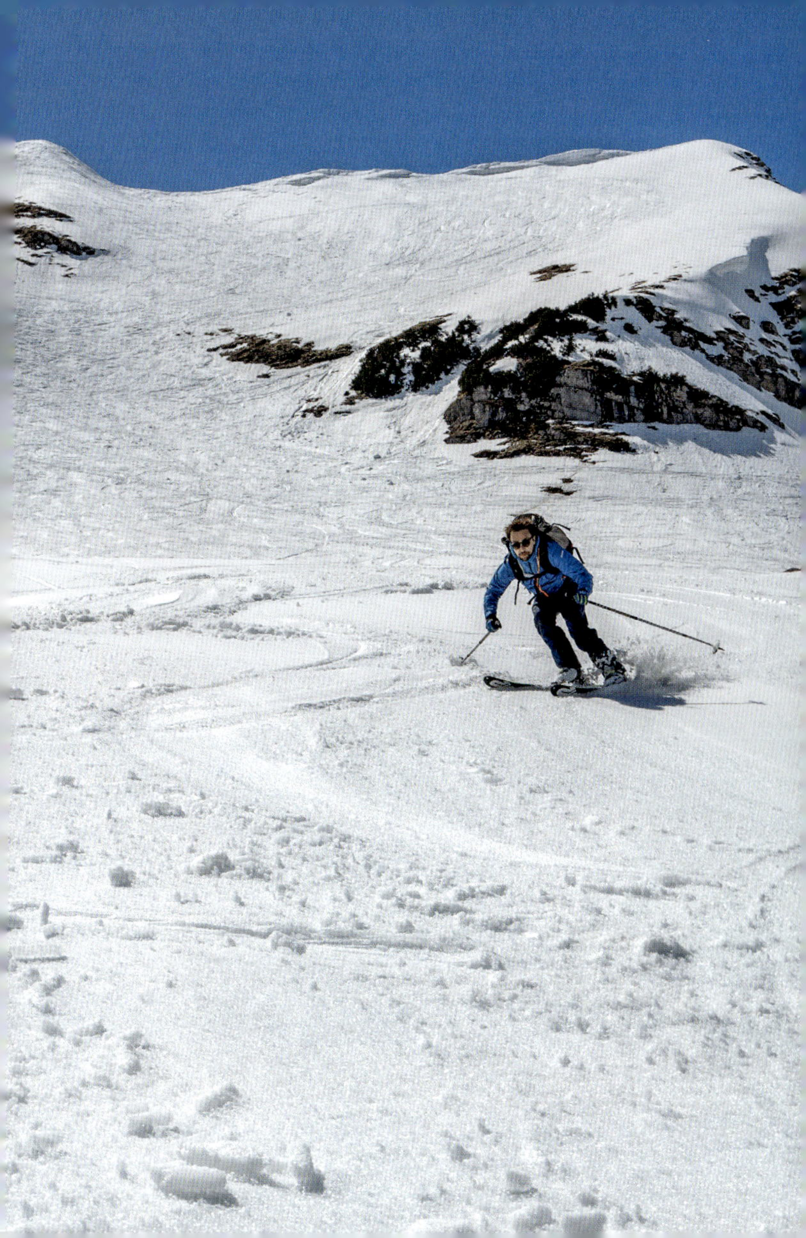

33 Großer Wilder, 2379 m

N W O S

1320 Hm
4.30 Std.

Mit Mountainbike und Tourenski

Diesem gewaltigen Allgäuer Felsberg kommt man nur bei, wenn man entweder in der Schwarzenberghütte (siehe Tour 31 und 32) übernachtet und am Morgen zum Giebelhaus abfährt, oder wenn man mit dem Mountainbike im Spätfrühling von Hinterstein dorthin strampelt. Diese grandiose Tour mit ihren Steilstellen, aber auch sehr schönen Mulden und Hängen verlangt einen wirklich erfahrenen Bergsteiger und beste Verhältnisse. Der Gipfel bricht nach Westen mit bis zu 450 Meter hohen Wänden ab, während es im Osten wellige Karstflächen gibt.

Ausgangspunkt: Giebelhaus, 1065 m, vom Südende Hintersteins (großer Parkplatz, teuer), mit dem Bus (im Spätwinter auch mit dem MTB) durchs Ostrachtal zum Giebelhaus, Auskunft über den Bus (Linie 50): Tel. +49 8324 93230 oder giebelhaus.de. Bushaltestelle »Hinterstein« (Linie 49 von Bad Hindelang).

Anforderungen: Hochalpine, sehr lange, anstrengende Frühjahrstour für sicheren Firn.

Hangrichtung: Geschütztes Nordkar und nordoffenes Tal.

Lawinengefährdung: Sichere Verhältnisse sind Voraussetzung.

Günstige Zeit: April und Mai.

Stützpunkt und Einkehr: Giebelhaus, 1065 m, Einkehr, keine Übernachtung, Tel. +49 8324 8146, giebelhaus.de. Eventuell für Übernachtung: Schwarzenberghütte, 1380 m, DAV, 59 Schlafplätze, bew. 25. Dez. bis Ende Okt., Tel. +49 160 3864848.

Blick von Nordwesten (Schochen) zum gewaltigen Gipfel des Großen Wilden. Über den Rücken erfolgt der Anstieg zum Gipfel.

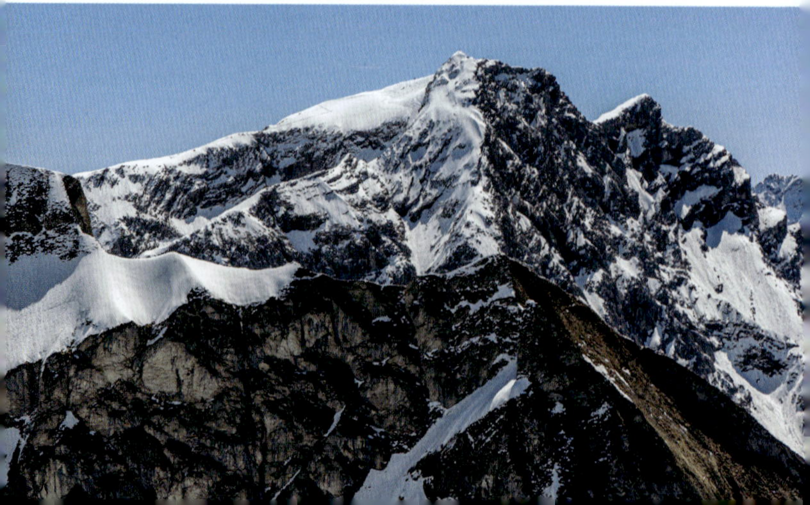

Hinter dem **Giebelhaus**, 1065 m, überquert man zwei Brücken, dann wandert man immer auf der Forststraße ins Bärgündele hinauf und folgt dem Fahrweg talein zur **Pointhütte**, 1319 m. Rechts des Stierbachs führt der Weg weiter nach Süden, ab 1400 m Höhe benützt man die Fläche zwischen den beiden Bächen, bleibt dabei immer rechts, und biegt dann allmählich nach Südwesten ab. Von dem kleinen, 1830 m hohen Boden steigt man dann etwas nach links über die bald sehr steile Halde gegen die Felsen bergauf, bis man nach rechts – etwas heikel – in die Gamswanne queren kann. Durch das ideale Hochkar geht es steil, am Schluss sehr steil empor, bevor man ganz oben – wieder heikel – nach links auf die Gratkante hinausquert. Über den Rücken erreicht man dann den Hauptgipfel des **Großen Wilden**, 2379 m. Eindrucksvoller Blick auf den Hochvogel!

Abfahrt wie Aufstieg.

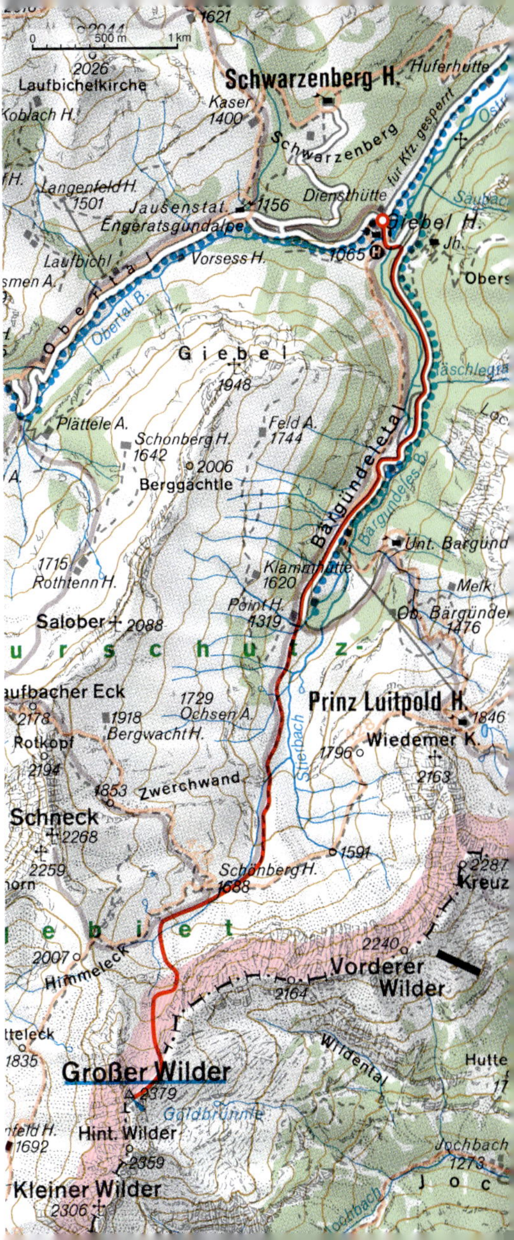

34 Bschießer, 2000 m

530 Hm

1.30 Std.

Runder Berg mit steilen Mulden

Den etwas derben Namen »Bschießer« führt der auffallend abgerundete Berg zwischen Schattwald und Hinterstein mit der besonderen Höhe von genau 2000 Metern. Er zählt zu den klassischen Skizielen, doch sollte man die Tour nicht unterschätzen. In den steilen Nordostmulden lagert der Westwind oft viel Schnee ab und schafft so eine besonders hohe Lawinengefahr.

Ausgangspunkt: Schattwald, 1080 m, Parkplatz direkt an der Talstation der Wannenjochbahn, 1100 m, im Südwesten des Ortes. Bushaltestelle »Schattwald Dorfplatz« etwa 300 m nordöstlich vom Ausgangspunkt.
Aufstiegszeit: Bergstation – Bschießer 1.30 Std. (vom Tal zur Bergstation 1.30 Std.).
Höhenunterschiede: Bergstation – Bschießer 530 Hm im Aufstieg, Abfahrten 1000 Hm (mit Wannenjoch 1200 Hm).
Anforderungen: Nur die Einfahrten in die Nordostmulden sind recht steil, sonst einfach, am Gipfel oft abgeblasen.
Hangrichtung: Nord- und nordostseitig, am Wannenjoch süd- und südostseitig.
Lawinengefährdung: Für die nordostseitigen Steilmulden sind sichere Verhältnisse unbedingt notwendig.
Günstige Zeit: Ende Dezember bis April.
Variante: Wannenjoch, von der Bergstation sich rechts haltend zum Kamm und nach links auf das Wannenjoch, 1907 m, auch Kühgundkopf genannt, 1 Std.). Schöne, aber steile Abfahrt zum Sattel der ehemaligen Oberen Stuibenalpe und weiter wie bei der Haupttour.

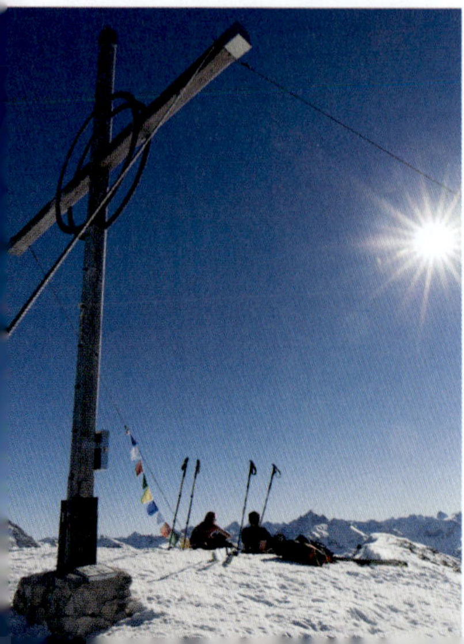

Mit der Wannenjochbahn zur **Bergstation**, 1560 m. Von dort steigt man über die steilen Hänge schräg nach Südwesten bis zum scheinbaren Grat in 1700 m Höhe auf (tiefer ist eine Querung wegen der Felsen nicht möglich). Eine kurze, einfache Abfahrt bringt einen in den breiten **Sattel** der ehemaligen **Oberen Stuibenalpe**, 1613 m. Auch gegenüber geht es problemlos über die anfangs sanften, breiten Hänge empor. Erst weit oben folgt ein kurzer Grat, bis man schließlich über das steile, steinige, oft abgeblasene Dach den Gipfel des **Bschießers**, 2000 m, erreicht.

Sonne pur am Gipfel des Bschießers.

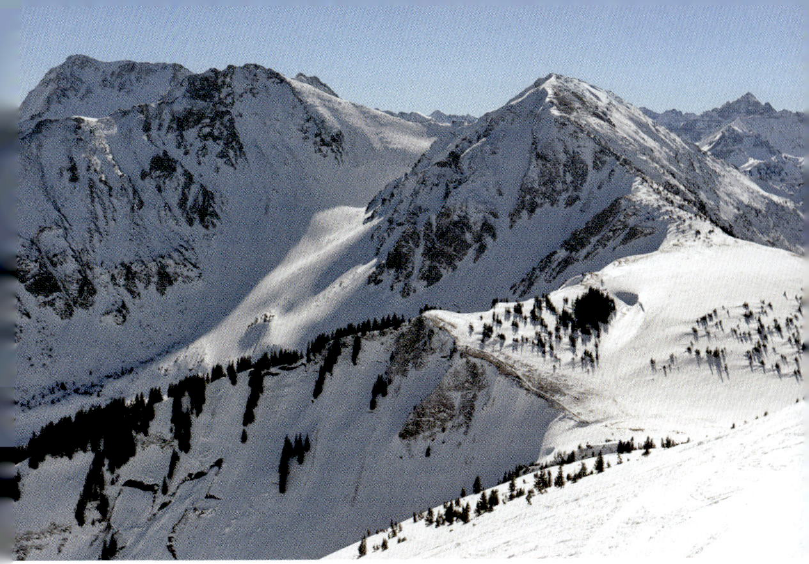

Blick vom Wannenjoch: Geißhorn (links), Ponten und Bschießer (rechts). Im Hintergrund der markante Hochvogel und rechts unten der Sattel der ehemaligen Oberen Stuibenalpe.

Abfahrten: Am einfachsten über den bekannten Weg hinab zur Oberen Stuibenalpe, dann Richtung Osten auf der linken Seite über die folgende Steilstufe in die Nordostmulde, in schöner Fahrt zur **Unteren Stuibenalpe** und auf der Skipiste zurück ins Tal. Oder in 1750 m Höhe, wo (von oben gesehen) der Grat breit und das Gelände weiträumig wird, um die Kante nach rechts in den herrlichen, aber sehr steilen Nordosthang und hinab zur Stuibensennalpe (oft auch Mittlere Stuibenalpe genannt). Man kann auch schon 80 m höher in einen noch steileren, schmalen Hang einfahren.

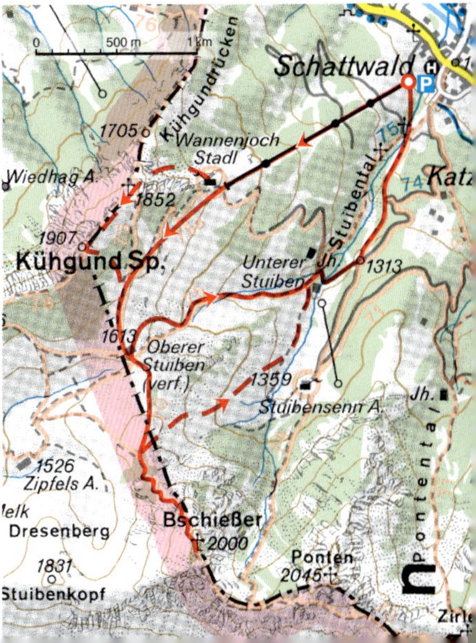

TOP 35 Ponten, 2045 m

950 Hm
3.00 Std.

Beliebte Genuss-Skitour durch ein schattiges, nordseitiges Kar

In der kleinen Bergkette, die über dem Westteil des Tannheimer Tals aufragt, bildet der Ponten den höchsten und dank seines mit Felszacken geschmückten Nordgrates auch den markantesten Berg. Die Route durchs Stuibental und weiter über den Südwestgrat ist zu jeder winterlichen Zeit bis in den Mai hinein ausgesprochen beliebt und bietet meist lohnende Schneeverhältnisse. Weil es häufig sehr frequentiert wird, herrschen im Pontenkar oft pistenähnliche Bedingungen, trotzdem darf die Lawinengefahr nicht unterschätzt werden.

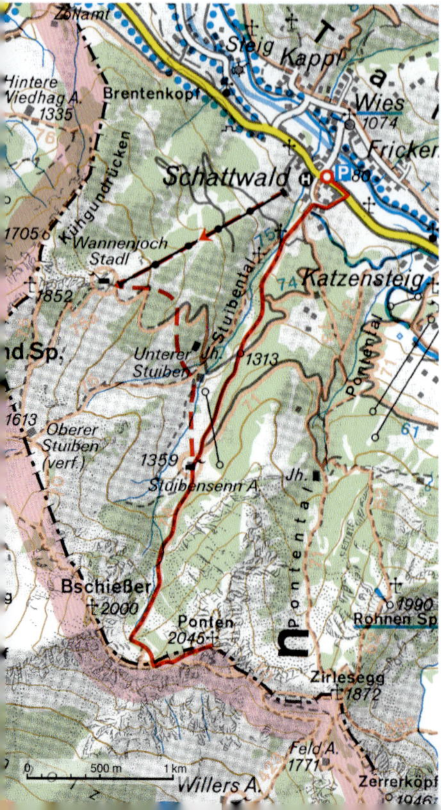

Ausgangspunkt: Schattwald, 1080 m, großer gebührenpflichtiger Parkplatz direkt hinter dem Gemeindeamt (Tourismusverband Schattwald) an der Hauptstraße durch den Ort. Bushaltestelle »Schattwald Dorfplatz« beim Ausgangspunkt. Parken direkt an der Talstation der Wannenjochbahn ist für Tourengeher nicht mehr gestattet!

Aufstiegszeit: Schattwald – Stuibensennalpe 1 Std., Stuibensennalpe – Ponten 2 Std.

Anforderungen: Schöne Tour ohne schwierige Stellen, lediglich eine steilere Stufe.

Hangrichtung: West-, meist jedoch nordseitig.

Lawinengefährdung: An der Steilstufe (Schneebrettgefahr) sind sichere Verhältnisse nötig.

Günstige Zeit: Mitte Dezember bis Mitte Mai.

Variante: Mit der Wannenjochbahn (tannheimer-bergbahnen.at) zur Bergstation und von hier auf der Skipiste hinab zum Boden des Stuibentals und weiter zur Stuibensennalpe. Mit der Bahnbenutzung verkürzt sich die Aufstiegszeit von 3 auf 2 Std. Bei Bahnbenutzung wird am Parkplatz direkt an der Talstation der Wannenjochbahn, 1100 m, im Südwesten des Ortes geparkt.

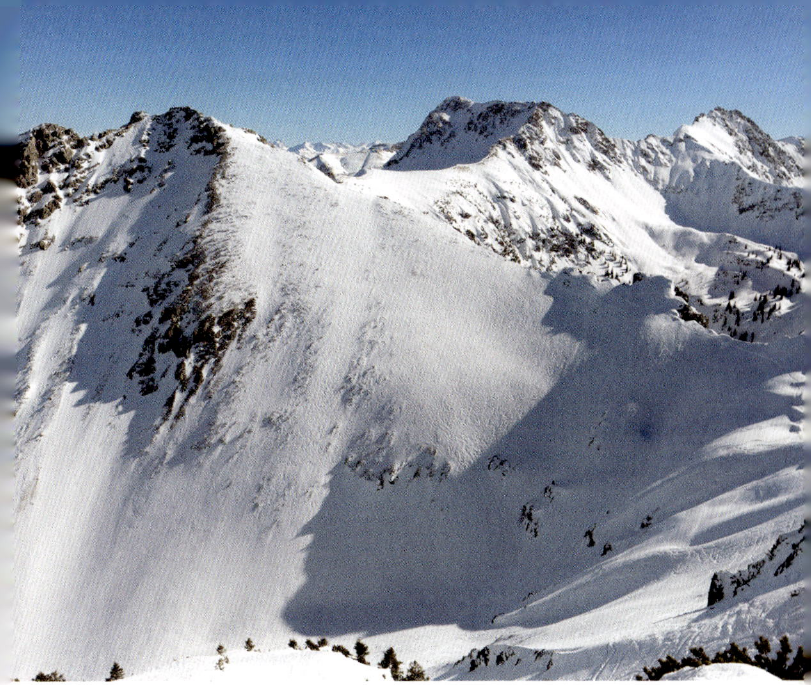

Blick vom Bschießer auf den mächtigen Gipfelhang und den vom Wind oft abgeblasenen Südwestgrat. Rechts die schattige Nordflanke am Geißhorn (Tour 36).

Vom Parkplatz hinter dem Gemeindeamt in **Schattwald**, 1080 m, zu Fuß zur Hauptstraße. Man folgt der Hauptstraße nach links (Südosten) für etwa 90 m und überquert diese. Dann entlang einer schmalen Straße und Häusergruppe Richtung Südwesten und schließlich leicht rechtshaltend auf die Piste. Am Rand der Piste bergauf.

Bei einer Gabelung der Piste sich rechts halten und so zur **Stuibensennalpe**, 1403 m, oft auch Mittlere Stuibenalpe genannt). Links an der Alpe vorbei und weiter in Richtung Süden zum Talende, wo der Hang deutlich steiler wird. Im großen, nordseitigen Kar (Güntle genannt) von rechts nach links zum letzten Hang und über diesen empor zum Verbindungsgrat zwischen Bschießer und Ponten. Nach links über den Südwestgrat (oft vom Wind abgeblasen) weiter in Richtung Gipfel bis zum Skidepot. Die letzten Meter unschwierig zu Fuß zum Gipfel des **Ponten**, 2045 m.

Abfahrt erfolgt auf der Aufstiegsroute. Ab der Stuibensennalpe auf der Skipiste zurück zum Ausgangspunkt.

36 Geißhorn, 2249 m

1150 Hm
3.30 Std.

Hauptgipfel über dem Vilsalpsee

Der zweithöchste Gipfel der gesamten Vilsalpseeberge präsentiert sich, von Norden und Süden betrachtet, als breite, trapezförmige Schrofenmauer, während er sich von Osten als markante, fein zugespitzte Felspyramide zeigt. Der höchste Punkt schiebt sich gegen den Vilsalpsee vor. Von ihm zieht ein 500 Meter langer, kaum eingesenkter Kamm zum Geißeck (2212 m). Der Berg bildet im Sommer und Winter, trotz des reichlich steilen Nordhangs, ein beliebtes Ziel mit hindernislosem Fernblick.

Ausgangspunkt: Tannheim, 1097 m, Parkplatz westlich des Ortes an der Straße Unterhöfen, die zum Ortsteil Kienzen führt, von der Umgehungsstraße die Ausfahrt »Kienzen« nehmen. Bushaltestelle »Tannheim Neu Kienzen« (Linie 120) etwa 150 m nordwestlich vom Ausgangspunkt.
Anforderungen: Einfache Route über Lichtungen und freie Alpflächen bis an den Gipfelfuß, dann im oberen Teil äußerst steiler Hang (meist wenigstens teilweise zu Fuß) und längerer Gipfelgrat, dieser ohne schwierige Stellen.
Hangrichtung: Weitgehend nordseitig.
Lawinengefährdung: Gipfelhang nur bei absolut sicheren Verhältnissen betreten.
Günstige Zeit: Februar bis Anfang Mai.
Variante: Hat man Bedenken, die große Gipfelflanke zu begehen, biegt man in 1800 m Höhe nach links ab und besteigt den Schnurschrofen, 1900 m.

Am Gipfelgrat des Geißhorns. Im Hintergrund rechts das Zugspitzmassiv.

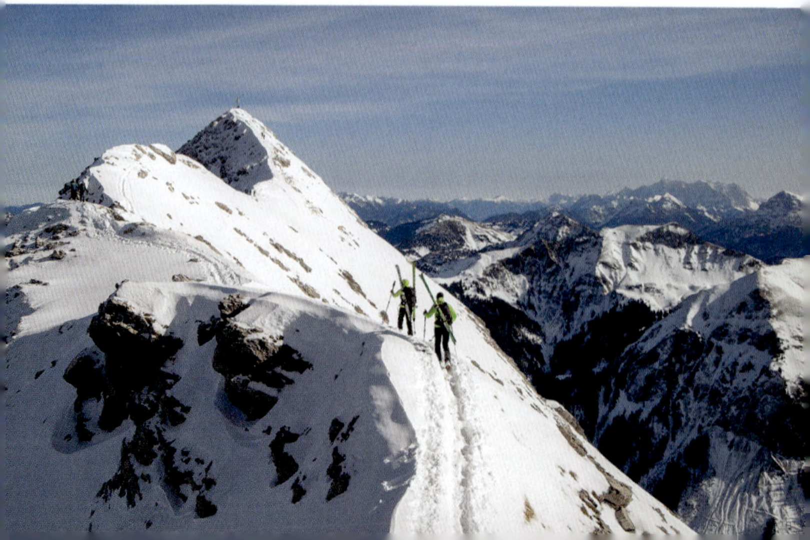

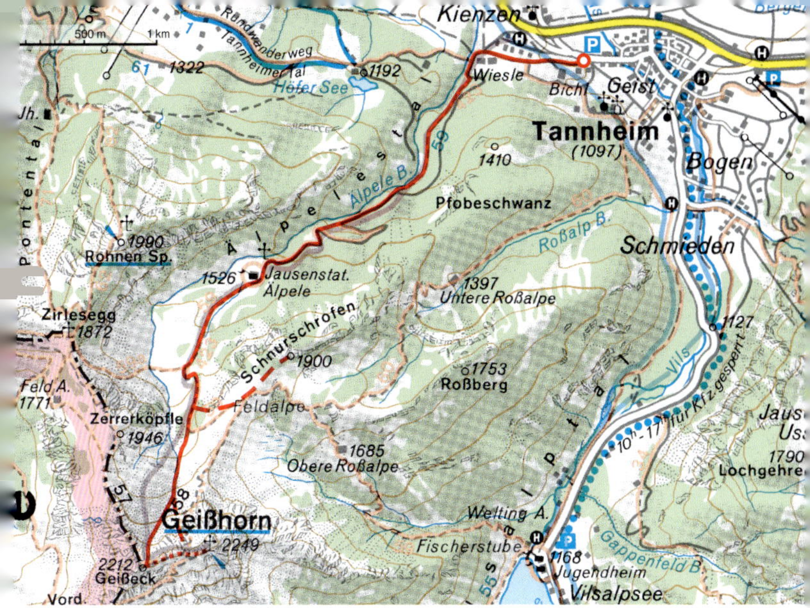

Vom Parkplatz West in **Tannheim**, 1097 m, nützt man anfangs die Loipe nach Westen und wandert vorbei an den Häusern von **Wiesle** sanft aufwärts, bis man auf eine Forst- und Almstraße trifft. Auf ihr steigt man ins Älpeletal hinauf und weiter zum **Älpele**, 1526 m, in einem weiten, freien Tal. Man kann mehrmals sehr lohnend die Kehren der Straße über freie Flächen abschneiden. Nach der Alpe biegt man allmählich nach Süden ein und erreicht durch eine Art Durchschlupf neben dem Zerrerköpfle den inneren Talkessel und steigt durch das Nordkar gegen die breite Flanke von Geißhorn und -eck empor. Immer steiler geht es über den rechten Teil des glatten Hanges aufwärts, schließlich stapft man zu Fuß durch eine Rinne zum Grat hinauf und folgt diesem nach links ohne Probleme zum Gipfel des **Geißhorns**, 2249 m.

Abfahrt wie Aufstieg. Bei sehr guten Verhältnissen kann auch zwischen dem Gipfel und dem Geißeck direkt über die Nordflanke abgefahren werden.

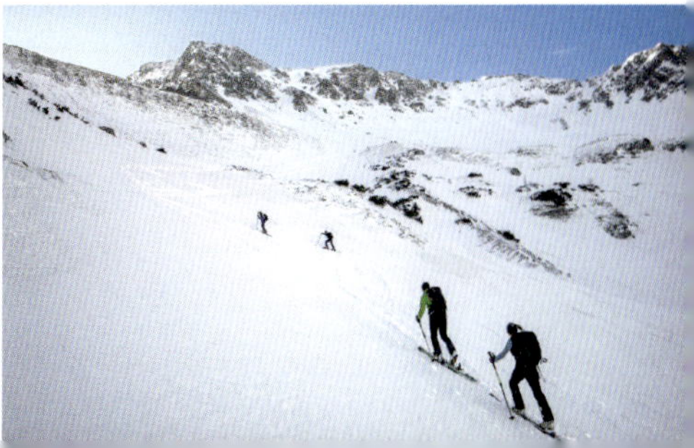

Etwas links der Bildmitte der Gipfel des Geißhorns mit der Nordflanke.

37 Rauhhorn, 2240 m

1060 Hm
4.00 Std.

Markanter Felsberg über dem Vilsalpsee

Rauhhorn heißt der interessanteste und anspruchsvollste Berg im Gipfelkranz um den Vilsalpsee. Könner schätzen die steile, aber fast hindernislose Abfahrt durch die Vordere Schafwanne, die sich am besten für Firn und eine hohe Schneelage eignet. Echte Bergsteiger werden auch den Gipfel selbst ansteuern, wobei sie je nach Verhältnissen die Ski noch mehr oder weniger weit benützen. Die steilen Gipfelfelsen erfordern, wenn sie nicht aper sind, alpine Erfahrung.

Ausgangspunkt: Vilsalpsee, 1165 m, von Tannheim gut 3 km zum Parkplatz direkt am Nordufer des Sees, bis 10 Uhr Zufahrt mit eigenem PKW von Tannheim möglich, später ausschließlich per Bus (Linie 121) zur Bushaltestelle »Vilsalpsee«.
Anforderungen: Anspruchsvolle Hochtour für die Firnschneezeit, früher Aufbruch wegen der Ostlage wichtig. Die oft verschneiten Gipfelfelsen evtl. schwierig und heikel.
Hangrichtung: Nordgrat, dann durchgehend Osthänge.
Lawinengefährdung: Sichere Verhältnisse unbedingte Voraussetzung.
Günstige Zeit: März bis Mai.
Einkehrmöglichkeit: Ghs. am Vilsalpsee.
Variante: Erwartet man am Rauhhorn-Nordgrat schlechte Bedingungen, dann kann man vom Sattel über den wohl immer abgeblasenen, felsdurchsetzten Grat in 30 Min. das Geißeck, 2212 m, erreichen.

Rauhhorn (links hinten) und Geißhorn (Bildmitte) von Nordosten.

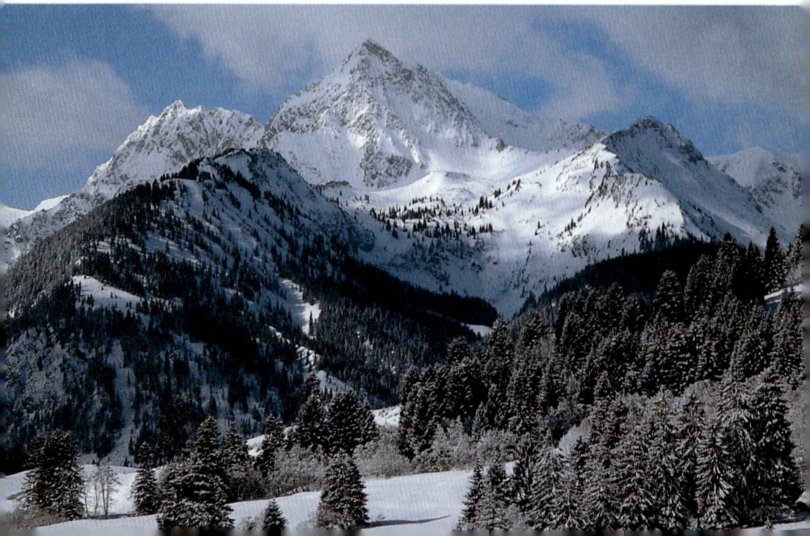

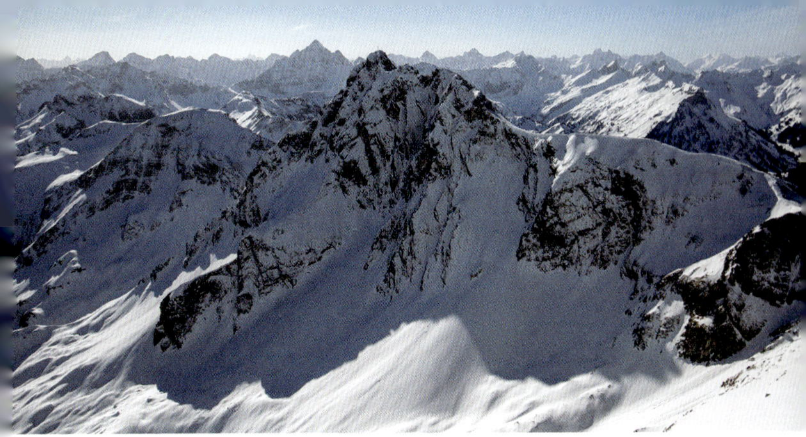

Blick vom Geißhorn auf das Rauhhorn mit dem anspruchsvollen Nordgrat. Links davon das Kugelhorn und im Hintergrund der Hochvogel.

Vom Parkplatz am **Vilsalpsee**, 1165 m, wandert man etwa 30 Min. am rechten Ufer entlang bis 200 m hinter die Wasserfläche. Von dort steigt man rechtshaltend zwischen zwei Bächen über eine erste Stufe mit ein paar Bäumen und Buschwerk empor und weiterhin ziemlich steil bis an den Fuß der Geißhorn-Südostflanke. Schöne Böden und Mulden ziehen von dort gegen Westen empor in die Vordere Schafwanne. Über eine steile Stufe erreicht man schließlich den **Sattel der Vorderen Schafwanne**, 2055 m.
Längs des meist verblasenen Grates kann man nach Süden weiter zum Beginn der Felsen ansteigen, denen man dann auf der rechten Seite über steile Hänge ausweicht. So gelangt man an den felsigen Gipfelaufbau. Spätestens hier Skidepot. Durch eine meist mit Schnee gefüllte Rinne kommt man auf ein Felsband und steigt schließlich mit Drahtseilhilfe ausgesetzt über eine letzte Stufe zum **Rauhhorn**, 2240 m, hinauf. – **Abfahrt** wie Aufstieg.

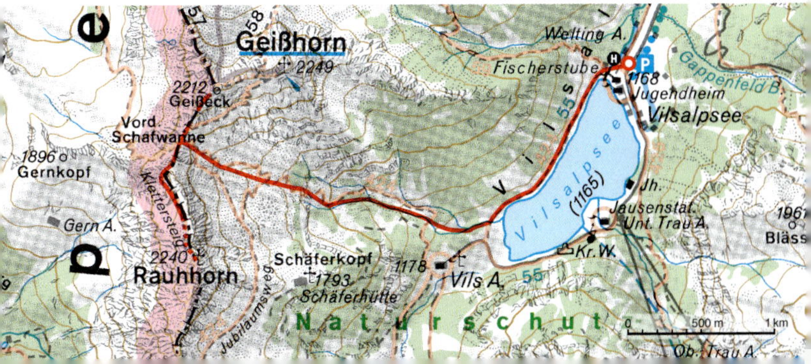

38 Geierköpfle, 2020 m

850 Hm
3.00 Std.

Steiler Berg über dem Vilsalpsee

Geierköpfle heißt der steile, von Felsfluhen durchzogene Kegel genau im Süden über dem Vilsalpsee. Der im Winter scheinbar völlig unzugängliche Gipfel lässt sich »von hinten« gut erreichen und bietet auch eine spannende (allerdings nicht makellose) Abfahrt, falls eine dicke Schneeschicht die Unebenheiten und das Buschwerk überlagert. Die häufig auf Karten und in Führern angegebene Höhe von 1872 Metern ist völlig falsch!

Ausgangspunkt: Vilsalpsee, 1165 m, von Tannheim gut 3 km zum Parkplatz direkt am Nordufer des Sees, bis 10 Uhr Zufahrt mit eigenem PKW von Tannheim möglich, später ausschließlich per Bus (Linie 121) zur Bushaltestelle »Vilsalpsee«.
Anforderungen: Mittel, teilweise steil, hohe Schneelage ganz wichtig.

Hangrichtung: Südseitiger Gipfelgrat, dann Ostmulde und Nordhänge.
Lawinengefährdung: Sichere Verhältnisse unbedingt nötig. Schneebrettgefahr an den Steilstufen, zudem große Lawinenstriche.
Günstige Zeit: Februar bis Anfang Mai.
Einkehrmöglichkeit: Ghs. am Vilsalpsee.

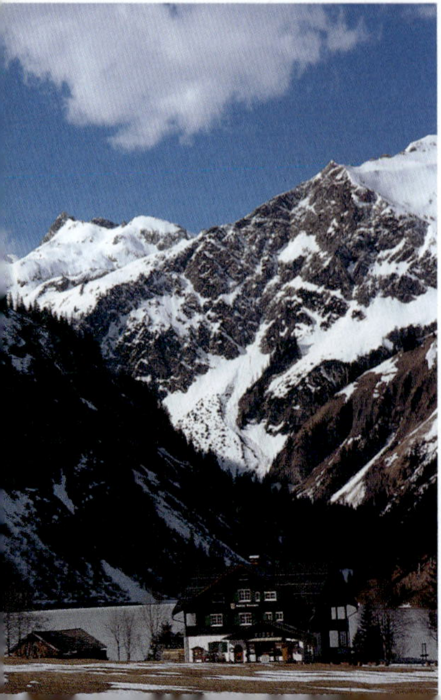

Vom Parkplatz am **Vilsalpsee**, 1165 m, wandert man 700 m weit am Ostufer des Sees entlang und steigt dann auf dem Sommerweg durch den lichten Wald schräg empor, überquert einen kleinen Bach und erreicht nochmals kurz durch Wald den unteren Boden des Traualptals. Nun geht es in dem zunehmend steileren Gelände (Lawinenstrich) immer gerade oder etwas nach links empor bis zum ersten Felsen in dem großen Hang. Beim Weiterweg nach halb rechts muss eine äußerst steile Stufe überwunden werden, bevor man den Boden mit dem **Traualpsee**, 1649 m, betritt. Über die zugefrorene und verschneite Wasserfläche wandert

Gasthaus am Vilsalpsee und Kälbelespitze.

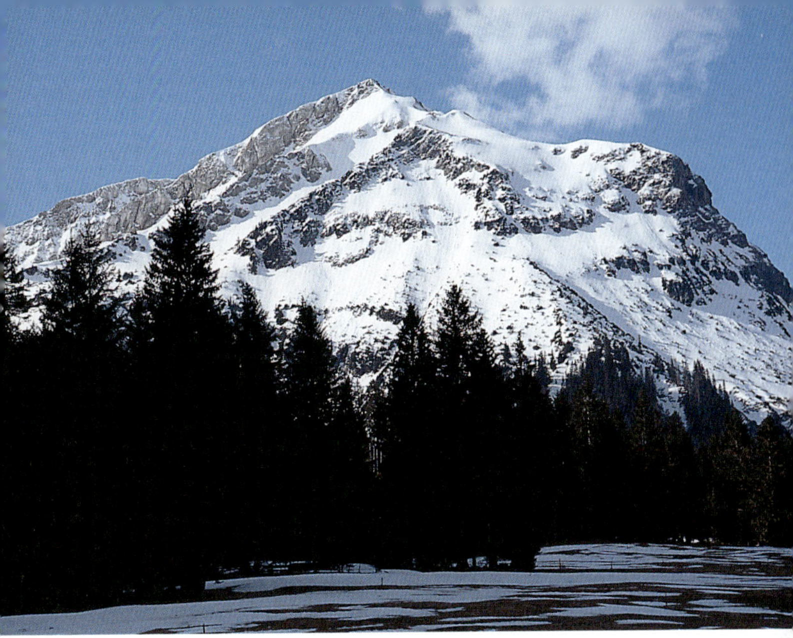

Beim Vilsalpsee mit dem Geierköpfle.

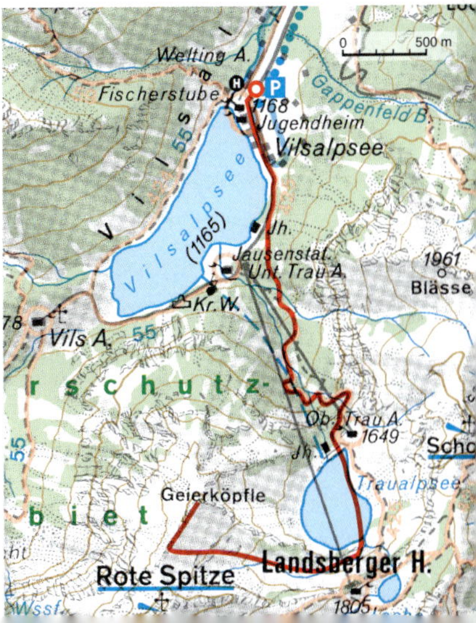

man nach Süden, ersteigt links der Felsfluh eine ganz kurze Stufe und erreicht so ein anfangs fast ebenes, schmales Hochtal. Genau darüber thront, durch eine schroffe Felsstufe von einem getrennt, die im Winter versperrte Landsberger Hütte. Durch das nach Westen führende Tälchen, das später von den bunt gefärbten Nordwänden der Roten Spitze flankiert wird, kommt man in die Ostmulde und steigt über eine steile Stufe in den tiefsten Sattel empor. Über das auffallende Dach spurt man schließlich zum **Geierköpfle**, 2020 m, hinauf.

Abfahrt wie Aufstieg.

39 Schartschrofen, 1968 m

N W O S

430 Hm

1.30 Std.

Rundtour in den Tannheimer Bergen

Der mächtige Schartschrofen und der unbedeutende Hallerschrofen, der im Kamm Richtung Läuferspitze aufragt, bieten mehrere kleine, aber feine Abfahrten, die man dank der Kabinenbahn zum Füssener Jöchl rasch und mühelos erreicht. Dazu kommt als besondere »Delikatesse« der Blick auf die ganz nahe, mauerglatte Nordwand des Gimpels (2176 m). Eine hohe Schneelage, lawinensichere Verhältnisse und nebelfreies Wetter sind die Voraussetzungen für diesen kleinen Ausflug.

Ausgangspunkt: Grän, Parkplatz an der Talstation der Füssener Jöchlbahn, 1190 m, etwas östlich oberhalb der Ortschaft. Bushaltestelle »Füssener Jöchle Bahn« (Linie 123). Infos zur Bahn: liftegraen.com.
Höhenunterschied: Im Aufstieg 430 Hm; Abfahrten 600 Hm im Gelände, 400 Hm auf der Piste.
Anforderungen: Meist freie Hänge (hohe Schneelage hilfreich), teilweise steil, doch keine größeren Probleme.
Hangrichtung: Alle Himmelsrichtungen.
Lawinengefährdung: Sichere Verhältnisse nötig.
Günstige Zeit: Januar bis Anfang Mai.

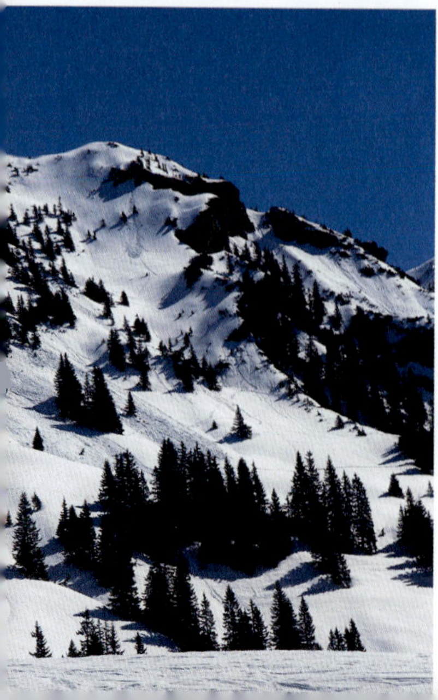

Man fährt mit der Kabinenbahn ins **Füssener Jöchl**, 1818 m, und steuert dann gegen Südosten mit nur wenig Höhenverlust das **Raintalerjoch**, 1846 m, an – großartiger Blick auf die Nordwände! Nun muss man sich unbedingt zuerst stark links halten, bis man anfangs sehr steil nach Süden abfahren kann und dann auf schönen Hängen den innersten Boden des Raintals in etwa 1650 m Höhe erreicht (etwas oberhalb der Otto-Mayr-Hütte; im Winter geschlossen!). Über eine Steilmulde steigt man dann ins **Hallergernjoch**, 1851 m, hinauf und kommt durch kleine, ideale Mulden auf den **Schartschrofen**, 1968 m, einen schmalen, in drei Richtungen steil abbrechenden Gipfel.

Die steile Nordwestabfahrt vom Hallerschrofen.

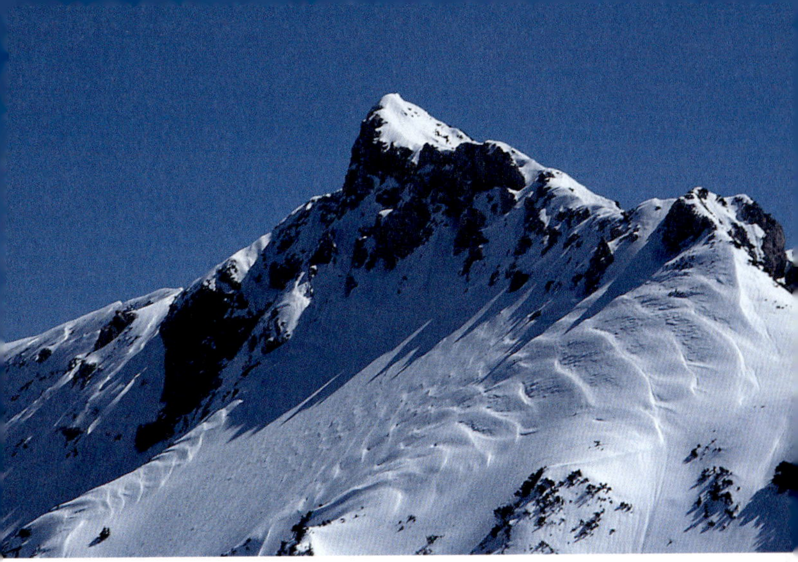

Hahnenkopf, 1942 m, über dem Raintalerjoch.

Nach der Rückkehr ins Hallergernjoch wird wohl mancher – einfach aus Spaß an der Freud – durch die Steilmulde mit oft idealem Pulverschnee nach Osten wieder auf den Raintal-Boden abfahren, um dann in 45 Min. das Joch erneut zu erreichen. Nun folgt der mühsamste Teil: Nach Norden auf und links neben dem Grat mit hoffentlich gut verschneiten Latschen 50 Hm empor auf die Südschulter, 1910 m, des **Hallerschrofens** oder auch auf den 1934 m hohen Gipfel zwischen dem Hallergernjoch und der Läuferspitze selbst. **Abfahrt** durch steile Mulden nach Westen, beim Beginn des flacheren Geländes immer deutlich nach rechts, um die **Piste** hinab nach Grän zu erreichen.

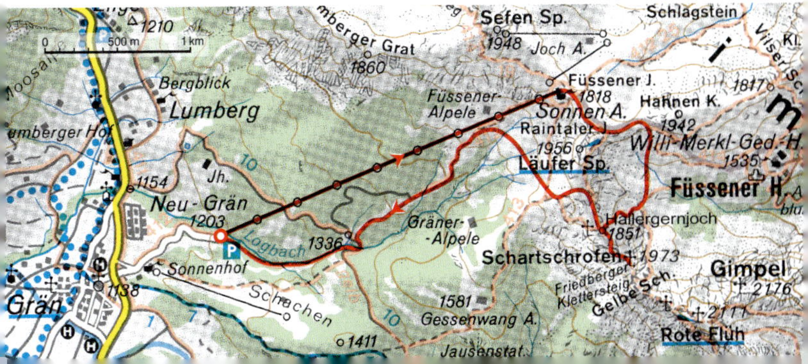

40 Große Schlicke, 2059 m

1180 Hm
4.30 Std.

Freier Blick auf die mächtigen Tannheimer Felsberge

Nur wenige Kilometer nördlich von Reutte wandern wir hinein in das landschaftlich eindrucksvolle Raintal. Dieses lang gestreckte Tal wird im Süden von den bis zu 800 Meter hohen, teilweise sehr wilden Felswänden und -flanken von Gehrenspitze, Kellespitze und Gimpel begrenzt. Vorbei an der im Winter geschlossenen Otto-Mayr-Hütte erreichen wir über fast durchgehend steile Südhänge das heutige Ziel, die Große Schlicke.

Ausgangspunkt: Gasthaus Bärenfalle, 880 m, von der Abzweigung an der Straße Musau–Pflach etwas südlich von Roßschläg zum Gasthaus und noch 500 m weiter zum Parkplatz. Bushaltestelle »Musau Roßschläg« etwa 300 m nordwestlich vom Gasthaus.
Anforderungen: Lang gestreckter Zugang durch das Raintal, dann fast reine Südhänge, dort teilweise steil.
Hangrichtung: Bis ins Raintal steile Südhänge, dann nach Osten geöffnetes Tal.
Lawinengefährdung: Für den Gipfel sind sehr sichere Verhältnisse nötig.
Günstige Zeit: Februar bis Anfang Mai; ideal bei Firn.
Tipp: Ein wenig bekanntes Ziel über dem Raintal ist die Schneid. Von der Musaueralm (kurze, störende Waldstufe) zum Gehrenjoch und auf den Gipfel, 2008 m (2 Std. Aufstieg ab der Alm, anspruchsvoll).

Vom **Parkplatz** beim Gasthaus Bärenfalle, 880 m, wandert man auf der Forststraße in dichtem Wald in einen Sattel hinauf, Achsel genannt, und wei-

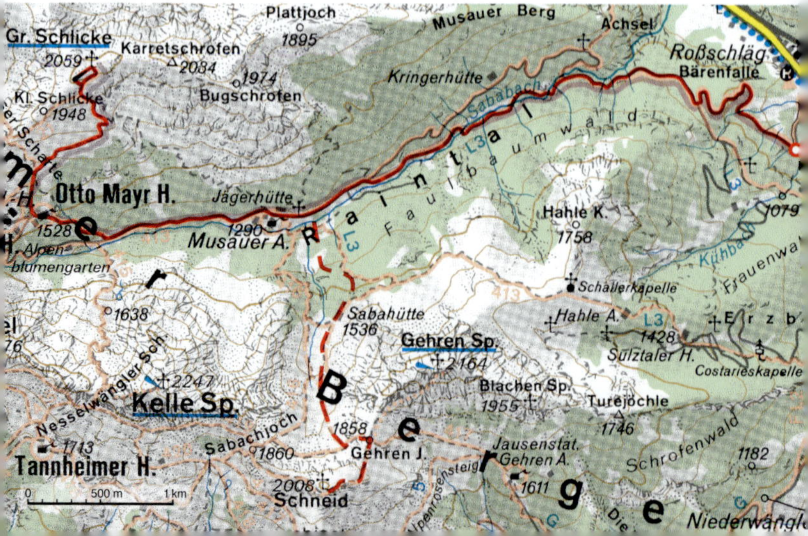

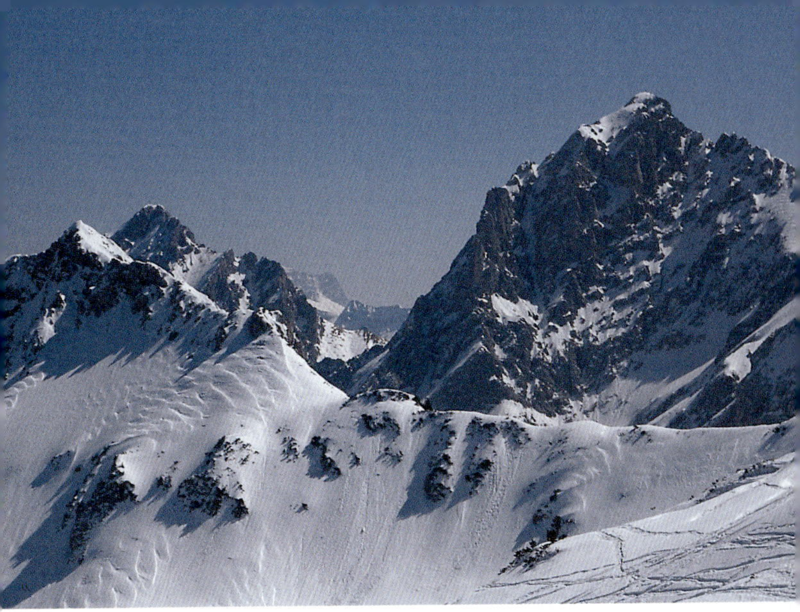

Hahnenkopf, dahinter die mächtige Kellespitze.

ter etwa eben ins Raintal hinein. Nach der Brücke kann man entweder weiterhin auf dem Sträßchen bleiben oder – schöner – man folgt dem Bach. Man kommt so auf den Boden der **Musaueralm**, 1290 m. Danach bleibt man noch 1 km im Bachtal, bevor es rechts durch Schneisen direkt zur **Otto-Mayr-Hütte** (im Winter geschlossen!) hinaufgeht. Von der Hütte steigt man kurz bergan und folgt dann Lichtungen und schütterem Wald schräg rechts aufwärts ins schließlich ganz freie Gelände. Jetzt geht es ziemlich gerade empor und entweder über die sehr steile Flanke direkt zum Gipfel oder nach links auf eine Gratschulter und dann zu Fuß zum Gipfel der **Großen Schlicke,** 2059 m. **Abfahrt** wie Aufstieg.

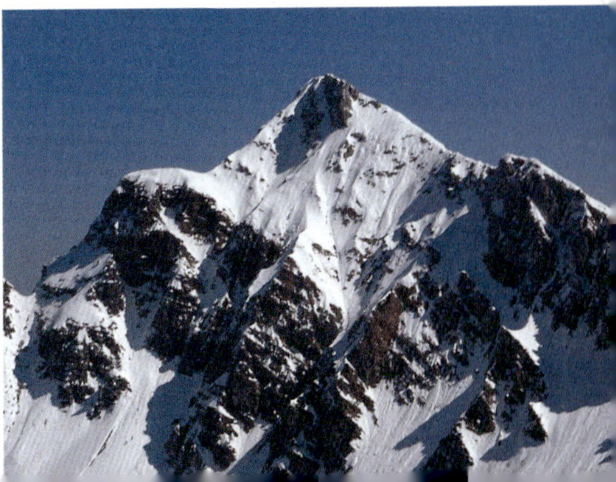

Große Schlicke von Westen.

TOP **41** ## Woleggleskarspitze, 2522 m

N W O S

1520 Hm

4.30 Std.

Hoher Gipfel in der Hornbachkette

Der höchste und eindrucksvollste Teil der Allgäuer Alpen ist die Hornbachkette, eine lange Folge wilder Felsgipfel, die im Süden alle von Hochkaren begleitet werden. Bedauerlicherweise fallen diese idealen Kare gegen das Lechtal mit sehr hohen, oft völlig unbegehbaren Steilstufen ab. Eine große Ausnahme bildet hier der Berg mit dem Namen, den niemand sich merken kann – Woleggleskarspitze (auch Woleckleskarspitze). Schneisen, die schmalen, aber ganz freien Böden des Haglertals, hohe Steilhänge und ein Idealkar, das allerdings auch immer steiler wird, lauten die Merkmale dieser hochalpinen Ausnahmetour.

Ausgangspunkt: Häselgehr, 1006 m, Start bei der Kirche oder am Sträßchen nördlich des Lechs. Bushaltestelle »Häselgehr Abzw. Gramais/Bad« bei der Lechbrücke beim Ausgangspunkt.
Anforderungen: Anspruchsvolle Skitour in meist sehr schönem Gelände mit einer Steilstufe, jedoch sehr steiler Gipfelaufbau, teils mit Skiern, teils zu Fuß, bei hartem Schnee Eisausrüstung hilfreich.
Hangrichtung: Südwest- und süd-, dann ostseitig.
Lawinengefährdung: Haglertal mit Lawinenstrichen, Gipfelhang nur bei zuverlässigem Schnee.
Günstige Zeit: Februar bis April oder Mai.

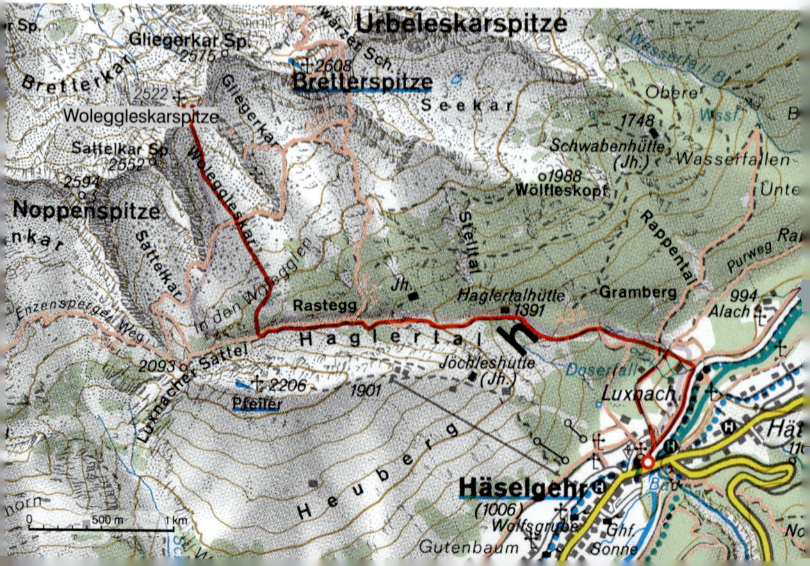

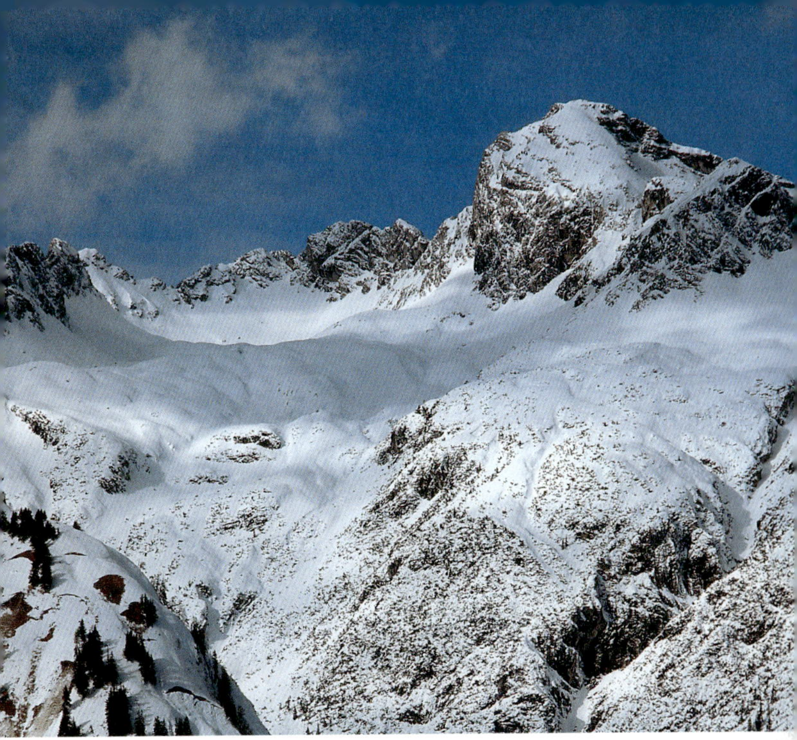

Haglertal, ganz links hinten die Woleggleskarspitze, rechts die mächtige Bretterspitze (2608 m).

Rechts der Kirche in **Häselgehr**, 1006 m, wandert man auf dem oberen Weg in weitem Bogen zu freien Wiesen. Hier geht es ganz kurz empor, dann folgt man den Lichtungen und Schneisen an der **Haglertalhütte**, 1391 m, vorbei bis in den schmalen, freien, von Lawinen aus den Steilflanken des Heubergs bestrichenen Boden des Haglertals. Bis 1800 m Höhe bleibt man in dem idealen Hochtal, biegt dann nach rechts ab und steigt über die teilweisen steilen Hänge bis ins Woleggleskar empor, das von Felsgraten eingerahmt ist. Über dem hintersten Karwinkel, also genau im Norden, ragt unser Gipfel auf, dessen Name in der Regel auf den Karten fehlt. Über schließlich sehr steiles Gelände erreicht man diesen Karwinkel und über eine noch steilere Flanke den obersten Südgrat. Zu Fuß durch eine Rinne im Felsaufbau auf die **Woleggleskarspitze**, 2522 m.
Abfahrt wie Aufstieg.

42 Grüner, 1909 m, und Gehrnerberg, 1935 m

840 Hm
2.30 Std.

Gemütliche Bummeltouren nahe dem Biberkopf

Zwischen so gewaltigen Felsgipfeln wie Biberkopf (2599 m) und Walser Geißhorn wirken unsere beiden Berge in der Nähe des Schrofenpasses recht unscheinbar. Einst flossen die Eiszeitgletscher über sie ins Illertal hinab und sorgten für die runden Formen, die sich jedoch bestens für eine Skitour eignen. Bei etwas höherer Schneelage machen diese Spritztouren wirklich Spaß!

Ausgangspunkt: Gehren, Bushaltestelle an der Hauptstraße, 1390 m, etwa 2 km unterhalb (östlich) von Warth, 1495 m, in der Nähe der Krumbachbrücke, Bushaltestelle »Steeg Gehren« direkt am Abzweig nach Gehren, eingeschränkte Parkmöglichkeit.

Anforderungen: Bei ausreichender Schneelage einfache Touren ohne Problemstellen.

Hangrichtung: Südost- bis südwestseitig.

Lawinengefährdung: Bei geschickter Routenführung nahezu lawinensicher.

Günstige Zeit: Januar bis April (oder Mai).

Grüner mit dem Aufstieg und der Abfahrt über den Südwestrücken.

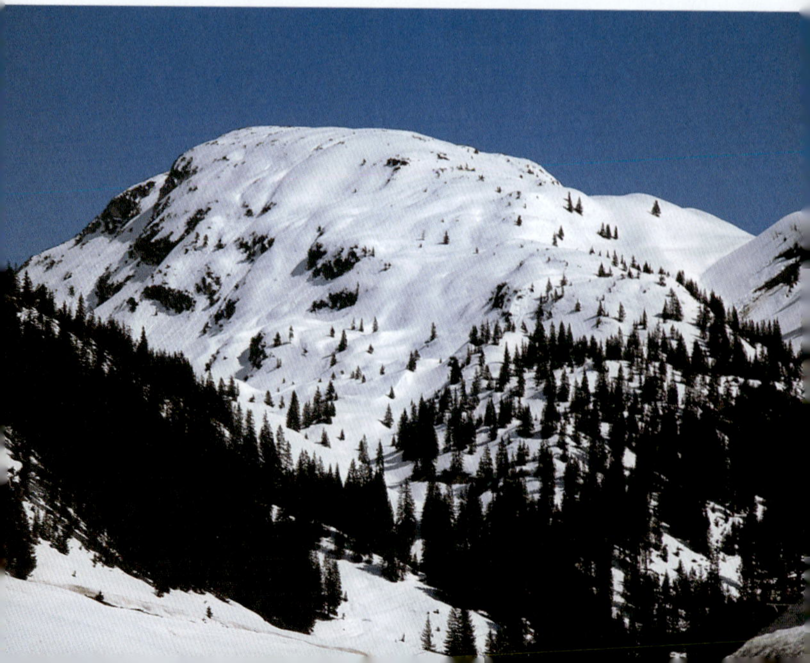

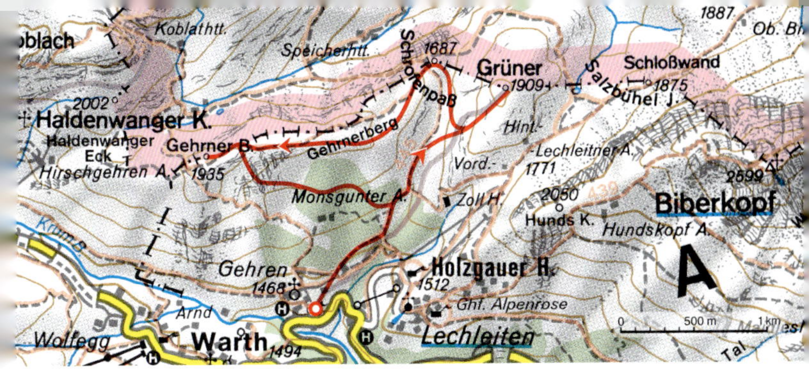

Bei der Bushaltestelle in **Gehren**, 1390 m, steigt man östlich der Häuser Richtung Norden über die Wiese hinauf zu einer kleinen Straße, von der bald nach rechts ein Alpweg abzweigt. Auf ihm wandert man durch die Talhänge zwischen einzelnen Bäumen hinein zum freien Gelände bei der **Mansgunteralpe**, 1580 m. Noch eine Viertelstunde folgt man der schönen Mulde nach Norden, steigt dann rechts hinauf zum breiten Südwestrücken und erreicht über ihn den weiten, abgerundeten Gipfel des **Grüner**, 1909 m.

Man fährt dann wieder in die Mulde ab. Von dort gibt es zwei Möglichkeiten zum nächsten Gipfel, dem Gehrnerberg:

a) Man folgt der Mulde talauf noch 500 m, steigt dann halb links steil gegen den weitläufigen Kamm bergauf und folgt und folgt dem Kamm dann für ganze 1,5 km. Am Schluss mit einigem Auf und Ab, zum nach Westen vorgeschobenen Gipfel des **Gehrnerbergs**, 1935 m.

b) Durch die Mulde kurz hinab zur Mansgunteralpe, dann nach Westen schräg über den mit wenigen Fichten bestandenen Hang steil 100 Hm empor. Man wandert dann auf einer Stufe – sich stark links haltend und nur wenig aufwärts – bis in ein kleines Becken. Auch weiterhin nach links in eine weite Senke im Kamm und schließlich nach Westen rasch auf den weiträumigen Gipfel des **Gehrnerbergs**, 1935 m.

Abfahrt auf jeden Fall auf Variante b) und auf bekanntem Weg zurück nach Gehren.

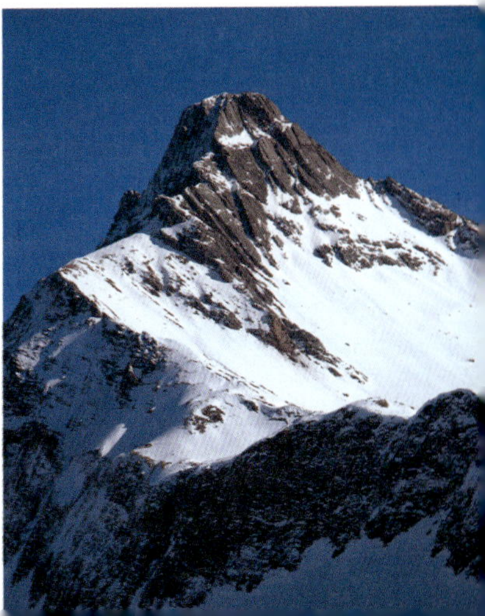

Der Biberkopf mit seinem felsigen Gipfelaufbau vom Grüner aus gesehen.

43 Roter Stein, 2366 m

1120 Hm
3.30 Std.

Ausnahmeskitour über einen Riesensteilhang

Der Rote Stein bildet einen ins Auge fallenden, stark felsigen Dreikant. Er ist der beherrschende Gipfel über drei Tälern. Sie lassen sich alle mit Ski befahren, bieten aber anspruchsvolle Touren, die beste Verhältnisse voraussetzen. Stimmen die Bedingungen – hohe Schneelage, sicherer Firn (oder Pulver) –, dann bietet die Nordostroute von Bichlbächle eine Traumabfahrt für den Könner. Zum Problem können die letzten Meter ab dem Skidepot auf dem meist dick verschneiten und ausgesetzten Nordgrat bis zum Gipfel werden.

Ausgangspunkt: Bichlbächle, kleiner Parkplatz unterhalb der Ortschaft, 1250 m, von Bichlbach oder Berwang auf der Landstraße zum Abzweig, von hier Richtung Bichlbächle in etwa 1,5 km zum Parkplatz in einer Linkskurve (bei Talverzweigung). Mit Bus nicht erreichbar.
Anforderungen: Anspruchsvolle Frühjahrstour mit einer zwischendurch sehr steilen Abfahrt, hohe Schneelage wichtig. 120 m hoher, schrofiger, teilweise etwas ausgesetzter Gipfelgrat zu Fuß, evtl. Eisausrüstung nötig. 3 Std. bis zum Grat, 30 Min. zu Fuß bis zum Gipfel.
Hangrichtung: Nordost- und nordseitig.
Lawinengefährdung: Sicherer Firn und hohe Schneelage wären ideal.
Günstige Zeit: März bis Anfang Mai.
Einkehrmöglichkeit: Ghs. in Bichlbächle und Kleinstockach.
Tipp: Haben die Lawinen im Gröbental bei Berwang im Bachbett eine gute Bahn für die Skitourengeher geschaffen, dann kann man zum Älpele und weiter durch die Kare zur Hinteren Suwaldspitze, 2159 m (2.45 Std., am Schluss 80 Hm zu Fuß) aufsteigen.

Man folgt vom Parkplatz bei **Bichlbächle**, 1250 m, zunächst dem Sommerweg (gelbes Schild am P) links des Bachs in Richtung Süden, wechselt auf die andere Bachseite und erreicht so in 1500 m Höhe den Steilhang. Nun muss dieser große, hoffentlich gut mit Schnee bedeckte Steilhang, Regall gegannt, überlistet werden. Wir halten uns in Richtung SSW und erreichen so in etwa 1800 m Höhe das herrliche, aber ebenfalls steile Nordostkar. Der tiefsten Mulde folgend geht es weiter empor in das kleine obere Kar und nach rechts noch etwas steiler auf die **Schulter im Nordgrat**, 2220 m. Man kann sich nun mit dem höchsten Punkt der Karleswand, 2230 m, der gleich neben einem liegt, zufrieden-

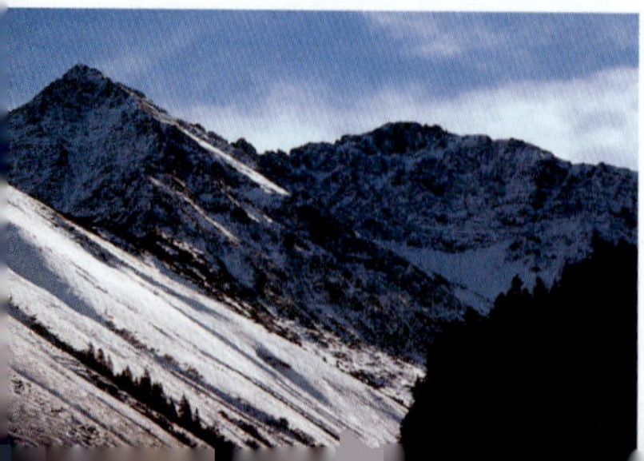

Links: Roter Stein und Steinmandlspitze über dem Gröbental.
Rechts oben: Die letzten Meter zum Gipfel des Roten Steins sind – je nach Verhältnissen – nicht zu unterschätzen.

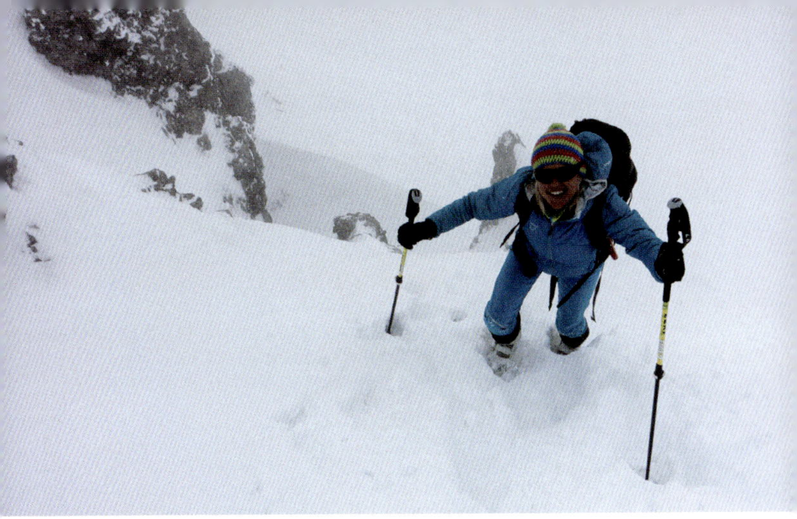

geben, oder man kraxelt über den anfangs scharfen, dann breiteren Grat – je nach Verhältnissen schwierig – zum Gipfel des **Roten Steins**, 2366 m, hinauf. – **Abfahrt** wie Aufstieg.

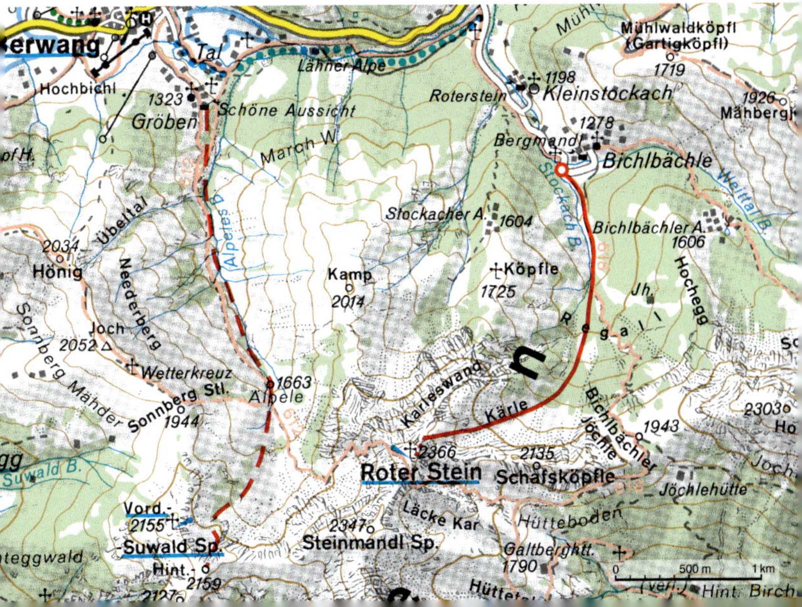

44 Galtjoch, 2109 m

N W O S

1070 Hm

3.30 Std.

Einfachster Skitourenberg der Lechtaler Alpen

Die Lechtaler Alpen bilden nicht nur den höchsten Teil der gesamten Nördlichen Kalkalpen, sie sind auch besonders steil, schroff, felsig und bieten deshalb in der Regel eher anspruchsvolle Skitouren. Nur am nordöstlichen Ende des Gebirges findet man auch einige nicht allzu schwierige Ziele, unter denen denen das Galtjoch sicher eins der einfachsten ist. Schon bei der Zufahrt über den bekannten Skiort Berwang leuchtet und lockt dieser runde Berg in schönstem Weiß. Auch der hohe Waldgürtel am Galtjoch lässt sich über Weideflächen, Schneisen und Alpmatten gut überwinden.

Ausgangspunkt: Rinnen, 1263 m, gut 2 km westlich von Berwang, 1342 m. Die Parkplatzsituation im Ort Rinnen ist etwas schwierig. Wir empfehlen folgende zwei Möglichkeiten: a) Größerer Parkplatz des kleinen Rinnerliftes am südlichen Ortsausgang Richtung Namlos direkt nach dem Restaurant Rimmlstube (Google: Parkplatz Restaurant Rimmlstube). Bushaltestelle »Berwang Rinnen Feuerwehr« (Linie 151) direkt beim Ausgangspunkt. b) Alternativ kleiner und häufig überfüllter Parkplatz im Talgrund (kein Gegenanstieg am Ende der Tour). Dazu biegt man am Ortseingang rechts ab, fährt am Berghaus Rinnen vorbei und auf einer schmalen und steilen Straße (oft Schneeketten notwendig) nach Rauth in den Talgrund. Kleiner Wanderparkplatz am Ende der Straße.

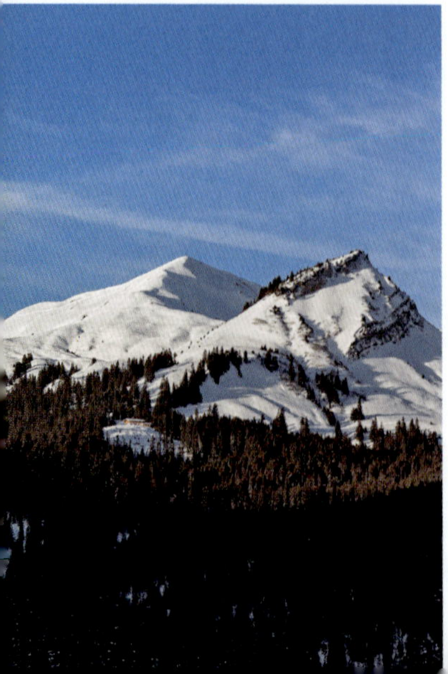

Höhenunterschied: 960 Hm plus 110 Hm Gegenanstieg nach der Abfahrt.

Anforderungen: Kurzer Ziehweg, sonst Alpweiden, Schneisen und oberhalb der Ehenbichler Alm freies Gelände ohne Probleme.

Hangrichtung: Ost- bis südseitig.

Lawinengefährdung: Bei geschickter Routenführung gering.

Günstige Zeit: Dezember bis Anfang April.

Einkehrmöglichkeit: Ehenbichler Alm, 1694 m, privat, im Winter geöffnet von Ende Dezember bis Anfang April, Mo. und Di. Ruhetag, Übernachtungsmöglichkeit, Tel. +43 676 3511681, ehenbichler-alm.com. Mehrere Ghs. in Rinnen, z. B. Rimmlstube am Parkplatz.

Galtjoch (links) mit Aufstiegsspur über den Rücken und Abendspitze (rechts).

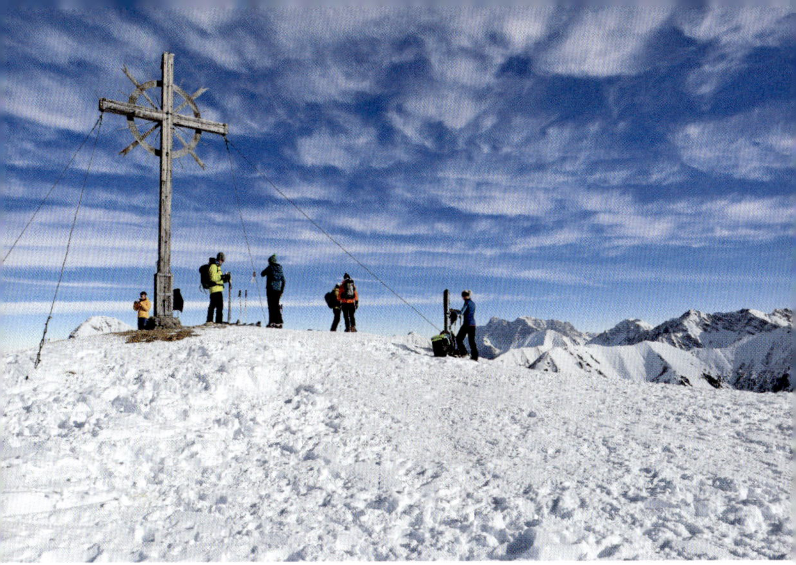

Rundblick am Gipfel des Galtjochs. Im Hintergrund das markante Zugspitzmassiv.

Vom Parkplatz in **Rinnen**, 1262 m, in Richtung Westen Abfahrt über Wiesen hinab zur Forststraße am Rotlech bei **Rauth**. Der Forststraße folgt man nach links (Süden) und kommt so an der kleinen alternativen Parkmöglichkeit vorbei und gelangt so über den Forstweg weiter zur **Rotlechbrücke**, 1157 m. Über die Brücke und auf der Forststraße grob weiter in Richtung Süden. Bei

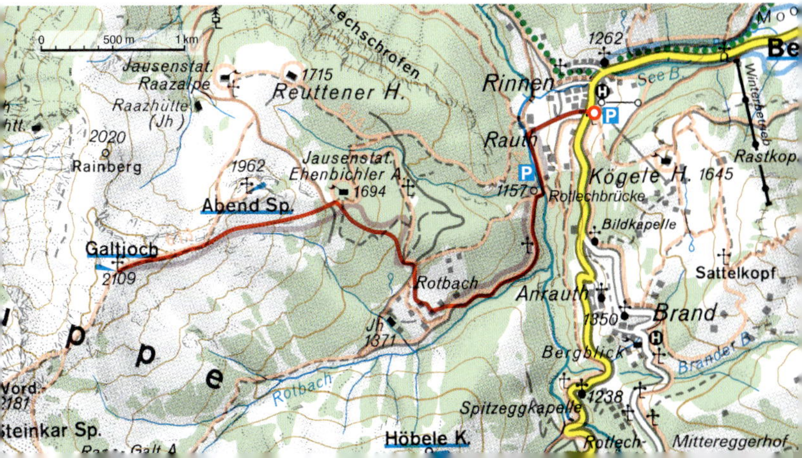

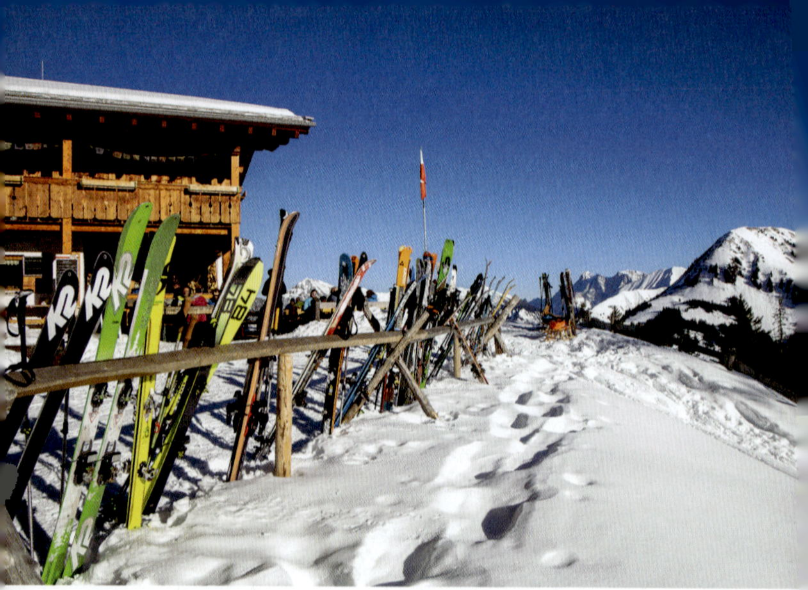

Oben: Bei der Abfahrt lohnt sich ein Einkehrschwung bei der Ehenbichler Alm.
Rechts: Ideales und wenig anspruchsvolles Skigelände im oberen Bereich des Galtjochs.

einer Y-Gabelung nach rechts (links den Forstweg entlang besteht teilweise Lawinengefahr) und kurzer steiler Weg durch Bergwald zu den Wiesen der **Rotbachalm**. Gleich bei der ersten Almhütte hält man sich rechts und steigt so über den mittelsteilen Wiesenhang an dessen rechten oberen Rand empor. Hier ein kurzes Stück nach rechts und dann bei einer Markierung nach links in eine Waldschneise. Über welliges Gelände und durch Bergwald und Waldschneisen geht es weiter bergauf, wobei immer wieder der Winterwanderweg überquert wird. In einem Rechtsbogen geht es über einen größeren Wiesenhang und schließlich über den Winterweg zur schön gelegenen **Ehenbichler Alm**, 1694 m. Bei der Alm hält man sich links und steigt über einen etwas steileren Hang bergauf. Oben am Hang hält man sich links und quert die bewaldete Südflanke der Abendspitze und gelangt so zu freien und weiten Hängen unter dem Sattel zwischen Galtjoch und Abendsitze. Man steigt in Richtung Sattel bergauf und schwenkt dann nach links und erreicht so eine Kuppe am Ostrücken. Man steigt am Rücken weiter bergauf und gelangt so zum Gipfel des **Galtjochs**, 2109 m.
Abfahrt wie Aufstieg. Natürlich lohnt sich die verdiente Einkehr bei der Ehenbichler Alm.

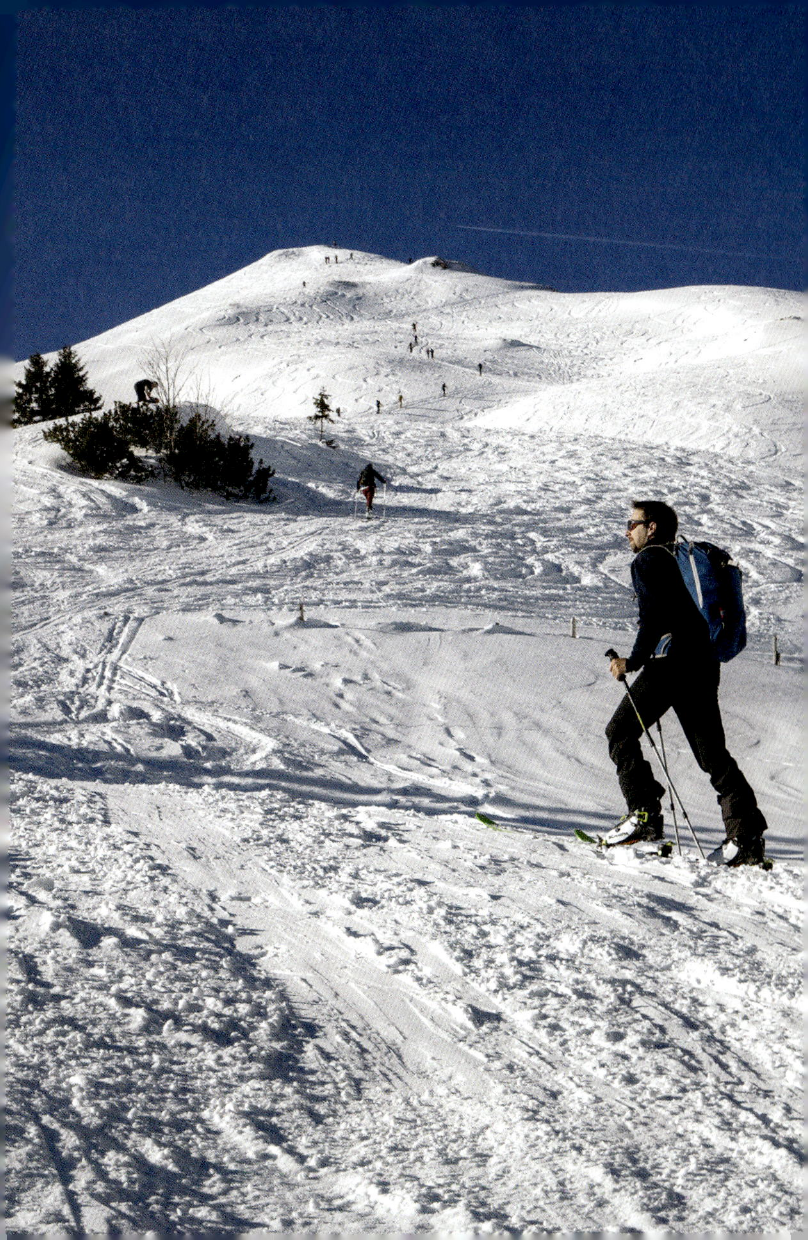

45 Hintere Steinkarspitze, 2215 m

N W O S

880 Hm
2.45 Std.

Kleiner Berg mit abwechslungsreicher Südabfahrt

Liegfeistgruppe heißt der nördlichste Bergstock der Lechtaler Alpen. Die überragende Knittelkarspitze (2376 m), bildet den Mittelpunkt des Massivs. Der Bereich im Nordwesten der Gruppe gehört zum Einsamsten in unseren Bergen, während im nordöstlichen Teil Wanderwege und schöne Skitouren für Besuch in jeder Jahreszeit sorgen. Immer mehr Freunde unter den Tourengehern gewinnt die Hintere Steinkarspitze, die mit einem herrlichen Südosthang aufwartet. Falls man ausnahmsweise keine Spuren vorfindet, dann ist es nicht ganz einfach, durch den lichten Eggwald mit seinen Schneisen und freien Böden die ideale Route ins Kelmerjöchl aufzuspüren.

Ausgangspunkt: Kelmen, 1365 m, gut 3 km nordöstlich von Namlos, vom Lechtal oder Berwang erreichbar. Parkplatz unterhalb des Ortes bei einigen Hütten direkt an der Landstraße. Mit Bus nicht erreichbar.
Anforderungen: Über Lichtungen und durch Schneisen ohne Probleme, schließlich steiler Gipfelhang. Ohne Spuren schwierige Orientierung.
Hangrichtung: Süd- und südostseitig.
Lawinengefährdung: Nur bei ungünstigen Bedingungen gefährdet.
Günstige Zeit: Januar bis Mitte April.
Einkehrmöglichkeit: Ghs. in Kelmen.
Tipp: Konditionsstarke können die Tour mit einem Abstecher zum nahen Galtjoch (siehe Tour 43) verbinden. Dazu Abfahrt vom Gipfel in die große Senke, ca. 1730 m, und Aufstieg über einen Rücken in nördlicher Richtung zum Galtjoch.

Abfahrt in die große Senke in Richtung Raaz-Galtalpe (siehe Tipp). Im Hintergrund die idealen Hänge der Hinteren Steinkarspitze.

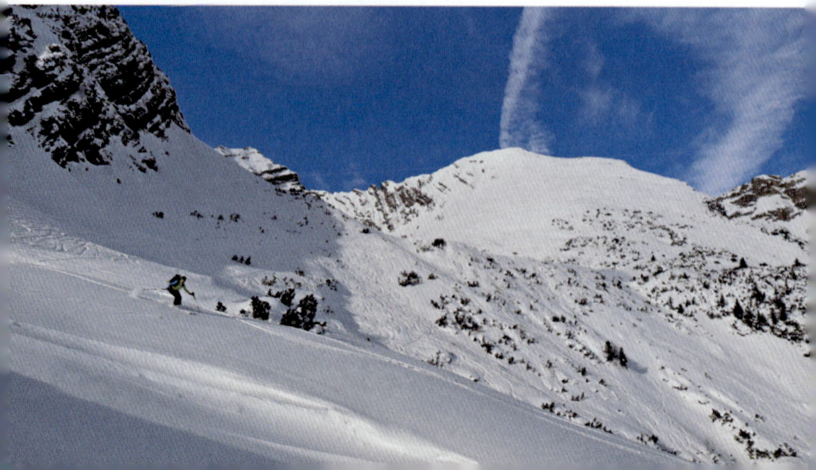

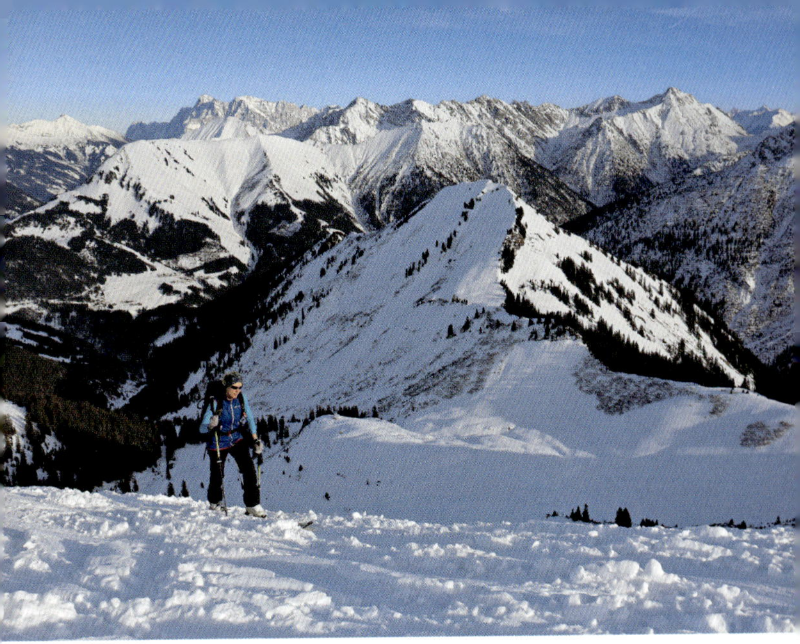

Nur noch wenige Meter zum Gipfel der Hinteren Steinkarspitze. Rechts unten das Kelmerjöchl und im Hintergrund links das Zugspitzmassiv.

Vom Parkplatz an der Bushaltestelle von **Kelmen**, 1365 m, steigt man rechts an den Häusern von Kelmen vorbei über die Wiese empor zum Waldrand. Im Wald auf einer Forststraßen weiter bergauf. Auf einer Höhe von etwa 1650 m verlässt man die Forststraße und steigt schließlich durch lichten Wald und über freie Abschnitte in Richtung Norden zum **Kelmerjöchl**, 1852 m, auf. Von dort erreicht man ganz rasch den Bergfuß, quert dann einen kurzen, aber steilen Hang zur auffallenden Schwelle des kleinen **Steinkars**. Über die Schwelle flach auf die andere Karseite und dann über den weiten idealen Südosthang, am Schluss relativ steil, auf die **Hintere Steinkarspitze**, 2215 m. **Abfahrt** wie Aufstieg.

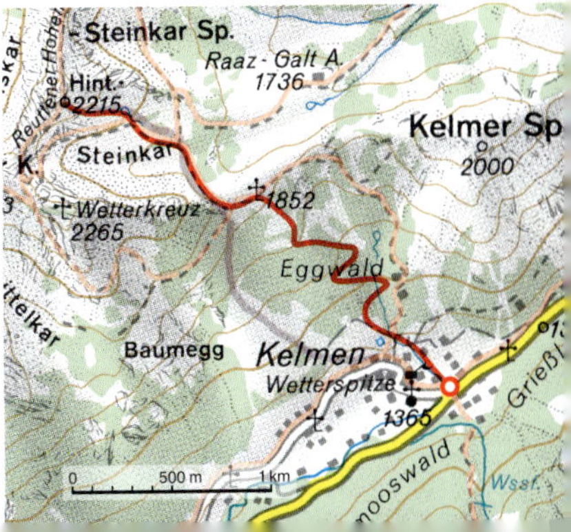

46 Engelspitze, 2291 m

1020 Hm
3.00 Std.

Im Reich der sehr steilen Grasberge

Der Berg mit dem himmlischen Namen ist eher ein etwas tückischer Geselle: Aus dem Tal sieht man oft einen weißen Rücken von makellos glatter Form, der jedes Skitourengeherherz begeistern muss. Doch dieser Rücken lässt sich nur durch ein scharf eingefressenes Lawinental und durch recht steile, schmale Schneisen gewinnen. Das setzt beste Bedingungen voraus! Beim Erreichen der Engelspitze bemerkt man zudem, dass dieser scheinbar dominierende Berg nur eine Schulter im langen Westgrat des Seelakopfes (2368 m), darstellt. Beide Gipfel brechen mit einer gemeinsamen bis zu 200 Meter hohen und 1,2 Kilometer breiten Nordflanke ab.

Ausgangspunkt: Namlos, Parkbucht etwas oberhalb der Ortschaft, 1270 m, von Namlos etwa 500 m Richtung Kelmen über eine Serpentine zu einer Schulter, Parkbucht direkt in Rechtskurve. Mit Bus nicht erreichbar.

Anforderungen: Recht anspruchsvolle Tour durch zwischenzeitlich sehr steiles Gelände. Beste Verhältnisse wichtig (manchmal abgeblasener Rücken).

Hangrichtung: Meist westseitig.

Lawinengefährdung: In den sehr steilen, glatten Grashängen starke Gefährdung.

Günstige Zeit: Januar bis April.

Tipp: Als weiteres Ziel über Namlos bietet sich der Karleskopf an, 2179 m (knapp 3 Std., teilweise ziemlich steil und anspruchsvoll). Die Route: Brentersbachtal – Teilwiesen – Treiental – Treiensee – Karleskopf.

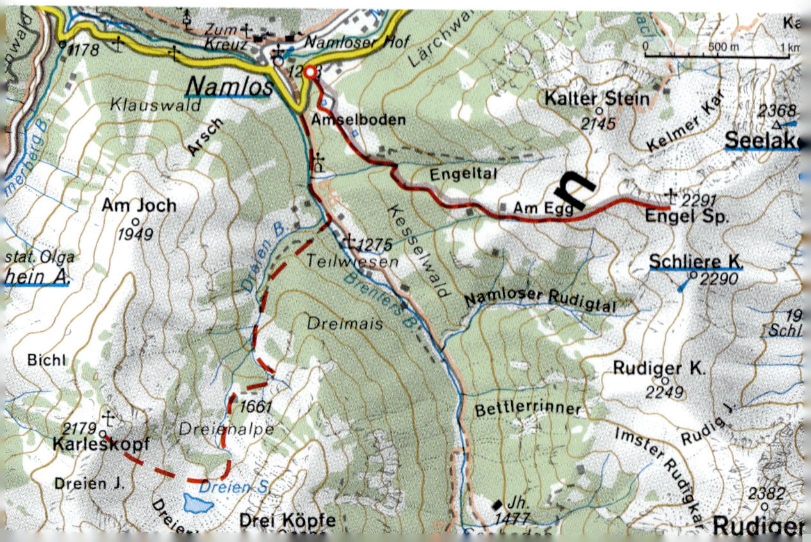

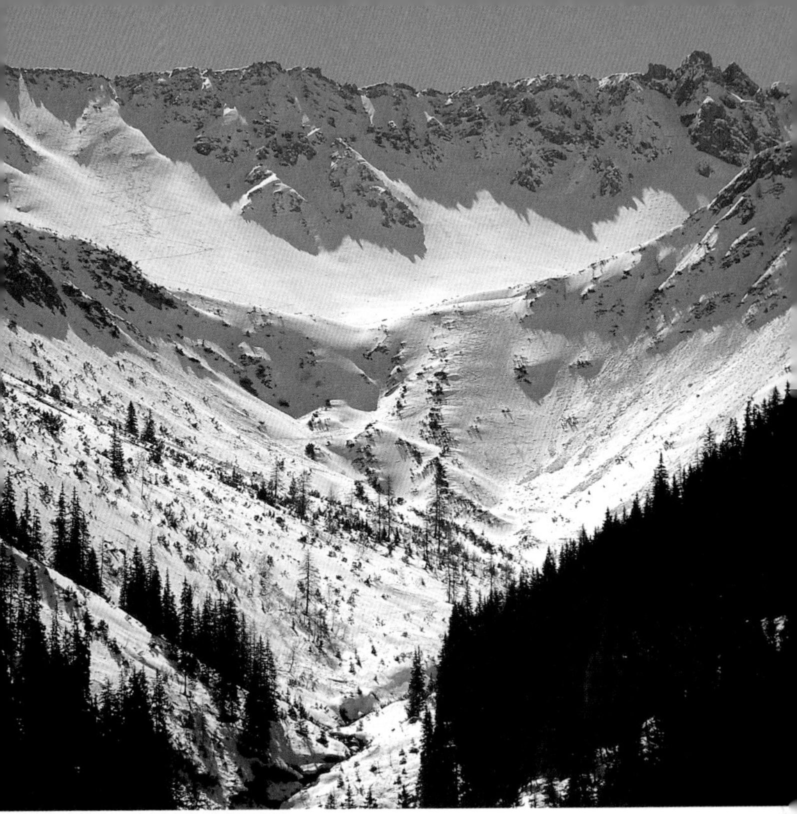

Kelmerkar, Seelakopf und Engelspitze (rechts).

Von der **Schulter**, 1270 m, an der Straße oberhalb von **Namlos** steigt man auf einem Weg empor auf den weiträumigen **Amselboden**, den man immer schräg rechts aufwärts (nicht zu hoch) zum gegenüberliegenden Wald quert. In genau 1400 m Höhe (Markierung an einem Baum, geht es auf dem Sommerweg quer durch die steile Böschung in den Graben des **Engelbachs**, den man bald darauf wieder nach rechts verlässt. Durch Schneisen steigt man nun recht steil zum Westrücken bergauf, wo man bald die Waldgrenze erreicht. Über den freien, manchmal abgeblasenen, zum Teil ebenfalls sehr steilen Rücken zum Eggberg und weiter hinauf zum Hauptkamm, dem man noch ein Stück nach rechts zum wenig ausgeprägten Gipfel der **Engelspitze**, 2291 m, folgt. – **Abfahrt** wie Aufstieg.

47 Tschachaun, 2334 m

1140 Hm

3.30 Std.

Landschaftlich reizvolle Tour mit idealem Skigelände im oberen Bereich

Im Vergleich zur Namloser Wetterspitze ist der Tschachaun als Skitour deutlich weniger bekannt und damit auch weniger frequentiert. Im oberen Bereich dieser Skitour warten am Kromsattel eine grandiose Landschaft und ideale Skihänge auf die Tourengänger. Diese Hänge wollen jedoch durch einen langen Anstieg von Namlos durch das Brentersbachtal erarbeitet werden. Eine Portion Kondition sollte man für diese Tour schon im Rucksack dabei haben. Nach dem Kromsattel geht es über einen tollen Südosthang zum aussichtsreichen Gipfel nördlich vom Hahntennjoch und oberhalb der Anhalter Hütte, die im Winter geschlossen ist. Vom Gipfel schauen wir auf den direkt benachbarten, eindrucksvollen Gipfel der Namloser Wetterspitze. Im Osten ist das Zugspitzmassiv auszumachen. Imposant ist die steile und wilde Kette der Heiterwand. Der Talanstieg ist im ersten Teil leider so flach, dass hier bei der Abfahrt immer etwas mit Stockeinsatz nachgeholfen werden muss.

Meist schattig und kalt ist es beim Aufstieg durch das Faselfeiltal. In der Bildmitte der Tschachaun und rechts davon die Mulde zum Faselfeiljöchl.

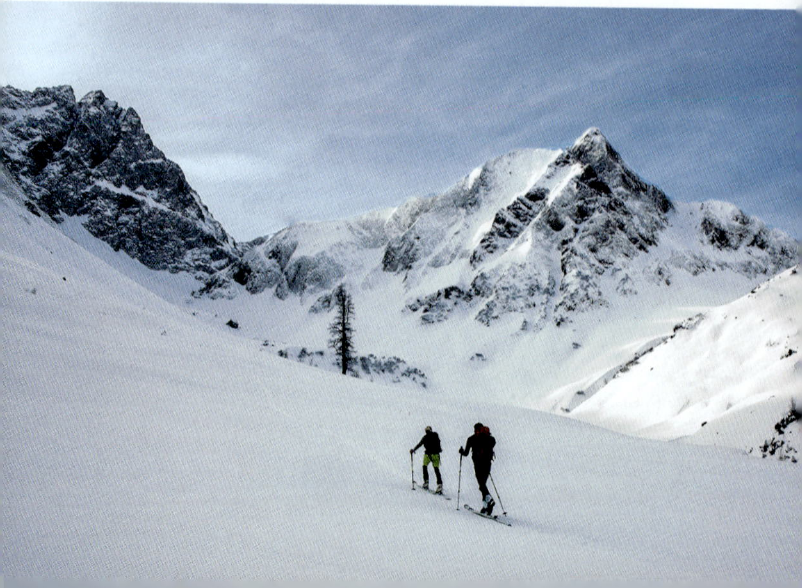

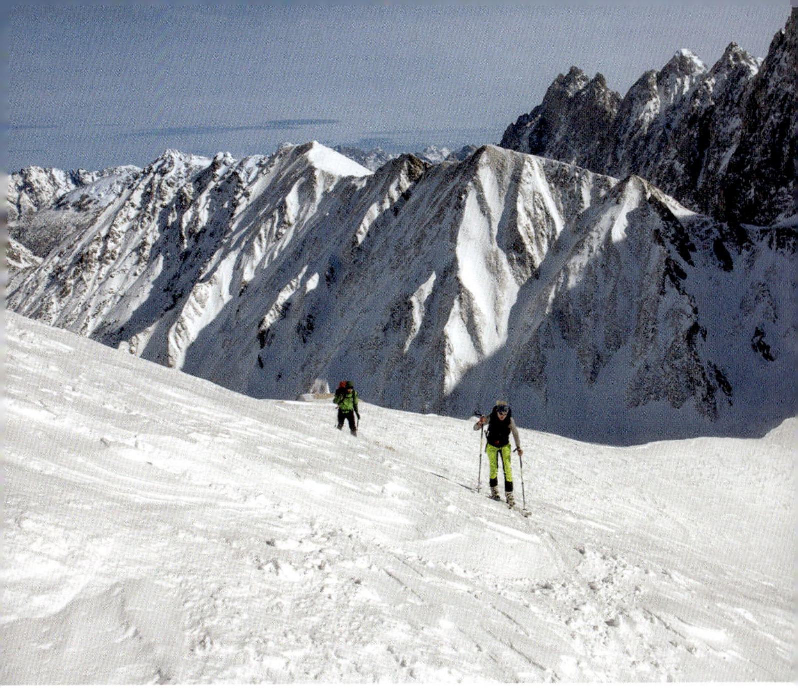

Gipfelhang oberhalb des Kromsattels.

Ausgangspunkt: Namlos, 1225 m, am Ortsende (direkt gegenüber dem Ortsschild) in Richtung Kelmen beginnt der Fahrweg in das Brentersbachtal (Beschilderung »Anhalter Hütte«). Hier direkt am Beginn des Fahrweges beschränkte Parkmöglichkeiten, 1230 m. Alternativ mehrere Parkmöglichkeiten im Ort Namlos gegenüber vom Gasthof Namloser Hof und von dort wenige Meter zum eigentlichen Ausgangspunkt. Mit Bus nicht erreichbar.
Anforderungen: Mittelschwere Tour mit kurzen Passagen bis zu etwa 35 Grad. Am Gipfelhang ist eine saubere Aufstiegstechnik notwendig (eventuell Harscheisen sinnvoll). Keine ausgesetzten Stellen. Wegen der Länge darf die Tour konditionell nicht unterschätzt werden.
Hangrichtung: Nord und am Gipfelhang Südost.
Lawinengefährdung: Sichere Verhältnisse nötig. Bei einer heiklen Lawinenlage können im Faselfeiltal die zu querenden Nordwesthänge eine Gefahr darstellen. Zudem setzen die Steilstufe zum Kromsattel und der Gipfelhang stabile Verhältnisse voraus.
Günstige Zeit: Januar bis April.
Tipp: Falls man nach der Abfahrt vom Kromsattel noch nicht genug hat, so lohnt sich ab einer Höhe von etwa 1700 m ein nordwestlicher Aufstieg über lohnende Hänge in Richtung Faselfeiljöchl. Am besten man steigt dort über einen Rücken bis zu einer Höhe von etwa 2000 m (unterhalb des Jochs) auf.

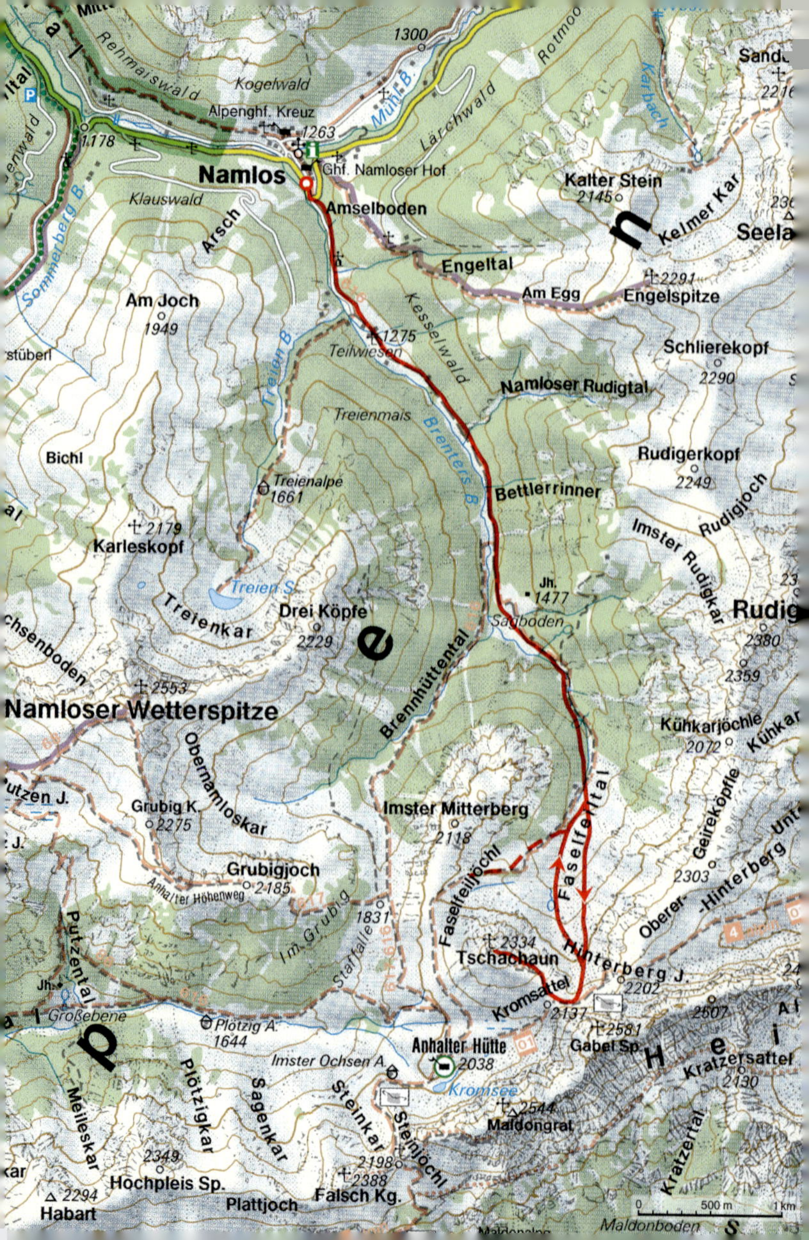

Namlos
Alpenghf. Kreuz
1263
Ghf. Namloser Hof
Amselboden
Engeltal
Am Egg
Engelspitze
2291
Kalter Stein
2145
Kelmer Kar
Schlierekopf
2290
Namloser Rudigtal
Rudigerkopf
2249
Rudigjoch
Imster Rudigkar
Bettlerrinner
Kesselwald
Teilwiesen
1275
Treienmais
Brenters B.
Treienalpe
1661
Am Joch
1949
Klauswald
Arsch
Bichl
Karleskopf
2179
Treien S.
Treienkar
Drei Köpfe
2229
Brennhüttental
Jh.
1477
Sagboden
Namloser Wetterspitze
2553
Obernamloskar
Grubig K.
2275
Grubigjoch
2185
Anhalter Höhenweg
Im Grubig
1831
Staffalle
Imster Mitterberg
2118
Faselfeiljöchl
Faselfeiltal
Kühkarjöchle
2072
Geirekopfle
2303
Oberer-Hinterberg
Hinterberg J.
2202
Tschachaun
2334
Kromsattel
2137
Anhalter Hütte
2038
Kromsee
Gabel Sp.
2581
Kratzersattel
2130
Maldongrat
2544
Imster Ochsen A.
Plötzig A.
1644
Großebene
Putzental
Plötzigkar
Sagenkar
Steinkar
Steinjöchl
2198
Falsch Kg.
2388
Hochpleis Sp.
2349
Plattjoch
Habart
2294
Meileskar
Kratzertal
Maldonboden
Kogelwald
Rehmaiswald
Lärchwald
Mühl B.
Karbach
Sommerberg B.
Treien B.
1300
1178
2380
2359
2507
0
500 m
1 km

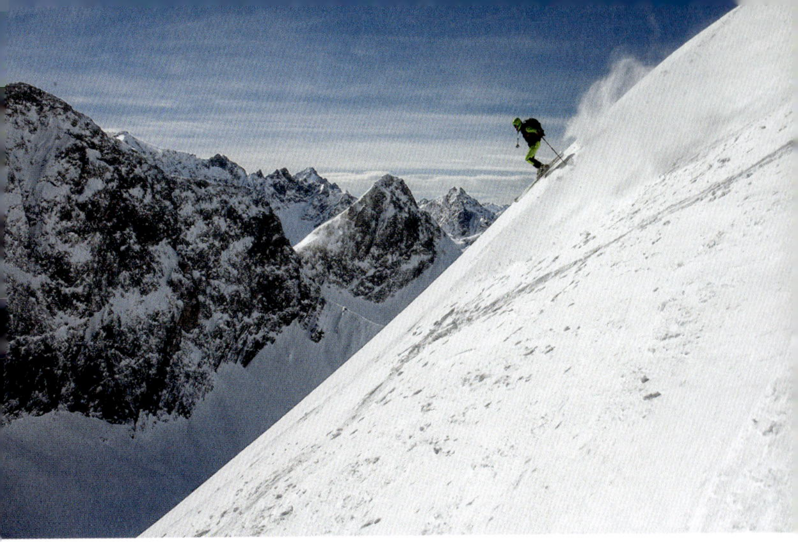

Rasant geht es hinab vom Gipfel zum Kromsattel.

Vom Parkplatz in **Namlos**, 1230 m, folgt man dem Fahrweg in südostlicher Richtung in das **Brentersbachtal** (Beschilderung »Anhalter Hütte 616«). Zunächst immer entlang der linken Bachseite flach bzw. mit kaum Höhengewinn taleinwärts. Das Tal wird etwas breiter und man wandert über weites Wiesengelände. Anschließend wird das Tal wieder etwas enger und man steuert auf den Gipfel des Imster Mittelberg zu. Dort, wo sich das Tal durch den Imster Mittelberg zweiteilt, hält man sich links (Südosten) und steigt über einen Rücken in das **Faselfeiltal** auf (rechts ginge es in das Brennhüttental). Vorbei an der kleinen **Kesselwaldhütte**, 1477 m, geht es immer weiter taleinwärts. Dann verlangt das Gelände, dass man die Bachseite (ohne Brücke) wechseln. Es wird steiler und man gelangt schließlich in den weiten Talboden der **Faselfeilalm**. Die steilen Nordwesthänge auf der linken Seite sind etwas mit Vorsicht zu genießen. Man bleibt am besten relativ lange im Talboden, hält sich dann etwas links und steigt querend weiter auf. In Spitzkehren wird die erste Steilstufe überwunden. Danach hält man sich eher rechts, überwindet die zweite Steilstufe und gelangt so in einem Rechtsbogen durch das Kar zum breiten **Kromsattel**, 2137 m. Vom Sattel steigt man zunächst direkt nach Norden über den zunächst noch flachen Gipfelhang weiter bergauf und erreicht dann über den etwas steileren Südostrücken das Gipfelkreuz am **Tschachaun**, 2334 m.

Abfahrt wie Aufstieg. Vom Kromsattel bietet sich in der Regel die Abfahrt direkt in der Mulde an.

TOP 48 Namloser Wetterspitze, 2553 m

N W O S

1380 Hm
4.45 Std.

Spannende und beliebte Tour über Fallerschein

Die Namloser Wetterspitze ist nicht nur der mit Abstand höchste Gipfel ihrer Region, sie fällt auch durch die ebenmäßige Pyramidenform von allen Seiten ins Auge. An schönen Frühjahrs-Wochenenden sind viele Skitourengeher zu diesem stolzen Ziel unterwegs. Von manchem wird diese Skitour, wie das bei Modetouren oft vorkommt, unterschätzt: Der Aufstieg ist lang, einige Hänge ziehen recht steil empor, und auch die Lawinengefahr sollte niemand unterschätzen! Bei der Tour handelt es sich um einen wahren Klassiker im Lechtal.

Ausgangspunkt: Bushaltestelle »Abzw. Fallerschein«, 1180 m, an der Landstraße Berwang–Namlos am Beginn der (gesperrten) Forststraße nach Fallerschein, drei kleine Parkbuchten am Straßenrand. Die Bushaltestelle befindet sich 1,7 km unterhalb (westlich) von Namlos. Ausgangspunkt kann von Stanzach im Lechtal oder von Berwang über Namlos erreicht werden. Mit Bus nicht erreichbar.

Anforderungen: Meist gut gespurt, dennoch anspruchsvolle Tour in teilweise sehr steilem Gelände.

Hangrichtung: Südwest- bis nordseitig.

Lawinengefährdung: Sehr steiles Grasgelände, deshalb stark gefährdet.

Günstige Zeit: März bis Mai.

Aufstieg im steilen Südwesthang wenige Meter unterhalb des Gipfels der Namloser Wetterspitze.

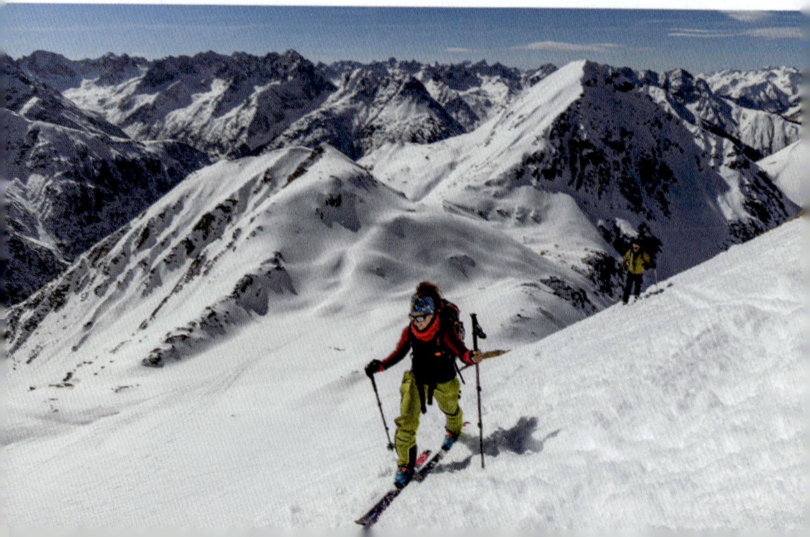

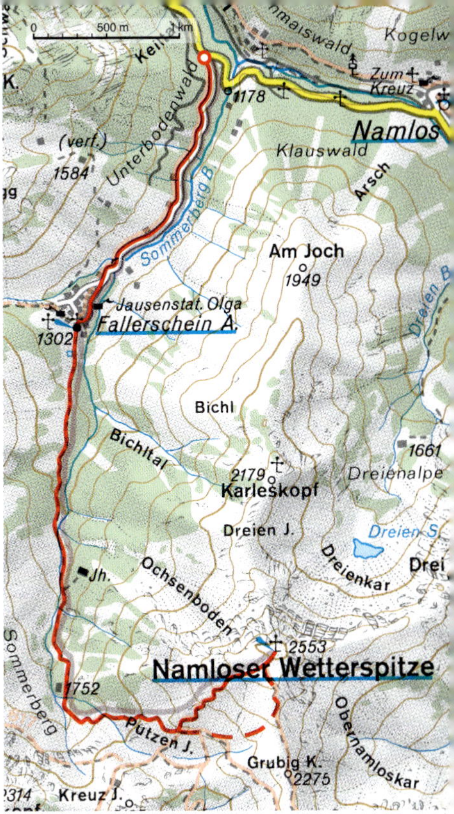

Von der **Bushaltestelle**, 1180 m, auf der nur sehr leicht ansteigenden Forststraße rechts oberhalb des Sommerbergbaches Richtung Südosten. Nach etwa 45 Min. erreicht man so bequem das Almdorf **Fallerschein**, 1302 m. Das Dorf mit kleiner Kapelle lässt man rechts liegen und wandert leicht ansteigend über kleine freie Hänge weiter Richtung Süden. Am Ende der freien Fläche hält man sich leicht links und dringt in den märchenhaften Bergwald ein. Nach einer Weile gelangt man erneut an den Sommerbergbach. Der an dieser Stelle schmale und etwas ausgesetzte Weg führt direkt oberhalb des Baches entlang. Auf einer Höhe von etwa 1520 m verlässt man den Wald und das Tal weitet sich. Man folgt grob dem Bachbett weiter Richtung Süden und wandert auf den Ortkopf zu. Am Talknick mit den etwas flacheren Böden des Sommerbergs zweigt man schließlich auf einer Höhe von etwa 1760 m nach links (Osten) ab. In vielen Serpentinen steigt man über die zwischenzeitlich steilen Mulden gegen Osten an und erreicht schließlich nach rechts das **Sommerbergjoch**, 2093 m, wenige Meter nordöstlich des Putzenjochs (etwa 2.30 Std. von Fallerschein). Es folgt das große Finale: In der Regel benutzt man vom Joch die wenig ausgeprägte, oft abgeblasene Rippe, sie sehr steil Richtung Nordosten zum Gipfel führt. Üblicherweise wird am felsigen Gipfelgrat ein Skidepot, ca. 2515 m, eingerichtet und in gut 5 Min. erreicht man den aussichtsreichen Gipfel der **Namloser Wetterspitze**, 2553 m. Alternativ kann man aber auch vom Sommerbergjoch die Böden nach Osten queren und weiter Richtung Osten durch eine breite Mulde zum Südgrat, ca. 2270 m, aufsteigen. Am Südgrat hält man sich links und steigt über diesen zum Skidepot auf.
Abfahrt wie Aufstieg.

49 Hahntennkar oder Scharnitzkopf, 2554 m

660 Hm
2.30 Std.

Frühjahrstour der Superlative

Das im Winter gesperrte Hahntennjoch, der höchste Straßenpass der gesamten Nördlichen Kalkalpen, wird etwa zu Pfingsten wieder geöffnet. Dann reicht an den Hängen südlich über dem Pass der Schnee meist noch bis zur Straße herab und lädt zu ungewöhnlichen, frühsommerlichen Ausflügen mit den Tourenskiern ein. Das obere Hahntennkar erreicht man ohne Probleme. Doch wer etwas Besonderes erleben will, steigt durch die gewaltige, reichlich steile Rinne zwischen den Felsen in den Scharnitzsattel hinauf. Erfahrene Bergsteiger können bei idealen Bedingungen sogar den Westlichen Scharnitzkopf erreichen, wobei die Schrofenstufe gleich über dem Sattel die Schlüsselstelle bildet.

Ausgangspunkt: Hahntennjoch, 1894 m, Parkplatz direkt am Joch bei der Bushaltestelle »Hahntennjoch Passhöhe« (Linie 155, nur 4x täglich). Auf meist guter Bergstraße von Bschlabs, 1316 m, bis vor das Dorf Boden, dann mit fünf Serpentinen hinauf nach Pfafflar-Hag, 1619 m, und weiter zum Joch.

Anforderungen: Bis in das obere Kar ideale Hänge und Böden, dann extrem steile Rinne in den Sattel und hochalpiner Anstieg zum Gipfel (bei sehr hartem Schnee Eisausrüstung nötig).

Hangrichtung: Nordwest- und nordseitig.

Lawinengefährdung: Durch die Rinne nur bei absolut sicheren Verhältnissen.

Günstige Zeit: Etwa um Pfingsten (nach Öffnung der Straße).

Tipp: Als Winter-Alternative bietet sich die schöne, fast freie Skitour ohne Gipfel ins Steinkar an (knapp 3 Std., ca. 950 Hm, Lawinenstriche). Boden – Pfafflar-Unterhaus – Pfafflar-Hag – auf der Straße bis 500 m hinter die zweite Kehre – schräg empor ins Steinkar und bis in 2300 m Höhe in der Nordflanke des Muttekopfs.

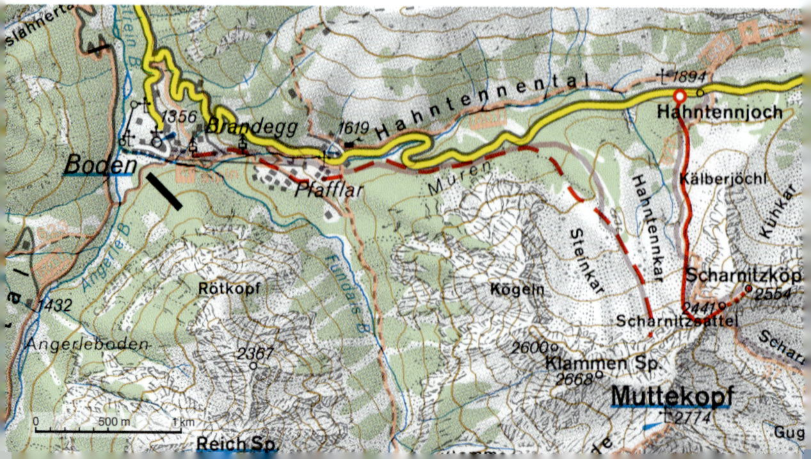

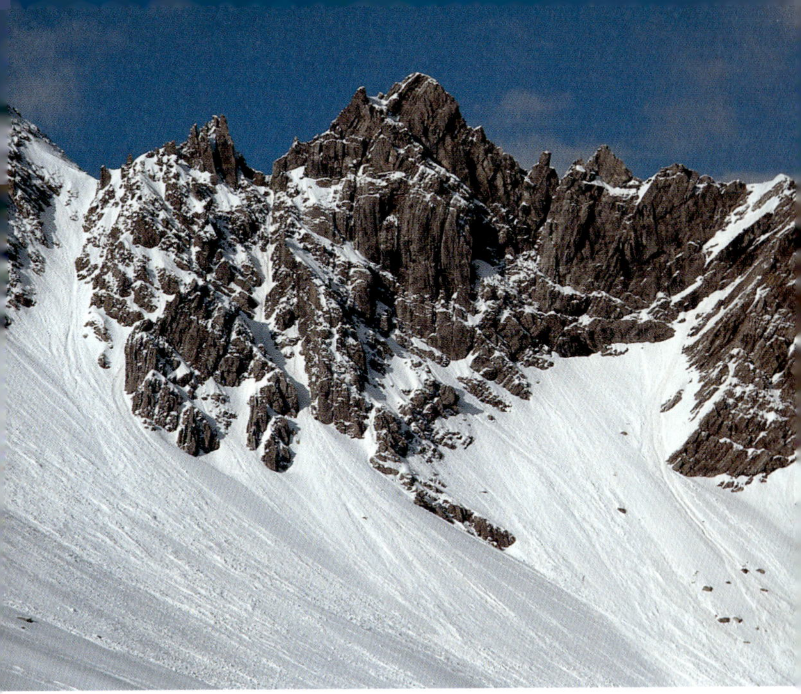

Oberstes Hahntennkar und Klammenspitzen.

Vom westlichen Ende des Parkplatzes am **Hahntennjoch**, 1894 m, durch kleine Mulden gerade 100 Hm empor, dann kurz etwas nach rechts zu den freien, stark gegliederten Böden des **Hahntennkares**, das gewaltig von der bis zur 400 m hohen Nordflanke des Muttekopfs, 2774 m, überragt wird. Der weitere Anstieg führt über die Böden immer etwas nach rechts bis auf einen Absatz, 2141 m. Nun entweder schräg rechts über den Riesenschneehang bis in etwa 2300 m Höhe empor. Oder – ungleich anspruchsvoller – schräg über die immer steiler werdenden Hänge gegen die Felsen empor und zur Ausmündung der breiten Rinne (kurze Engstelle mit 5-m-Felsstufe, Klammern), die vom Scharnitzsattel herabkommt. Durch die Rinne extrem steil empor in den **Scharnitzsattel**, 2441 m. Von dort links um einen Gratturm über meist dick verschneite Schrofen sehr steil auf eine nahe Seitenrippe und dann wieder etwas einfacher immer links der Gratkante über abschüssige, oft abgeblasene Flächen bis unter die Gipfelfelsen und zwischen ein paar Blöcken zu Fuß auf den **Westlichen Scharnitzkopf**, 2554 m.
Abfahrt wie Aufstieg.

50 Kogelseespitze, 2647 m

1290 Hm
4.00 Std.

Der große Skiberg im Parzinn

Kein anderes Gebiet im Bereich dieses Führers präsentiert so eindrucksvolle, wilde, gewaltige Felsgipfel wie das Parzinn. Trotzdem findet man auch in dieser Parade-Landschaft zwei Skitourenziele für den Könner. Die 2647 Meter hohe Kogelseespitze bietet eine rassige Abfahrt ohne Unterbrechungen, die Steinkarspitze (2650 m) ist noch um eine Stufe anspruchsvoller, und man müsste dort kleine Gegenanstiege in Kauf nehmen.

Ausgangspunkt: Boden, Wanderparkplatz etwas südlich der Ortschaft, 1357 m, von Elmen im Lechtal etwa 10 km bis Boden, durch den Ort, dann über die Brücke über den Fundaisbach und ein kurzes Stück weiter zum Parkplatz. Alternativ wenige Parkplätze direkt bei der Brücke. Bus nur 4x täglich, daher nicht sinnvoll.
Anforderungen: Hochalpine Tour auf einen großen Gipfel, mehrere steile Stufen, hohe Schneelage hilfreich. Sehr zeitiger Aufbruch wegen der Osthänge wichtig.
Hangrichtung: Ost- bis nordseitig.
Lawinengefährdung: Ganz sichere Verhältnisse nötig (gratnahes, ostseitiges Steilgelände).
Günstige Zeit: März bis Mitte Mai.
Einkehrmöglichkeit: Ghs. in Boden. Hanauer Hütte, 1922 m, DAV, geschlossen, doch Winterraum (nicht verschlossen) mit 14 Plätzen, hanauer-huette.de.
Tipp: Steinkarspitze, 2650 m, über Nordostgrat oder Nordwestflanke, äußerst steil, alpine Erfahrung und beste Verhältnisse nötig (4.30 Std.)!

Blick vom Aufstieg zur Steinkarspitze hinüber zur Kogelseespitze mit dem bereits verspurten Südosthang.

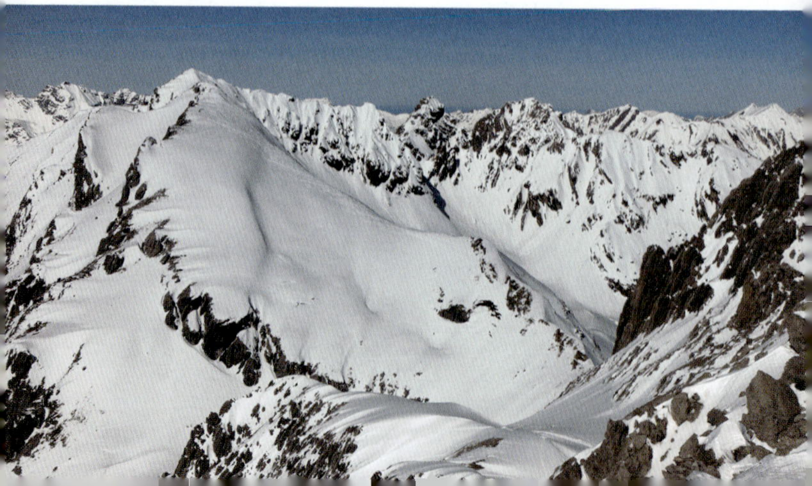

Vom Parkplatz etwas südlich von **Boden**, 1357 m, wenige Meter nach Süden und über die Brücke des Angerlebachs. Von hier wandert man weiter Richtung Süden durch das lang gestreckte, flache, bald ziemlich freie Angerletal ganz hinein bis in den Talschluss mit Wasserfall. Von dort steigt man rechts über den 200 m hohen, teilweise sehr steilen Hang empor zum Boden des Parzinn (etwas links die geschlossene **Hanauer Hütte**) mit grandiosem Gipfelkranz. Nach Südwesten – auf die Parzinnspitze zu – über Stufen und durch kleine Mulden kommt man zum **Parzinnsee** und muss dann, im oberen Teil sehr steil, über den Hang ins **Gufelseejoch**, 2373 m, hinaufspuren. Der anfangs schmale Grat zur Kogelseespitze wird bald breiter und leitet als eine Art Dach zum Gipfel der **Kogelseespitze**, 2647 m, hinauf.

Abfahrt wie Aufstieg oder knapp unter dem Gipfel über den extrem steilen Osthang hinab.

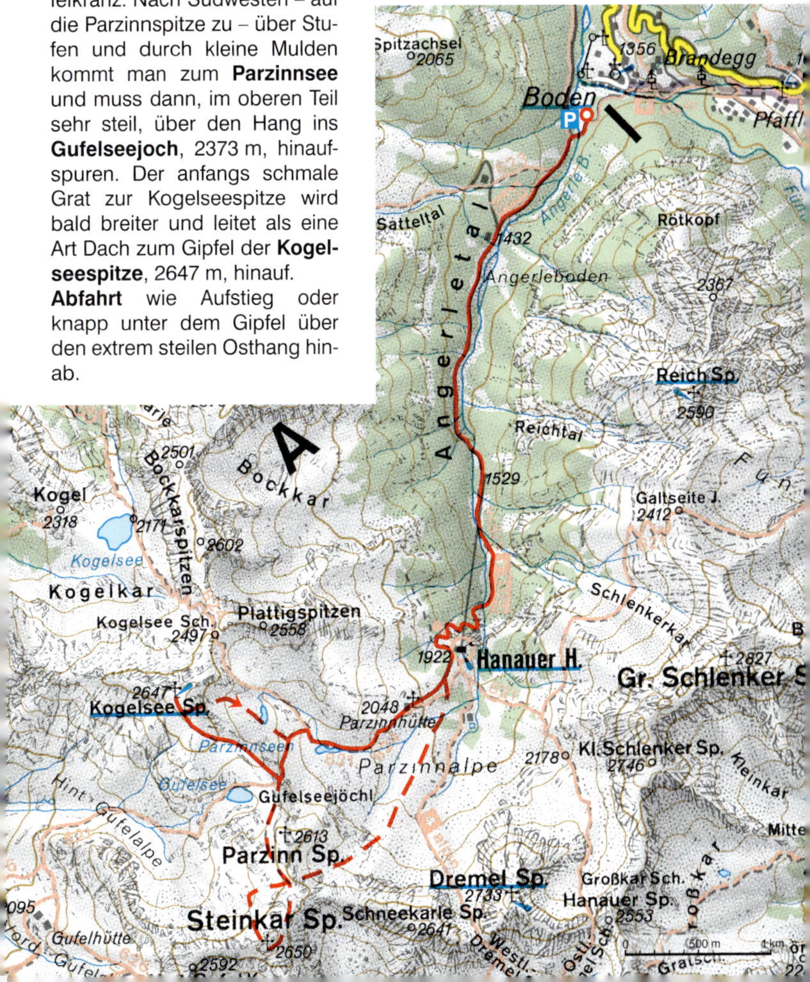

51 Schafkarkopf, 2311 m, oder Kleine Schafkarspitze, 2338 m

N W O S

1100 Hm
3.30 Std.

Einsames Bergland mit großen Felsgipfeln

In dem weltabgeschiedenen Schafkar braucht sich niemand über zu viele Menschen zu ärgern. Eher können das eigene Spuren und die Routensuche Sorge bereiten. Für die Mühe bekommt man eine Felslandschaft der Extraklasse serviert. Vor allem oberhalb des unter einer dicken Schneeschicht versteckten Schafkarsees strotzen die Grate der Schafkarspitze von wilden Felszacken.

Ausgangspunkt: Gramais, Parkplatz an der Brücke über den Otterbach, 1254 m, etwa 500 m nordwestlich vom Ortskern, von Häselgehr im Lechtal nach Gramais, an den ersten Häusern vorbei und kurz steil bergab bis zu einer Brücke. Direkt vor der Brücke scharf rechts und weiter bergab. An einem Gebäude (Bauhof) der Gemeinde links und so zum Parkplatz. Bus nur 2 bis 4x täglich, daher nicht sinnvoll.
Aufstiegszeiten: Parkplatz – Talschluss 1.30 Std.; gesamt zum Schafkarkopf reichlich 3 Std., auf die Kleine Schafkarspitze 3.30 Std.
Höhenunterschied: 1060 bzw. 1100 Hm.
Anforderungen: Teilweise ziemlich steiles Gelände, hohe Schneelage ist wichtig, ideal bei Firn, auf dem meist abgewehten Gipfelgrat der Kleinen Schafkarspitze einige Schrofenstellen (leichte Kletterei, I).
Hangrichtung: Meist nordostseitig.
Lawinengefährdung: Sichere Verhältnisse wichtig.
Günstige Zeit: März bis Anfang Mai.

An der Brücke über den **Otterbach**, 1254 m, über diese und auf der anderen Bachseite steigt man auf einem Almweg in weitem Bogen um den Bergrücken herum zu einem schönen Boden auf. Man verlässt ihn auf halber Höhe, 1480 m, wieder nach links und folgt dem Schafkarbach, solange dies mög-

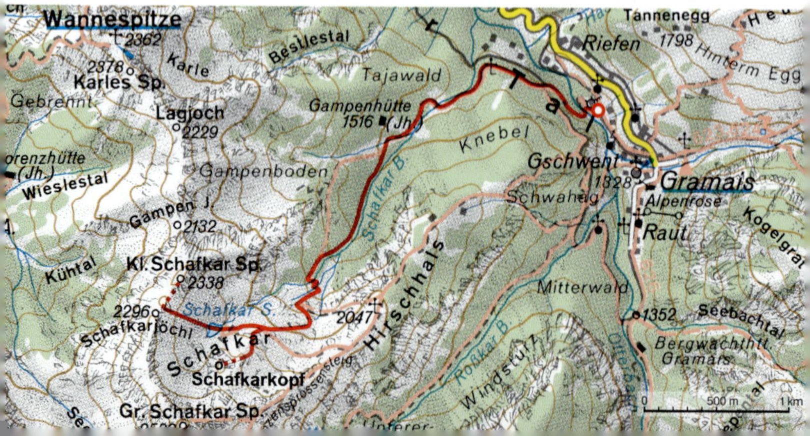

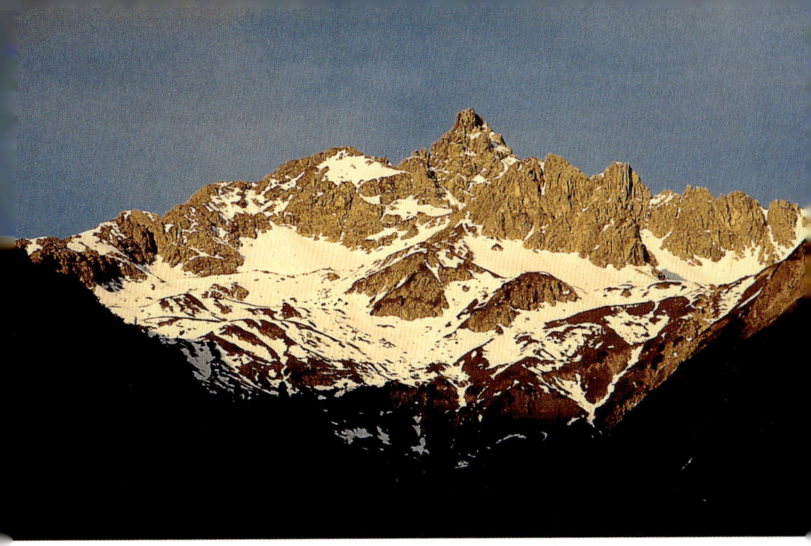

Frühjahr im Schafkar mit Großer Schafkarspitze, davor der Schafkarkopf mit steiler Nordostwand.

lich ist. Dann benützt man die steilen Hänge daneben bis in den Talschluss. Die folgende Stufe überwindet man in einer Schleife rechts der Felsen und kommt dann über stark gegliedertes Gelände in das kleine Kar unter dem Ostgrat der Großen Schafkarspitze (Östliches Schafkar). Über eine letzte Stufe erreicht man gegen Westen einen Sattel und nach rechts den unbedeutenden **Schafkarkopf**, 2311 m.

Zur **Kleinen Schafkarspitze**: Nach der erwähnten Schleife hält man sich stark rechts und steigt dann vom **Schafkarsee** über einen sehr steilen Hang in den tiefsten Sattel, 2280 m, im Kamm zwischen den beiden Schafkarspitzen auf, wandert nach rechts über den Grat, wobei man die Felsen links umgeht, und erreicht schließlich zu Fuß mit ein wenig einfacher Kletterei den Gipfel der **Kleinen Schafkarspitze**, 2338 m.

Abfahrten wie Aufstiege.

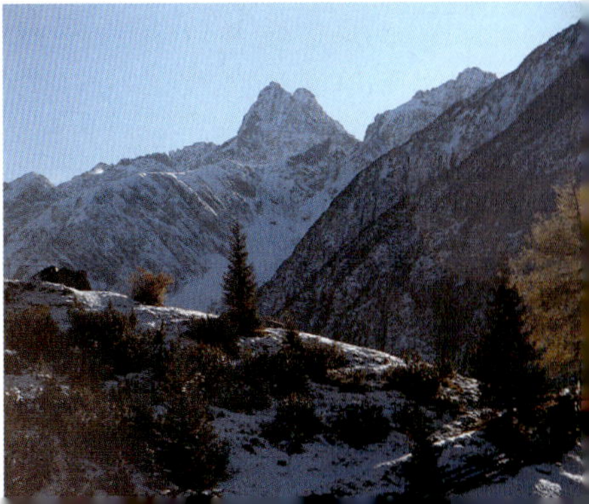

Bei Gramais, hinten die Leiterspitze.

TOP **52**

Feuerspitze, 2852 m

N W O S

1380 Hm
4.30 Std.

Das höchste Ziel in diesem Skitourenführer

Zum höchsten Berg in unserem Führer führt eine klassische, dennoch anspruchsvolle Route. Der Nachbargipfel der so auffallenden Holzgauer Wetterspitze (2895 m), ist ein hoher, viereckiger Berg mit steiler Nordwand und pultartigem Gipfeldach im Südwesten, das jedoch auf allen Seiten steil abfällt. In dessen bis zu 300 Meter hoher Westflanke ist eine sehr steile Mulde eingebettet, die den Schlüssel bei der Besteigung bildet und der Tour einen hochalpinen Anstrich gibt. Die restliche Abfahrt wird dann zum reinen Vergnügen, ist allenfalls unten im Kaisertal reichlich flach.

Ausgangspunkt: Edelweißhaus, 1530 m, in Kaisers, von Steeg im Lechtal 5 km nach Kaisers. Im Frühling bei wenig Schnee evtl. von der Straßenserpentine im Süden der Ortschaft (beim Gasthaus Vallugablick) etwa 800 m auf dem Fahrweg Richtung inneres Kaisertal zu einem kleinen Parkplatz, 1470 m. Mit Bus nur sehr schlecht erreichbar.

Anforderungen: Kurze, sehr steile Stufe unter dem Gipfel (bei hartem Schnee recht anspruchsvoll, evtl. Eisausrüstung nötig), dann hindernislose Hänge und lang gestrecktes Tal.

Hangrichtung: West-, meist jedoch südseitig, gegen Nordwesten geöffnetes Tal.

Lawinengefährdung: Einige größere Lawinenstriche, gefährliche Steilmulde unter dem Gipfel.

Günstige Zeit: März bis Anfang Mai.

Stützpunkt: Edelweißhaus, 1530 m, DAV, 40 Schlafplätze, Tel. +43 5633 51158, dav-edelweisshaus.at.

Variante: Über einen makellosen 400-m-Steilhang von Südosten auf den Südgipfel der Alplespleisspitze, 2632 m, auch Aples Pleisspitzen, 3.45 Std., absolut sichere Verhältnisse nötig).

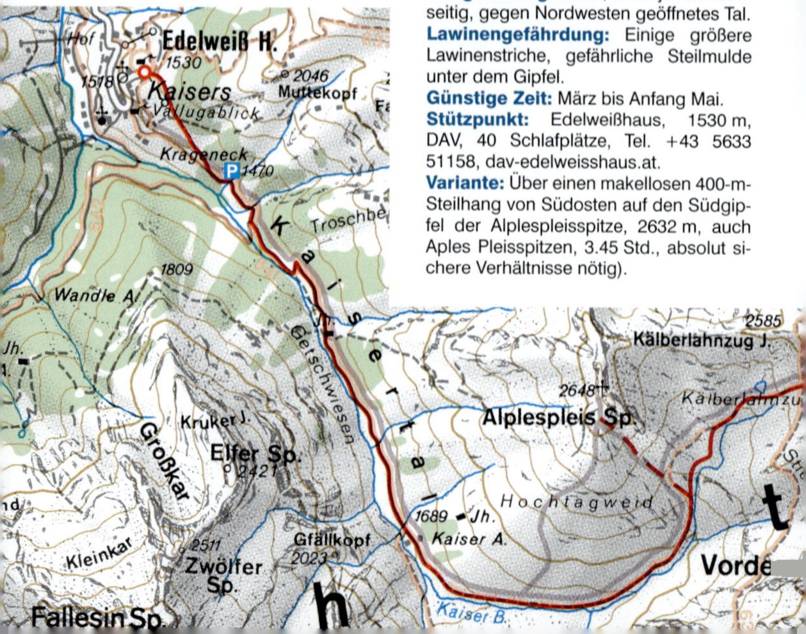

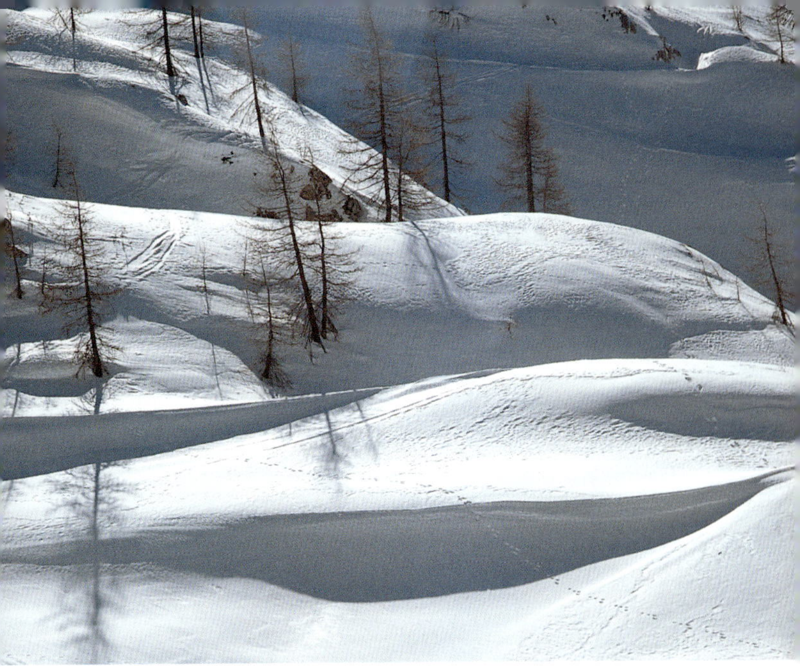

Letzte Lärchen oberhalb der Kaiseralpe.

Vom **Edelweißhaus**, 1530 m, in Kaisers (bzw. vom kleinen Parkplatz, 1470 m, wandert man gut 3 km weit bequem, teilweise ganz flach immer nordöstlich des Baches talein zur **Kaiseralpe**, 1689 m, und folgt weiterhin dem Tal – eindrucksvoll sind die Nordwestabstürze der Vorderseespitze genau über einem – in einem Bogen bis in 2100 m Höhe. Die anschließende Steilstufe umgeht man auf der linken Seite zu einer kleinen Ebene, 2225 m. Nach Ostnordost in dem unregelmäßigen Gelände des Kälberlahnzugs empor, bis die Hänge sich sehr steil aufbäumen. Von links nach rechts in eine Steilmulde zwischen den Felsen, die oben mit ein paar Schrofen auf das auffallende Gipfeldach mündet. Durch sie hinauf (eventuell Ski tragen) und wieder bequem zum Gipfel der **Feuerspitze**, 2852 m.

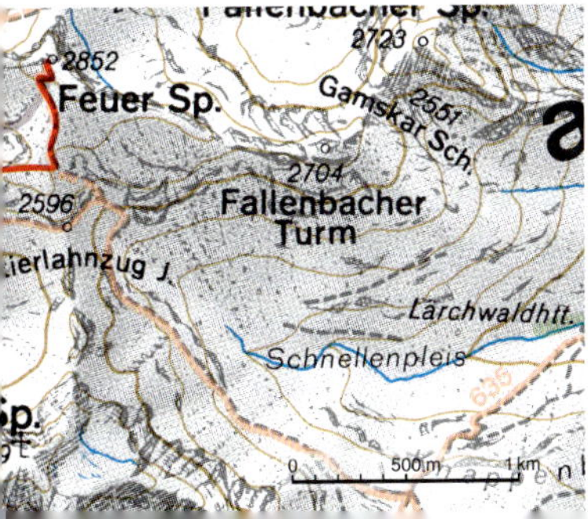

Abfahrt wie Aufstieg.

Stichwortverzeichnis

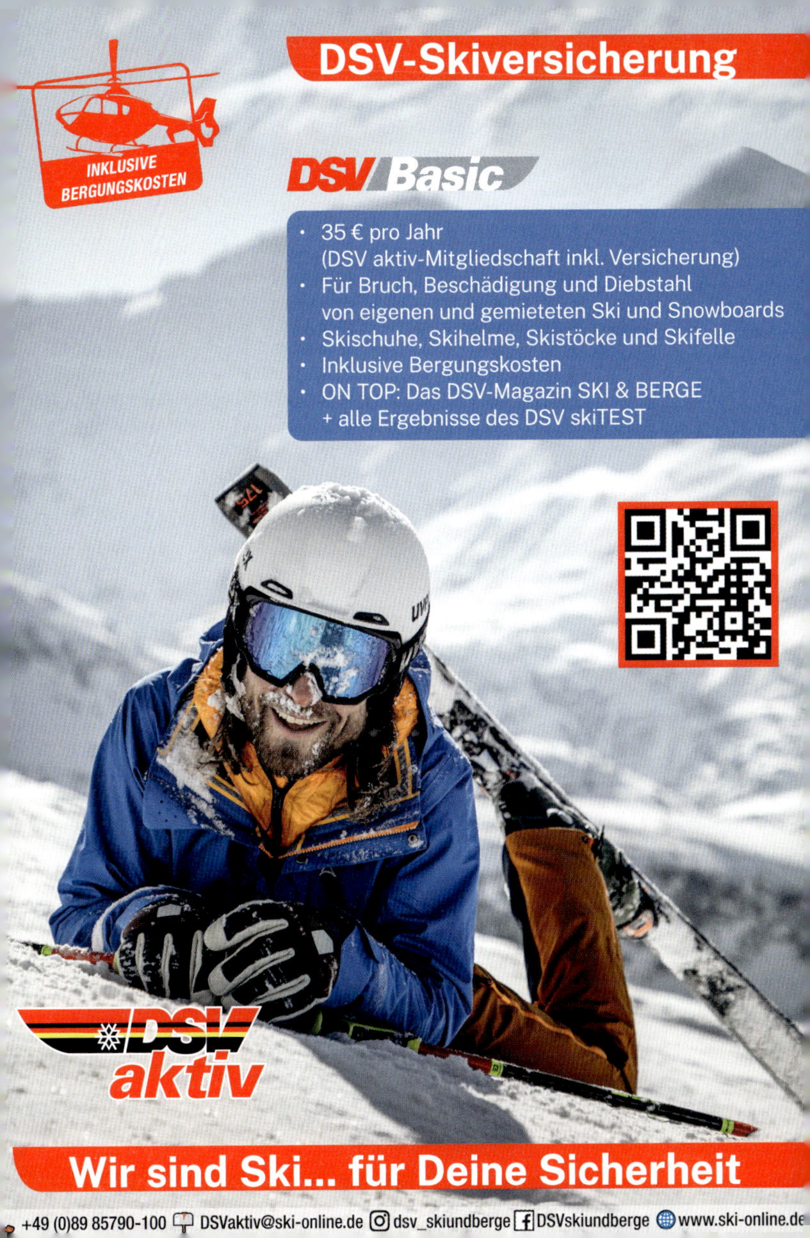
DSV-Skiversicherung
INKLUSIVE BERGUNGSKOSTEN
DSV Basic
• 35 € pro Jahr (DSV aktiv-Mitgliedschaft inkl. Versicherung)
• Für Bruch, Beschädigung und Diebstahl von eigenen und gemieteten Ski und Snowboards
• Skischuhe, Skihelme, Skistöcke und Skifelle
• Inklusive Bergungskosten
• ON TOP: Das DSV-Magazin SKI & BERGE + alle Ergebnisse des DSV skiTEST
DSV aktiv
Wir sind Ski... für Deine Sicherheit
+49 (0)89 85790-100
DSVaktiv@ski-online.de
dsv_skiundberge
DSVskiundberge
www.ski-online.de

Umschlagbild:
Ostseitiger Aufstieg zum Hehlekopf (Tour 22).

Bild im Innentitel:
Pulverhänge bei der Abfahrt vom Grünhorn zur Schwarzwasserhütte (Tour 23).

Alle Fotos von Stephan Baur mit Ausnahme der Bilder auf den Seiten 20, 21, 23, 24, 27 unten, 35, 36, 37, 45, 46, 47, 52, 53, 55, 56, 57, 58, 59, 66, 67, 75 unten, 76, 77, 79 unten, 87, 88, 89, 102, 103, 104, 105, 106, 107, 109, 111, 112, 113, 114, 123, 131, 135 und 137 (Dieter Seibert).

Kartografie:
Tourenkärtchen im Maßstab 1:50.000 und 1:75.000,
Übersichtskärtchen im Maßstab 1:300.000 und 1:550.000

Werk-Nr.: 5916

7., aktualisierte Auflage 2024

ISBN 978-3-7633-5916-5

FSC www.fsc.org MIX Papier | Fördert gute Waldnutzung FSC® C147178

Wir freuen uns über jeden Korrekturhinweis zu diesem Skitourenführer!
Bitte per E-Mail an: leserzuschrift@rother.de

ROTHER BERGVERLAG · München
D-82041 Oberhaching · Keltenring 17 · Tel. +49 89 608669-0 · rother.de